KB215607

조연에서 주연으로 때론 주연에서 조연으로

쓰임

조연에서 주연으로 때론 주연에서 조연으로

쓰임

초판 1쇄 인쇄 2025년 05월 01일
초판 1쇄 발행 2025년 05월 15일

지은이 추창호
펴낸이 백유창
펴낸곳 도서출판 세움과비움
유 통 도서출판 더 테라스

신고번호 제2016-000191호
주 소 서울 마포구 양화로길 73 체리스빌딩 6층
Tel. 070-8862-5683
Fax. 02-6442-0423
E.mail seumbium@naver.com

ISBN 979-11-988250-2-5 03200

값 16,800원

도서출판 세움과비움은 도서출판 더 테라스의 기독교 , 문학 브랜드입니다.

조연에서 주연으로 때론 주연에서 조연으로

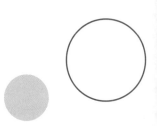

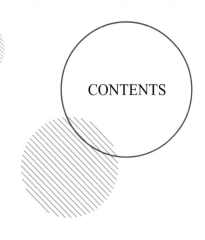

CONTENTS

추천의 글

저자는 기독교가 말하고자 하는 구원이 '죽어서 천국'이라는 미래적인 답만이 아니라, 우리가 사는 현재에서 누리는 '심리적인 구원'을 명쾌하게 제시합니다.

"우리의 존재 증명은 이미 십자가에서 성취되었다. 하나님의 아들이신 예수님의 생명과 맞바꾼 사랑으로 우리 존재는 이미 사랑받을 만한 존재임이 입증되었다. 더 이상 증명하지 않아도 괜찮다. 그래서 우리의 삶의 가치는 성공보다 사명에 달려있다. 내가 받은 달란트에 집중해 보라. 높은 곳을 바라보기보다, 발을 디딜 자리에서 나의 역량 것 충성할 때, 우리는 하나님께서 허락하신 삶의 자리에서 주연이 된다."

따라서 본서는 인문학적인 측면에서도 가치가 있지만, 무엇보다 복음의 본질과 핵심을 통해 답을 제시하고 있다는 측면에서 보석과 같습니다.

본서를 읽다 보면, 본서가 어떤 인문학적인 이론들을 조합하고 나열한 책이 아니라, 저자 자신의 결핍, 열등감, 상처에 시달리고 치열하게 싸운 고통에서 나온 보석 같은 이야기들을 독자들과 함께 나누려는 진심을 느낄 수 있을 것입니다.

이 책을 다 읽고 나면, 독자들은 자신을 있는 그대로 사랑하게 될 것이고, 그리고 다른 사람을 대하는 마음의 자세가 바뀌리라고 생각합니다. 자신과 다른 사람을 허투루 대하지 않고 모든 사람을 있는 그대로 존중하고 사랑할 수 있으며, 자신의 존재에 대해 뿌듯함이 밀려올 것이며, 독자 자신은 물론 모든 사람이 하나님 안에서 주연이 되어있는 것을 발견할 것입니다.

본서의 저자 추창호 목사님은 제가 40여년 목회를 은퇴하면서 저의 후임자로 하나님께서 보내주셔서 현재 우리 목자교회를 잘 섬기며 목양하고 있습니다. 후임 목사님이 이렇게 훌륭한 책을 출판하게 되어서 매우 기쁘며 자랑스럽게 생각합니다.

따라서 모든 크리스천과 교회의 중직자, 신학생, 특히 영혼을 다루는 모든 목회자들에게도 이 책을 자신 있게 권합니다.

- 한영철 목사 (목자교회 원로)

욕망을 부추기는 세상은 우리 존재 가치를 과장하게 하거나 보잘것 없이 만들고 있다. 그런 세상에서 처절한 경험을 한 저자가 성경을 통해 자신의 사명을 붙들고 일어서는 모습이 큰 울림을 주는 메시지가 되었다. 제목부터 그런 메시지가 강력하다. 두 달란트 맡은 일꾼은 상대적 박탈감이나 열등감을 느끼지 않는다. 그리고 한 달란트 맡은 일꾼을 무시하지 않는다. 다만 주어진 사명에 최선을 다한다. 이 책이 그런 자세를 강조하고 있다. 그리고 자신의 한계에 부딪혀 낙심한 채 삶을 낭비하지 말고 하나님의 주권을 믿고 주어진 삶에 최선을 다하라고 따뜻한 목소리로 격려하고 있다. 나는 이 책을 읽으며 큰 감동을 받았다. 이 시대를 사는 모든 이들에게 필독을 기쁜 마음으로 권한다.

- 안용호 목사 (기흥지구촌교회 원로)

늘 통찰력 있는 메시지를 던진 추창호 목사님의 신간이기에 기대하는 마음으로 읽게 됩니다. 많은 사람들은 주연이 되고 싶어합니다. 유명한 사람이 되고 싶어합니다. 하지만 이 책은 성경 속 위대한 조연들의 이야기를 통해 하나님 나라의 가치가 무엇인지 분명하게 말씀합니다. 다른 사람과의 비교를 통해 불행해지는 것이 아니라, 하나님이 우리 각자에게 주신 사명에 집중하며 살아가라고 말합니다. 이 책을 통해 다시금 하나님의 메시지를 듣고 각자에게 주신 사명의 자리를 기쁘게 걸어가는 은혜가 있기를 원합니다.

- 김관성 목사 (울산 낮은담교회)

본인은 추 목사님의 인생을 어릴 때부터 지금까지 계속 지켜본 사람이다. 그는 늦깎이로 하나님의 부르심에 순종한 한 개척교회의 목사의 아들로 자랐다. 아버님의 신실하심을 보고 배운 사람이다. 아버님은 "선한 목자는 양들을 위하여 목숨을 버린다"라는 말씀을 품고 목회하셨고, 은퇴 후에는 모든 것 내려놓고 선교지로 가서서 평생 복음을 위해 사셨던 분이시다. 그런 아버지와 함께 가난한 개척교회 목회 현장을 함께 했던 저자의 삶에는 많은 배움의 시간이 있었다. 때로는 세상 욕심과 하나님의 부르심 사이에서 치열한 내적갈등이 있었고, 방황도 있었다. 그러나 하나님 나라의 가치를 발견하고, 그도 아버지처럼 부르심에 순종하였다. 그 과정에서 생긴 관점의 변화, 마음의 변화가 이 책에 담겨있다. 그렇기에 이 책은 하나님의 부르심에 대한 고민과 불공평한 세상에서 열등감으로 얼룩진 인생을 살아가는 그리스도인들에게 꼭 권하고 싶다.

"당신은 조연이 아닙니다. 그분의 말씀에 순종할 때 영적인 거장, 주연이 될 것입니다!"

- 김바울 선교사 (인도)

교조적인 성경 읽기에 익숙해 있다 보면, 글 안에 살아 숨 쉬던 사람과의 공감을 상실하기 쉽다. 추창호 목사의 성경 속 인물 탐구가 귀한 것은 말씀 안의 주인공들과 함께 호흡해서다. 저자는 머리로 성경을 읽지 않았다. 삶으로 호소하며 솔직하고 적나라하게 말씀을 찾았으며, 성경은 저자에게 인물과의 공감을 큰 선물로 주었다. 그 선물이 이제 추창호 목사의 글을 통해 많은 독자에게 선사된다.

– **기민석 교수** (한국침례신학대학교 구약학 교수)

이 책은 잊혀진 성경 인물들을 통해 우리 각자의 신앙 여정을 비추어 주는 깊이 있는 작품이다. 추창호 목사는 삶의 고난과 열등감을 신학적 묵상으로 전환할 줄 아는 성찰적 목회자이며, 조연의 자리에 서 본 사람만이 건넬 수 있는 위로의 언어를 섬세하게 풀어낸다. 그는 '두 달란트'라는 신학적 상징을 통해, 비교와 성과 중심의 세상 속에서도 하나님의 시선은 다르다는 사실을 선명히 드러낸다.

이 책은 단순한 인물 해설이 아니라, 조연이었던 이들이 어떻게 하나님의 주연으로 살아갔는지를 보여주는 생생한 신앙의 여정이다. 특히 저자는 성경 인물들과의 깊은 공감을 통해 독자들에게 '하나님 앞에서의 나'라는 존재를 다시 묻게 한다. 말씀과 삶, 해석과 고백, 신학과 인간성이 자연스럽게 어우러진 이 책은 단지 읽는 데 그치지 않고, 삶으로 응답하도록 초대한다.

악을 쓰며 다섯 달란트를 향해 달려가라 외치는 세상 속에서, 악하고 게으른 한 달란트가 되지 않기 위해 몸부림치는 삶이 아니라, 하나님이 맡기신 두 달란트를 품고 묵묵히, 그러나 당당하게 자기 삶을 살아내는 사람들이 이 땅 위에 더 많이 일어나기를, 그리고 이 책이 그들의 시작이 되기를 간절히 기대한다.

– **김기현교수**(한국침례신학대학교 종교철학 및 윤리 교수, 「고난은 사랑을 남기고」(두란노)의 저자)

'창호야 정말 이 글을 네가 쓴 글이냐?' 아마도 추창호 목사에게 이렇게 막 말을 하는 사람은 나밖에 없지 않을까? 생각한다. 초, 중, 고 시절부터 지금까지 형, 동생 하며 살아왔다. 심지어 어린 시절 눈탱이가 밤탱이가 될 정도로 치고받고 싸우면서 자라 둘 다 목사가 되었다. 동생이지만 그는 나의 설교 선생이었고 늘 배움을 주는 동료였다.

그의 두 번째 책을 울며 웃으며 읽었다. 왜냐하면 이 책의 묵상과 메시지들이 그가 어떤 삶을 살았는가를 더 확실히 볼 수 있기 때문이다. 감동을 넘어서 눈물도 있고, 철저히 주님 앞에 몸부림치고 현실 속에서 그의 삶을 관통한 내용들과 삶을 써 내려갔기에 동생이지만, 좋은 스승이요 하나님이 붙여주신 좋은 동역자임을 다시 확인할 수 있었다. 이 책을 읽는 독자들도 한 목회자가 하나님 앞에 엎드려 말씀을 붙잡고 현실 속에서 순종하고, 수고한 감동을 글로써 삶으로 도전받을 것을 확신한다.

- 정찬석 목사 (이음교회)

"우리가 신 앞에 섰을 때, 신은 우리에게 선한 일을 하지 않았느냐고 묻지 않을 것이다. 오히려 너는 왜 너답게 살지 못했냐고 물을 것이다." 독일의 대문호 괴테가 한 말입니다. 행위를 통해 존재를 증명하려는 세상을 향해 개인의 고유한 정체성을 추구하며 살아가는 삶의 중요성을 강조한 말이지요.

생명을 부여받아 이 땅을 살아가는 우리는 행위를 통해 자신의 존재를 증명하려 합니다. 그래서 주인공이 되려 합니다. 비주류에 속하기보다는 주류에 속하길 원하고, 변두리 보다는 중심에 있길 원하며, 조명이 가리워진 곳보다는 스포트라이트로 주목받기를 원합니다. 그러나 저자는 그게 아니라고 말합니다. 우리의 존재는 행위가 아닌 십자가를 통해 이미 증명되었다고, 아들을 희생한 하나님의 그 사랑만으로 우리가 이미 사랑받을 존재가 되었음을 천명합니다.

특별히, 저자는 성경의 18명의 인물을 선택합니다. 저자 특유의 그림을 그리는 듯한 묘사와 탁월한 성경 주해, 깊이 있는 묵상을 통해 삶에 적용할 수 있는 값진 영적 교훈들을 설명합니다. 더불어 또 하나의 인물! 추창호라는 인생. 조연은 커녕 엑스트라도 할 수 없었던 저자 자신의 진솔한 삶도 소개합니다. 그래서 우리는 총 19명의 인물을 통해 하나님 앞에서 우리는 조연도, 주연도 아닌 그 분의 역사를 각자의 삶에서 써 내려가는 사랑받는 자녀임을 고백하게 됩니다.

"온전함은 하나님을 붙드는 상태, 하나님과의 연합이 온전함"이라는 저자의 고백이 아직도 큰 울림이 됩니다. 하나님께 나아갈 때 온전함을 이루며 하나님 안에서 비로소 나다워지는 것이지요. 하여 주연만을 기억하고 1등만을 인정하는 세상의 가치가 아닌 참된 나를 찾아 오늘도 인생 여정을 2달란트 받은 조연으로 묵묵히 살아가는 모든 독자에게 이책이 귀한 밑거름이 될 것을 확신하며 진심을 담아 추천합니다.

– 조진웅 목사 (New Life Baptist Church of Houston)

지난 10년, 추목사가 살아가는 2달란트 크리스찬의 삶을 지켜보면서, 그가 얼마나 하나님의 사랑받는 사역자이며, 그는 더 큰 일을 맡기실만한 충성된 종임을 알게 되었다.

추목사는 이 책을 통해, 인생의 폭풍 같은 시간을 보내며 후회와 자책의 시간을 보내는 이들에게 여전히 사랑하시는 하나님의 사랑을 절대로 오해하지 않기를 간절히 바라고 있다. 이 책을 통해 독자들이 하나님의 신실하신 약속을 근거로 '더 큰 일을 맡기실' 하나님을 알고, 저자를 만나 주셨던 하나님을 만나게 되길 소망해 본다. 당장의 모습과 형편에 낙담하지 않고, 모든 것을 협력하여 선을 이루게 하시는 하나님의 손길을 경험하길 기대한다.

- **김광환 목사** (토마토교회)

　우리는 종종 "내 삶은 왜 이렇게 보잘것없을까?"라는 질문을 하곤 합니다. 하지만 이 책 {쓰임}은 우리에게 삶의 크고 작은 모든 순간이 하나님 앞에서는 특별하고 소중하다는 깨달음을 줍니다.

　오랫동안 청년 사역에 매진했던 추창호 목사님의 글은, 특별히 비교와 열등감에 빠지기 쉬운 청년들에게 중요한 가르침이 됩니다. 우리는 세상의 기준으로 자신을 평가하지만, 하나님은 우리의 달란트의 크기보다 그것을 얼마나 충성스럽게 사용했는지를 보신다는 사실을 일깨워 줍니다. 이는 세상의 주류가 되지 못했다고 느끼는 이들에게 큰 위로와 용기를 줍니다.

　하나님께서 내게 주신 자리가 주연의 자리임을 깨닫고, 그 자리에서 최선을 다하고자 하는 모든 이들에게 이 책을 진심으로 추천합니다.

- **김진혁 목사** (열린침례교회)

인간의 불안을 통찰한 체코 작가 프란츠 카프카는 말한다.
'나는 광고지를 읽지 않는다. 그것을 읽으면 하루 종일 부족한 것이 생각나고 결국 그것을 원하게 될 테니까!'

그는 광고 안에 인간의 욕망을 부추기는 속임수가 있음을 간파했다. 우리에게 전하려는 메시지가 무엇인가?
'당신은 예쁩니다. 하지만 충분히 예쁘지 않아요. 이것만 바르면 충분합니다.'
'당신은 충분히 성공하지 못했어요. 이걸 가져야, 입어야, 소유해야 성공했다 말할 수 있어요.'
'당신은 충분히 행복하지 않아요. 이게 있어야 행복해요.'

우리의 주머니를 털기(?) 위해 세상은 말한다.
"넌 아직 부족하다."

'희망의 귀환'의 저자 차동엽씨는 이런 소비심리를 이용해 인간의 탐욕을 일으켜 결과적으로 과중한 업무와 빚, 근심과 걱정을 떠안게 하는 것을 '만들어진 절망'이라 정의한다.

발렌타인데이, 빼빼로데이에 선물을 받았는가? 그런 날이 있는지도 모르는 사람이 있다. 그거 먹고 싶으면 내 돈 내고 사 먹으면 된다. 그런데 옆구리가 따뜻한 족속과 나를 비교하기 시작하면 괜찮았던 내 마음이 요동친다. 몰랐을 때는 괜찮았다. 그런데 비교하기 시작하자 절망의 감정이 스멀스멀 올라온다. 이것은 만들어진 것이다. 만들어진 절망은 진짜 절망이 아니다. 가짜다. 남들과 비교해서 생기는 감정은 허상이다.

에서와 야곱의 출생 이야기는 아주 중요한 교훈을 준다.

| 창25:23 | 여호와께서 그에게 이르시되 두 국민이 네 태중에 있구나 두 민족이 네 복중에서부터 나누이리라 이 족속이 저 족속보다 강하겠고 큰 자가 어린 자를 섬기리라 하셨더라

우리의 관점에서 보면 이 말씀은 에서도 야곱에게도 비극이다. 차라리 큰 자인 에서가 동생으로 태어나게 하셨다면 얼마나 순적한가? 이 말씀대로라면 에서는 형의 위치에서 동생을 섬겨야 한다. 야곱도 비극이다. 섬김 받는 자라고 말씀하셨지만, 위치는 동생이다.

우리의 입장이 비슷하다 "당신은 사랑받기 위해 태어난 사람", "왕 같은 제사장"이라는 찬양으로 서로 축복하지만, 세상에서의 서열은 항상 조연이다. 차라리 세상 이치대로 어린 자가 큰 자를 섬기면 속 편하다. 그래서 큰 자가 되려고 노력하면 된다.

그런데 성경은 반대로 이야기한다. 왜일까? 여기에 중요한 진리가 담겨 있다. 하나님 나라의 질서는 세상의 질서와 다르다. 서열은 우리에게나 중요하지 하나님 입장에서 중요한 것이 아니다.

우리는 내가 주연이냐 조연이냐가 중요하다. 내가 받은 것이 다섯 달란트냐, 두 달란트냐가 중요하다. 내가 사는 집의 크기와 내 친구가 사는 집의 크기 중요하고, 그의 차와 내 차의 브랜드가 중요하다. 정직원인지, 인턴인지 중요하다. 큰 교회를 담임하는 목회자인지, 작은 교회를 담당하는 목회자인지 중요하다. 서열을 중요하게 생각하기 때문이다. 한국문화는 더욱 그렇다. 일단 처음 만나면 주민등록증을 제시하고 시작한다. 서열정리를 하는 것이다.우리는 끊임없이 누군가와 비교하며 상대적 우월감을 누리고, 상대적 박탈감에 좌절한다. 가짜 우월감에 기뻐하고, 가짜 박탈감으로 절망한다. 모두 가짜다.

주님은 서열과는 상관없이 이 가치를 뒤집어 엎으신다.

마태복음 25장의 달란트 비유를 기억하는가? 다섯 달란트와 한 달란트 사이에 끼어있는 이도 저도 아닌 두 달란트 받은 자를 기억하는가? 성경은 왜 그를 소개하는가?

성경의 탑 리더로 불리는 모세, 다윗, 바울은 우리가 볼 때, 다섯 달란트 받은 주인공들이다. 그런데 그 옆에 두 달란트 조연들이 존재한다. 아론, 요나단, 바나바. 우리가 볼 때 그들은 두 달란트 받은 자들이다. 조연이다. 성경도 주인공과 조연으로 나뉘는 세상 판국을 보여주는 것 같지만, 이것은 오해다. 하나님 나라에 조연은 존재하지 않는다. 모두가 주연이다.

그렇기에 에서가 형으로 태어났지만, 동생을 섬기는 것이 사명이라면, 사명대로 살면 된다. 그러면 하나님은 에서에게 야곱과 동일한 영광을 주신다. 형 아론이 동생 모세를 섬기는 것이 사명이라면, 자기 사명에 집중할 때 하나님은 그에게 모세와 동일한 영광을 주신다. 요나단이 한참 어린 다윗을 세우는 것이 사명이라면, 자기 사명에 집중하면 된다. 그러면 주님은 요나단에게 다윗과 동일한 영광을 주신다. 자신의 사명대로 충성하는 두 달란트 사명자들에게 다섯 달란트의 칭찬과 영광을 주시는 분이 하나님이시다.

세상에서 나의 한계를 인정하는 것은 루저나 하는 것이지만, 성경의 가치는 나의 한계를 인정하는 것이며 하나님의 주권을 믿는 그것이야 말로 대인배가 할 수 있는 것이다. 세상의 질서는 '섬김'을 낮은 자의 전유물처럼 여기지만, 하나님 나라의 질서는 '섬기는 자'가 '큰 자'이다.

기억하자. 불행은 비교하면서부터 시작된다. 그것은 가짜다. 사탄은 가짜 절망으로 사명을 불평으로 바꾼다. 두 달란트를 사소하게 여기게 한다.

'내가 받은 사명'에 집중하라. 주인은 내가 받은 달란트에 충성하는 자에게 다섯 달란트의 영광을 주시는 분이시다. 받은 만큼에서 인정받을 때, 주인은 더 많은 것을 맡기신다.

| 마25:23 | 그 주인이 이르되 잘하였도다 착하고 충성된 종아 네가 적은 일에 충성하였으매 내가 많은 것을 네게 맡기리니 네 주인의 즐거움에 참여할지어다

사명자가 사명을 회복하는 것은 새로운 달란트를 받는 것이 아니다. 이미 받은 것에 대한 감사가 회복되는 것이다.

| 고전2:12 | 우리가 세상의 영을 받지 아니하고 오직 하나님으로부터 온 영을 받았으니 이는 우리로 하여금 하나님께서 우리에게 은혜로 주신 것들을 알게 하려 하심이라.

하나님께서 우리에게 이미 주신 것들이 은혜였다는 사실을 깨닫게

하신다. 그것이 성령 충만한 삶이다.

언젠가 경제적으로 바닥을 칠 때, 건설현장 일용직 잡부를 하러 나간 적이 있다. 마음에 원망과 불평이 가득했다. 이런 자리에 오기까지 내 버려 두신 것 같은 하나님께 대한 원망, 잘못된 선택을 한 나를 향한 자책과 후회, 그리고 나를 바라보는 초라함…. 이런 감정들이 뒤섞여 마음을 힘들게 했다. 몇 주를 그렇게 어둡게 지냈다. 어두운 마음 때문인지 함께 일하는 분들과 이야기하는 것도 꺼려졌다. 자기 연민이라는 내가 만든 보이지 않는 감옥에 혼자 갇혀있었다.

그런데 어느 순간 어르신들과 조금씩 친해지면서 생각이 조금씩 바뀌기 시작했다. 나는 이곳이 자존심 상하는 자리라고 생각했는데, 이곳에서 수십 년을 일하시는 어르신들은 이 자리를 성실하게 감당하며 살아오셨다. 내가 '고난'이라고 정의한 자리가 그들에게는 '일상'이었다. 이곳에도 희로애락이 있고, 누릴 수 있는 기쁨이 있다는 것을 깨달았다. 진짜 문제는 주어진 자리를 사소하게 여기는 내 마음이 문제였던 것이다.

사단은 오늘도 우리가 받은 사명에 집중하지 못하고, 비교의 수렁에 빠져 허우적거리기를 바란다. 가짜다. 이미 받은 것에 감사하고, 이미 받은 사명을 감당하는 것이 하나님의 뜻이고, 하나님께 영광 돌리는 최고의 예배이다.

하나님은 성경의 다섯 달란트 주인공들만을 통해 일하신 것이 아니다. 두 달란트 조연들을 통해 하나님의 역사를 써내려 오셨다. 그들이 하나님께 어떻게 쓰임 받는지 살펴보는 것만으로도 위로가 될 것이다. 부디 어느 곳에서 어떤 일을 맡았든지, 주연 같은 조연으로, 다섯 달란트 받은 자의 마음을 가진 두 달란트 크리스천으로 살아가길 소망한다.

성경은 조연들을 주연으로 세우신 하나님의 이야기이다.
우리가 알만한 성경의 주인공들은 하나님의 다루심 가운데
주연으로 조성된 인물들이다. 사실 그들은 보잘것없는 조연이었다.
조연의 인생을 하나님이 주연으로 만드신 이야기를 살펴보자.

조연이었던 주연들

아브라함 의심의 조상, 믿음의 조상되다!

창17:1~27

약속의 시작! 하나님의 주연으로

하나님은 믿음에 관심이 없던 우리에게 믿음을 가질 수 있도록 우리의 '결핍'을 활용하신다.

아브람에게는 결핍이 있었다. 자식이 없고, 땅이 없었다. 그런 그에게 어느 날 하나님이 나타나신다. 그 결핍을 해결해 주시겠다고 약속하신다. 약속의 시작이 믿음의 시작이다. '나의 말씀'이 시작되는 순간, 조연이었던 우리 인생은 하나님의 주연으로 빚어지기 시작된다.

| 창12:1~2 | 1. 너는 너의 고향과 친척과 아버지의 집을 떠나 내가 네게 보여 줄 땅으로 가라 2. 내가 너로 큰 민족을 이루고 네게 복을 주어 네 이름을 창대하게 하리니 너는 복이 될지라

그런데 약속이 살짝 부담스럽다. 아브람은 아마 큰 민족까지는 바라지도 않았을 거다. 그냥 소박하게 먹고 살만한 땅 하나 있었으면 했다. 이 나이에 친자식 하나 있으면 좋겠다 싶었다. 그런데 주님은 복을 주

어 큰 민족을 이루게 하시겠다고 하신다. 부담이지만 설레는 약속이다.

우리는 알고 있다. 이 약속은 아브람만을 위한 약속이 아니다. 하나님의 나라를 이룰 믿음의 후손들에 대한 이야기이고, 교회공동체로 연결되는 하나님 나라의 큰 그림이다. 아브람이 받는 복의 최종 수혜자는 이웃이다.

하지만 아브람은 그럴 믿음도 없고 마음도 없다. 다른 사람에게 관심이 없다. 그냥 나만 잘 먹고 잘 살면 그만이다. 그의 이름이 이를 반영한다. 아브람 '존귀한 아버지'. 하지만 하나님의 관심은 이웃이고, 열방이다. 아직은 아브람의 소원은 내가 존귀해지는 거지만, 훗날 그는 '여러 민족의 아버지' 아브라함이 된다.

이웃에 대한 책임과 사명이 없는 아브람에게 하나님은, 하나님의 방식으로 믿음을 주신다.

약속을 기다리게 하신다. 주구장창.

먼저 하나님은 아브람에게 목적지를 알려주지 않은 채 '지시할 땅으로 가라'고 하신다.

"일단 출발!"

"어디로요?"

"알려줄테니 일단 출발"

목적지를 알려주지 않은 채 같이 가자 하신다. 약속 하나 달랑 들고 출발해야 한다. 하나님이 우리를 훈련하시는 방식이다.

시작부터 밑장빼기

아브람, 믿음으로 출발한 듯 보이나, 그의 순종에는 두 가지 불순종이 숨어있다. 시작부터 밑장빼기다.

첫째, 약속의 땅 가나안을 벗어났다. 하란을 떠나 가나안 땅에 도착했지만, 기대와 달라도 너무 달랐다. 아브람이 기대한 땅은 적어도 잔디가 깔려있거나, 오아시스 근처에 비옥한 땅일 거라 생각했을 테다. 하지만 그 땅에 기근이 든다. 하나님이 주신 땅에 기근이 웬 말인가?

그뿐만 아니라 그곳에는 가나안 거민이 살고 있었다. 땅을 준다면 적어도 등기부등본이 깨끗한 땅을 줘야하지 않는가? 아브람이 거기에 제단을 쌓고 제사를 드렸지만, 속으로 찝찝했을 테다. 속았다고 생각하지 않았을까? 그래서 아브람은 슬금슬금 약속의 땅을 벗어난다.

| 창12:9 | 점점 남방으로 옮겨갔더라

하나님께서 주시는 응답은 우리가 아무것도 손댈 것이 없는 완제품을 주시는 게 아니다. 내가 역할을 할 수 있는 사명의 자리를 주신다. 세상을 섬길 기회를 주시는 것이다.

둘째, 롯과 함께 동행했다. 분명 하나님은 아브람에게 고향과 친척과 아버지 집을 떠나라고 했다. 함께 동행한 롯은 친척이다. 불순종이다. 그렇다면 왜 아브람은 롯을 데리고 갔을까?

두 사람의 관계는 삼촌과 조카이다. 하지만 두 사람의 관계는 부자지간 같다. 죽은 형제 하란의 아들이 롯이기에(11:27) 자식이 없는 아브람에겐 친아들 같고, 롯에게는 아브람이 아버지 같은 존재였다.

하지만 아브람은 이삭을 받을 예정이다. 아브람은 인간적인 생각에 롯을 데리고 갔지만, 롯은 갈등의 요인이 될 인물이다.

아브람은 인간적인 계산으로 불순종했지만, 하나님은 그 숙제를 자연스러운 과정을 통해 해결하신다. 애굽에서 아내를 잃을 뻔하지만, 하나님의 보호를 경험하고, 많은 부를 챙기고 올라온다. 당대 최고 권력을 가진 바로의 손에서 건져내시는 하나님을 경험한다. 나는 불순종했지만, 약속을 지키시는 하나님을 경험한다. 그 경험이 아브람에게 작은 믿음의 싹을 틔웠다.

양보라는 믿음

애굽에서 홍역을 치루고 가나안 땅으로 돌아온 아브람은 처음 쌓았던 제단으로 간다. 죽을 고비를 넘기고, 아내를 잃을 뻔한 그를 보호하시는 하나님을 경험했다. 그 감격에 예배를 드린다. 아마 모르긴 몰라도 이렇게 고백했을 것이다. "하나님 저 다시는 가나안을 벗어나지 않겠습니다." 이게 아브람에게 인생 교훈이 되었을 테다.

주일성수 안하고, 놀러갔다가 사고 날 뻔 했다는 간증이 아주 조심스럽다. 간증자는 '하나님이 나를 치셨다'고 한다. 하지만 하나님이 주일 빼먹었다고 사고 나게 하는 그런 쪼잔한 하나님이 아니다. 그런데 그런 상황에 하나님의 보호를 경험하면 인생 교훈이 생긴다. '다시는 예배를 빼먹지 않겠다'는 평생의 결단이 생긴다. 그 결단이 은혜다.

예전에 청소하려다 급한 마음에 벽에 머리를 부딪친 적이 있다. 그때 아픈 머리를 만지는데 지은 죄가 생각났다. 하나님은 일부러 내 눈을 가려서 벽을 못 보게 하신 것인가? 아니면 그 벽은 머리를 박아 정신 차리도록 창세전부터 예비 된 것인가? 하나님께서 치신 것이 아니다. 덜렁거린 나의 실수다. 하지만 아픈 순간, 그 찰나에 주님은 영적 교훈을 주신다. 그것이 성령님의 역할이다.

| 요16:8 | 그가 와서 죄에 대하여, 의에 대하여, 심판에 대하여 세상을 책망하시리라

하나님을 주목하지 못했던 아브람은 애굽의 사건을 통해 하나님을 주목한다. 그리고 다시는 가나안을 벗어나지 않겠다는 각오를 새긴다. 그 경험이 소돔과 고모라를 롯에게 양보할 힘을 준 것이다. 눈에 좋아 보이는 것보다, 하나님께서 약속하신 것을 선택할 힘을 준 것이다.

그래서 아브람은 스스로 결정하지 않는다. 롯에게 선택권을 넘긴다. 양보라는 믿음을 발휘한다. 내가 욕심으로 선택한 것들이 모두 실패했을 때, "하나님 이제 제가 선택하지 않겠습니다. 주님이 인도해 주세요." 기도가 나오듯이, 아브람은 양보라는 믿음을 사용한다. 아브람의 양보는 단순한 미덕이 아니라, 하나님께 맡기는 믿음이었다.

믿음 따라하기
소돔에 간 롯이 전쟁포로로 잡혀갔다는 소식이 들린다. 아브람은 자기 집에서 길리운 장정 318명을 데리고 롯을 구하러 간다. 상대는 네 나라의 연합군임에도, 아들 같은 롯을 구하기 위해 군을 정비하고 출정한다. 결과는 의외로 대승이었다. 한 부족이 네 나라 군대를 격파했으니 대서특필감이다.

돌아오는 개선장군 같은 아브람의 어깨에 얼마나 뽕이 들어갔을까? 돌아가면 모든 사람들의 칭찬과 감사 세례가 있을 것이다. 이때 돌아오는 아브람을 두 사람이 맞이한다. 살렘왕 멜기세덱과 소돔왕이다.

멜기세덱은 사실 베일에 가려진 인물이다. 단서가 있다면, 살렘의 왕이고, 하나님의 제사장이라고 하니 학자들은 예수님의 모형으로 보기도 한다. 그런데 그가 아브람을 맞이하면서 한마디를 던지는데 아브람에게 각인이 된다.

| 창14:19~20 | 19. 그가 아브람에게 축복하여 이르되 천지의 주재이시오 지극히 높으신 하나님이여 20. 너희 대적을 네 손에 붙이신 지극히 높으신 하나님을 찬송할지로다

쉽게 풀어보면, "너의 승리는, 하나님이 도우셨기 때문이다!"라고 의미다. 대승을 거둔 것은 '네가 잘한 것이다.' 칭찬을 들을 줄 알았는데, 이 말을 통해 잊고 있었던 하나님이 기억났다. 그러고보니 318명으로 연합군을 이긴 것은 기적이었다. 그 순간, 환기가 된 것이다.

이어서 소돔 왕이 등장한다. 그런데 소돔 왕은 정 반대의 이야기를 한다.

| 창14:21 | 사람은 내게 보내고 물품은 네가 가지라

지금 소돔왕은 아브람의 한쪽 편의 마음을 대변하고 있는 것이다. 마치 천사와 악마처럼, 한쪽은 "하나님께 감사해야지." 다른 한쪽은, "아냐, 니가 한 거 맞잖아? 원래 다 네꺼야" 말한다. 이때 아브람이 반응이 흥미롭다.

| 창14:22 | 아브람이 소돔 왕에게 이르되 천지의 주재이시오 지극히 높으신 하나님의 여호와께 내가 손을 들어 맹세하노니

아브람은 멜기세덱이 했던 고백을 그대로 차용해 고백한다. 아브람의 믿음이 점프하는 순간이다. 우리도 가끔 믿음의 선배들이 했던 선택이나, 순간의 행동, 말을 보고 배운다. '나도 저럴때는 저렇게 해야지!, 나도 저런 순간에는 저렇게 믿음으로 말해야지!'한다. 그리고 그것을 활용하는 순간! 우리의 믿음은 점프한다. 이어서 말한다.

| 창14:23 | 네 말이 내가 아브람으로 치부하게 하였다 할까하여 네게 속한 것은 실 한 오라기나 들메끈 한 가닥도 내가 가지지 아니하리라

아브람이 언제 이렇게 믿음이 자랐는가? 애굽에서 보호하시는 하나님을 경험하고, 전쟁에서 승리하게 하시는 하나님을 경험하자, 아브람은 이제 "오직 내 삶은, 하나님께 영광을 위해서만 살겠다."며 손해를 감수하는 자리까지 성장했다.

그런데 눈여겨 봐야 할 지점이 있다. 아브람은 하나님의 영광을 위해서라면 전리품을 포기하는 믿음의 성장을 이뤘으나, 그 헌신을 함께 수고했던 자기 사람들에게까지 강요하지 않는다.

| 창14:24 | 오직 젊은이들이 먹은 것과 나와 동행한 아넬과 에스골과 마므레의 분깃을 제할지니 그들이 그 분깃을 가질것이니라

내가 정직하니까, 너도 정직해야 한다고 강요하지 않았다.

내가 경건하니까, 너도 경건해야 한다고 지적하지 않았다.

진리는 물귀신 작전이 아니다. "나만 정직할 순 없다! 나만 헌신할 순 없다! 너도 해라?" 이런 게 아니다. 진리는 그 자체로 찬란하다. 그 자체로 순종할 가치가 있다.

아브람은 성장만 한 게 아니라, 성숙했다. 키만 컸다고 어른이 아니 듯, 나이를 먹고 마음이 커야 어른이다. 성장은 개인의 문제이지만, 성숙은 관계의 문제다. 믿음이 자라면, 나만 옳고, 나만 잘하는 문제를 뛰어넘는다. 이웃을 돌보고 책임지는 균형이 생긴다. 의심의 조상 아브람에게 믿음이 생기고 있다.

하나님을 믿지만, 섭섭한 건 사실입니다 (창15:1~7)

대학 때 함께 신앙생활하면서 신앙을 지키기 위해 서로 힘이 되었던 친구가 있다. '예술대학의 술 문화 속에서 우리 잠식되지 말자, 그리스도인으로써 분리되지 말고 구별되자!' 함께 결단하고, 매일 같이 캠퍼스 입구에 있는 교회로 기도하러 다녔던 친구였다. 본당 문이 잠겨있으면, 문 앞에서 가부좌를 틀고 같이 기도했던 추억은 잊을 수가 없다.

그런데 한번은 그 친구와 '오늘날 젊은 사람들이 왜 교회를 떠나는가'란 주제로 대화를 하는데, 이런 이야기를 한다.

"요즘 젊은 사람들 교회에 큰 기대감이 없다. 성도들한테 너무 큰 기대 하지 마라" 왜냐하면 성도들이 '교회에 실망했고, 하나님께 실망했다.'는 것이다.

"첫째, 교회는 내 삶에는 관심이 없더라. 교회 설교 시간에는 하는 이야기는 뻔하다. 〈교회봉사 많이해라〉〈헌금하라〉〈전도해라〉는 교회 사이즈 불리는 이야기나 하지, 나의 현실적인 삶의 고민, 어떻게 살아갈 것인가에는 관심이 없다. 그러니 교회를 다녀도 별 기대가 없다.

둘째, 하나님은 나에게 관심이 없더라. 정작 내가 필요할 때, 내 문제를 해결해 주시진 않더라. 정말 간절히 기도했는데, 침묵하시더라. 그렇다고 내가 하나님이 살아계시다는 것에 대한 믿음이 흔들리진 않는다. 하지만 하나님은 나의 고통에 별 관심이 없다는 결론을 내렸다.

어떤 책에서 〈섭섭함〉이란 감정은, 섭섭하게 한 누군가 때문에 드는 감정이 아니라, 너무 큰 기대를 한 나 때문에 드는 감정이다'고 하던데, 그래서 나도 더 이상 하나님께 기대를 하지 않기로 했다. 하나님께 대한 섭섭함도 기대를 안 하면 괜찮다."

우리도 하나님을 믿지만, 섭섭할 때가 있다. 하나님께서 도와주실 줄 알았는데, 응답해 주실 줄 알았는데, 기대를 저버릴 때, 그런 순간을 맞이하게 된다.

창세기 15장에서 아브람에게도 이런 감정을 발견할 수 있다. 롯을 구하고, 전리품을 폼나게 포기하고 돌아왔다. 근데 집에 와서 이불 펴고, 누웠을 때 어떤 생각이 들었을까? 무서웠을 것이다. 기습공격으로 전쟁에 이기긴 했지만, 네 나라가 군사를 정비하고 보복하러 내려오면 막을 방도가 없다. 그대로 당해야 한다.

중학교 때 야구부 친구와 치고받고 싸운적이 있다. 선방을 날리면서 싸움이 시작했는데, 마침 수업 종이 은혜롭게(?) 울렸다. 녀석이 "너는 우리 야구부 형들한테 죽었어. 너 끌려갈거야."협박한다.

"데리고 와! 데리고 와!" 했지만, 속으로는 수업이 끝나지 않길 그렇게 간절히 바란적이 없다. 쉬는 시간이 되어서 그 녀석이 쏜살같이 밖으로 나간다. 그날따라 쉬는 시간 10분은 또 왜 그리 긴지. 다행히 헤프닝으로 끝났지만, 그때 몇일 동안 보복의 두려움으로 살아야 했다. 아브람도 밤잠을 설쳤을 것이다.

또한 아브람은 멋지게 전리품을 포기하고 왔다. 인간적인 마음에 허전하고 아쉬운 마음이 왜 안들었을까? 아브람을 너무 띄엄띄엄 보는 경향이 있다할지 모르지만, 추측만이 아니다. 하나님께서 나타나서 이 지점을 위로하신다.

| 창15:1 | 아브람아 두려워하지 말라. 나는 네 방패요. 너의 지극히 큰 상급
　　　　이니라

두려워 떠는 아브람에게 전쟁용어인 '방패'라고 하신다. 손해를 감수한 아브람에게 '내가 너의 지극히 큰 상급'이라고 하신다. 두려움과 인간적인 아쉬움을 달래주시는 참 적절한 위로. 그런데 아브람의 반응이 좀 이상하다. 동문서답이다.

| 창15:2 | 아브람이 이르되 주 여호와여 무엇을 내게 주시려 하나이까

두려워말라고 위로했더니 "뭘 줄 겁니까?" 묻는다.

| 창15:2~3 | 2. 나는 자식이 없사오니 나의 상속자는 엘리에셀이니이다 3.
　　　　　주께서 내게 씨를 주지 아니하셨으니 내 집에서 길린 자가 내 상
　　　　　속자가 될 것이니이다.

지금 아브람에게 하나님은 위로는 들리지 않는다. 아브람의 섭섭한 마음이 느껴진다.

'아예. 내가 좀 두려워하고 있죠? 근데요. 원인이 뭔 줄 아세요? 하나님입니다. 아들만 주셨어도 이렇게까지 두려워하지 않을거예요.' '됐고! 내 종 엘리에셀을 아들 삼겠습니다!' 이런 말이다.

하나님이 약속한지 10년이 지났으니 그럴만하다. 10년 동안 얼마나 기대와 포기를 반복했을까?

초조함과 답답함에 보복에 대한 두려움이 더하니, 그간 참아왔던 섭섭함이 터진 것이다. 하지만 이때 주님의 대답은 여전히 약속이다.

| 창15:4 | 그 사람이 네 상속자가 아니라 네 몸에서 날 자가 네 상속자가 되리라

그리고 밖으로 나가서 시청각 자료를 보여주신다. 하늘에 수놓은 듯한 수많은 별을 보여주신다. 하지만 아브람의 반응은 냉소적이다. 전투적이다.

| 창15:8 | 그가 이르되 주 여호와여 내가 이 땅을 소유로 받을 것을 무엇으로 알리이까

'또 약속? 이제 약속 말고, 증거를 주세요! 이제 그냥 못 넘어갑니다!'

이때 아브람이 기대했던 증거는 사래배가 불러오던가, 입덧을 하던가, 아니면 귀인이 찾아와서 땅 문서를 내놓던가, 그런 뭔가 '일이 되어져가는 증거'였다. 그런데 하나님은 하나님의 방법을 고집하신다. 또 약속만 주신다. 미치고 환장할 노릇이다.

질문이 생긴다. 왜 하나님은 응답을 바로 주지 않을까? 왜 하나님은 우리가 원하는 것을 당장 주지 않고, 왜 약속만 주실까? 여기에 믿음의 비밀이 있다. 그것은 아브람의 결핍이었던 땅과 자손은 〈하나님과 아브람을 잇는 연결고리〉였기 때문이다. 만약 믿음이 자리지 않은 아브람이, 응답을 당장 얻었다면 그는 하나님을 잊을 것이다. 그래서 하나님은 그가 하나님을 얻기까지 약속을 주신다. 그리고 모리아산까지 인도하신다. 훗날 이삭을 바치라는 시험은, 너와 나 사이에 연결고리가 없어도 괜찮냐는 질문이었다.

하나님은 우리에게 응답만 주시지 않는다. 믿음과 응답을 같이 주신다. 그래서 그 과정 중에 생기는 하나님을 향한 섭섭함은 불가피하다.

하나님과 아브람의 대화 중에, 마치 소설의 한 장면에서 독자에게만 보이는 해설이 있다. 갑자기 전지적 작가시점으로, 해설한 줄을 기록한다.

| 창15:6 | 아브람이 여호와를 믿으니 여호와께서 이를 그의 의로 여기시고

사실 이 해설은 앞뒤 맥락이 안 맞는다. 하나님은 계속 약속을 주셨고, 아브람은 계속해서 불신했다. 약속을 믿지 못하고, 증거를 요구했다. 오히려 하나님께 섭섭함을 토해냈다. "안 믿어지지만 믿어보겠습니다."라고 한 적도 없다. 그런데 '아브람이 믿었다'고 한다. 도대체 뭐가 하나님을 믿은 것인가?

여기서 〈믿었다〉는 동사 '아만'은, 일반적으로 확신을 말하는 동사가 아니다. 이 동사의 목적어가 인격체가 될 경우, '그를 붙잡다'는 의미가 된다. 이 동사의 어근은 '아멘'과 같다. 즉 여기서 하나님의 믿었다는 것은, 아브람이 기도 응답이 될 일을 믿지는 못했지만, '하나님을 놓치지는 않았다'는 의미이다.

아브람은 흔들렸고, 의심했고, 하나님께 섭섭해 하기도 했지만, 그 모든 일련의 과정을 하나님께 붙어서 '아멘'했다는 것이다. 흔들려도 하나님 안에서 답을 찾으려 한 것을 성경은 믿음이라고 정의한다. 우리가 생각하는 믿음은 흔들리지 않는 확신이지만, 성경은 '주 안에서 답을 찾아가는 과정'을 믿음이라고 규정한다.

함께 신앙생활 했던 교회 동생이 결혼 후 임신했다는 소식을 들었다. 축하해 주었다. 그런데 몇 개월 뒤 아기를 유산했다는 소식을 들렸다. 그때 그녀가 적었던 일기를 공개했는데, 일부 내용을 소개한다.

"우리 아이를 먼저 보낸 날. 가슴이 찢어질 듯 아프다. 미안하다. 오전에 출근해서 배가 아팠는데, 그게 진통인 줄은 생각도 못 했다. 진통이 점점 심해져 갔고, 병원에 입원했고, 밤 11시쯤 참을 수 없을 만큼 고통스러웠다. "악~" 소리가 날만큼 내가 내 머리카락을 쥐어뜯을 정도로 너무 아팠다. 그러면서 양수가 터져 나왔고 우리 아이가 나왔다. 나오기 싫었을텐데... 엄마 뱃속에서 더 있고 싶었을텐데...

의사가 촉진제 맞자고 하는거... 억지로 나오게 하는 게 싫어서 안 맞고 버렸다. 내가 아픈 거 쯤이야 괜찮다고, 펑펑 울면서 버렸다. 의사 선생님께 배가 너무 아프다고 하니, 힘주라고 하셔서 힘을 줬는데.. .아이가 나오는 소리가 들렸다. 간호사가 검은 비닐봉지를 가져오더니, 아이를 담아서 간다.

우리 아이의 머리, 팔 크기가 다 느껴지고. 탯줄이 나온 느낌. 태반이 나오는 느낌... 고스란히 다 전해져왔다. 조금 전까지만 해도 살아있던 우리 아이가 스스로 숨을 쉬지 못한다고 한다. 그렇게 내 가슴에 우리 아이를 묻었다.사실 하나님의 일하심을 납득하기는 힘들다. 하지만 나는 어느 순간부터 주님을 향한 무한신뢰가 생겨났다. 가슴은 찢어지는 듯 아프고 쓰리고 눈물 마를 날이 없지만... 선하게 인도하실 하나님, 따뜻하게 위로하실 하나님을 의지한다. 언젠가 이 상황도 결국 감사로 고백하게 하실 하나님을 믿는다.

"하나님 살아계시다면서 어쩜 나한테 이럴 수 있나?" 생각이 들어도, 어느 순간 우리 마음에는 하나님을 향한 무한신뢰가 있지 않은가? 하나님께 토라지고, 섭섭해 하고, 어떨 때는 화를 내보기도 하지만, 그래도 어떻게든 하나님께 붙어서, 하나님 안에서 답을 찾으려는 몸부림이 있다면, 그 과정은 주님이 기뻐하시는 모습이다. "하나님을 믿지만, 섭섭한 건 사실입니다."라고 고백할 때도 있지만, 고백을 바꾸어보자.

"섭섭한 거 있지만, 하나님을 믿습니다!"

뒤늦게 찾아온 신앙의 사춘기 (창16:1~3)

사춘기를 설명하는 독특한 단어가 있다. 일명, 중2병.
누군가 중2병의 유형을 네 가지로 정리를 했는데, 설득력이 있다.
1) 능력자형: 자신이 초능력을 가지고 있다고 믿음.
2) 철학자형: 세상을 냉소적으로 바라보고, 인생을 논하며 어른들을 비판함.
3) 반항아형: 권위적인 것에 저항하고, 기존 질서를 거부함.
4) 아티스트형: 특이한 취향을 좋아하고, 남들과 다른 예술 감각을 가졌다고 생각함.

이런 생물학적인 중2병 사춘기를 경험하는 사람이 있는가 하면, 신앙의 사춘기를 겪는 사람들이 있다. 생물학적 사춘기와 비슷한 양상을 가지지만, 차이가 있다면 사춘기는 호르몬의 문제이지만, 신앙의 사춘기는 나이가 들어도 찾아올 수 있다는 것이다. 이 시기에는, 그동안 전혀 의심 없이 믿어왔던 것들이 의심되기 시작한다.

'하나님이 정말 살아계실까? 기도해도 아무 일도 일어나지 않는데 기도해야 하나? 내가 왜 이걸 하고 있지?'

혹은 그렇게 별 탈 없이 순종했지만, 교회와 권위에 대한 불만이 생긴다. '교회는 왜 이렇게 위선적이지? 교회 리더들은 왜 권위적이지?'

신학자이자 교육학자인 제임스 파울러는 이 시기는, 부모나 교사에게 물려받은 단순한 수용단계에서 벗어나, 비판하고 사고하고, 재구성하는 과정이라고 말한다. 마치 아이가 어른이 되기 위해 사춘기 과정이 필요하듯이, 신앙이 성숙하기 위해 필요한 과정으로 신앙의 사춘기가 찾아오는 것이다.

아브람이 문제더니 이제 사래가 뿔이 났다. 일명 신앙의 사춘기가 찾아온 것이다.

| 창16:2 | 여호와께서 내 출산을 허락하지 아니하셨으니 원하건대 내 여종에게 들어가라 내가 혹 그로 말미암아 자녀를 얻을까 하노라

말에 가시가 있다. 하나님께 대한 원망이 담겨있다. 그리고 여종 하갈을 통해서 자녀를 가지겠다고 한다.

남편만 믿고 고향을 떠나왔는데, 그간 참고 있었던 회의감, 초조함, 의심이 폭발했다.

과거를 돌아보자. 어느 날 남편이 자식이 없어 서러운 아내에게 달려온다. 다짜고짜 빨리 짐을 싸라고 한다. '하나님께서 자식과 땅을 주겠다고 약속하셨다!고 여길 떠나기만 하면 된다'고 전한다. 그때 사래가 좋다고 따라나섰을까? 쉬운 결정이 아니다. 그때 아브람은 설득했을 테다.

"내가 똑똑히 들었다! 당신도 이제껏 너무 힘들었잖아? 여기만 떠나면 자식도 주시고, 땅도 주실거야."

남편을 믿었고, 남편이 믿는 하나님을 믿었다. 그런데 10년이 흘렀다. 이제는 그때보다 나이도 많아졌다. 임신 가능성은 더 희박해졌다. 그런데 남편은 나갔다 올 때마다 하나님께서 "또 약속하셨다! 또 약속하셨다!"라고 한다. 약속이 맞다면 이렇게 응답이 길어지는 건 '나의 문제 때문이 아닐까?' 생각했을 테다. 내가 괜한 고집을 피운 게 아닐까 싶었을 것이다. 그도 그럴 것이 고대 근동 문화에서는 본처가 자식이 없을 때는, 대리 씨받이를 통해서 아이를 가지는 것이 비일비재했기 때문이다. 그러니 사래는 하나님의 약속은 처음부터 자신을 배제한 약속일 수도 있겠다는 짐작을 하지 않았을까? 그걸 받아들인 사래가 남편을 하갈에게 보낼 때 심정은 이루 말로 표현할 수 없었으리라.

하지만 이것은 오해다. 하나님의 계획에서 사래가 열외 된 적은 없다. 이것은 하나님을 알지 못한 무지의 발로이다.

| 시34:8 | 너희는 여호와의 선하심을 맛보아 알지어다 그에게 피하는 자는 복이 있도다

하나님이 누구신지를 알아야, 하나님의 뜻을 바르게 분별할 수 있다. 왜냐하면 하나님의 뜻은, 인격이신 하나님의 속성에서 나오기 때문이다. 하나님께서는 남자와 여자를 자신의 형상대로 지으시고, 부부로 한 몸 되게 하셨다. 삼위일체 하나님의 속성은 하나됨이다. 그래서 하나님께서 만드신 공동체인 가정과 교회는 하나됨에서 하나님께서 만드신 신비를 경험할 수 있다. 그런데 가정을 만드신 하나님께서 자식을 주시는데, 부부관계를 깨면서까지 자식을 주시겠는가?!

율법에서는 (민수기30장10~12절), 아내가 하나님께 서원을 했어도, 남편이 반대하면 무효가 된다는 원칙을 전하고 있다. 하나님의 뜻은, 가정의 질서를 깨뜨리는 방식으로 진행하지 않으신다. 교회도 동일하다. 오늘날 많은 교회 리더들이 공동체를 깨면서까지 하나님의 뜻을 운운한다. 많은 성도들이 반대에도 불구하고 하나님의 뜻이라고 추진한다. 하지만 하나님께서 리더에게 어떤 비전을 주셨다면, 같은 성령 안에서 한 몸 된 공동체에게 같은 마음을 주신다. 받은 비전이 분명하다면, 같은 마음 주실 때까지 기도하고, 기다리고, 노력해야 한다. 그래도 의견이 일치되지 않으면, 포기할 줄도 알아야 한다. 왜냐하면 하나님의 뜻이라고 생각하는 그 일보다, 하나됨과 일치이라는 하나님의 속성이 더 위에 있기 때문이다.

사래는 하나님에 대한 이해가 없다보니, 하나님을 오해하는 것이다. 하나님의 계획에서 사래는 열외된 적이 없다. 끝까지 나를 향한 주님의 계획을 믿는 자! 끝내 웃게 될 것이다.

| 창21:5~6 | 5. 아브라함이 그의 아들 이삭이 그에게 태어날 때에 백 세라 6.

사라가 이르되 하나님이 나를 웃게 하시니 듣는 자가 다 나와 함께 웃으리로다

의심의 조상, 믿음의 조상되다! (창17:1~27)

인간적인 방법을 동원해서 이스마엘을 가진 후 무려 13년이란 시간이 흐른다. 하나님께서 13년간 침묵하신 것이다. 하나님께서 매우 속상하셨다.

아브람이 용서를 구한다. 하나님 죄송하다고, 돌이켜보니 내 힘으로 하려고 했던 것 같다고 용서를 구했을테다. 하지만 하나님의 침묵이 길어진다. 그다음 해에도 울어도 보고, 외쳐도 보지만, 하나님은 아무 대답이 없다. 그는 그렇게 13년을 살아간다. 결국 그 긴 시간 동안 아브람은 뭐라고 생각했을까? '하나님은 내게 실망하셔서 나를 떠났다'라고 생각하지 않았을까? '나의 실수로 하나님의 약속은 무산됐다'라고 생각하지 않았을까?

그런데 17장 1절에서 하나님은 13년 만에 아브람에게 나타나 말씀하신다.

"나는 전능한 하나님이라 너는 내 앞에서 행하여 완전하라."

하나님의 엄중한 말씀의 무게감에 아브람은 바닥에 엎드린다. 13년만에 들은 하나님 음성이 엄청 반갑기도 했겠지만, 두려웠을 것이다. 이때 하나님은 아브람에게 또 아들을 줄 거라고 약속하시면서 한 가지명령을 주신다.

조연이었던 주연들

"할례를 행하라!"

할례는 성기의 앞 포피를 잘라내는 행위다. 13년 만에 침묵하신 하나님께서 이 의식을 통해 뭘 말씀하시고자 했을까? 그것은 자녀를 주시겠다는 하나님의 응답을 인간적인 방법으로 이루려 했던 노력을 멈추라는 것이다. 생식기를 잘라내는 상징적인 행위를 통해서 너는 생물학적으로는 완전히 끊어진 것처럼, 아들을 얻는 것은 인간적인 노력으로는 도저히 이룰 수 없는 것임을 인정하라는 것이다.

그리고 이름을 바꿔주신다. 그런데 황당하다. 이름을 '아버지'라고 바꿔주신다. '열국의 아버지' 아브라함 / 사래는 '열국의 어머니' 사라. 아들이 없는데 아버지, 어머니라고 부르겠다고 하신다. 아브람이 비웃는다.

| 창17:17~18 | 17. 아브라함이 엎드려 웃으며 마음속으로 이르되 백 세 된 사람이 어찌 자식을 낳을까 사라는 구십 세니 어찌 출산하리요 하고 18. 아브라함이 이에 하나님께 아뢰되 이스마엘이나 하나님 앞에 살기를 원하나이다

"하나님 또 그 소리입니까? 저 포기한 지 오래입니다."

이 사람 믿음의 조상 맞는가? 믿음이 없어도 이렇게 없을 수 있을까? 13년 만에 나타나신 하나님이 아들을 주겠다는데 이제 그만 됐다고 한다. 그런데 이 대목을 신약성경에서 뭐라고 재해석하는지 보라.

| 롬4:19~22 | 19. 그가 백세나 되어 자기 몸이 죽은 것 같고 사라의 태가 죽은 것 같음을 알고도 믿음이 약하여지지 아니하고 20. 믿음이 없어 하나님의 약속을 의심하지 않고 믿음으로 견고하여져서

하나님께 영광을 돌리며 21. 약속하신 그것을 또한 능히 이루실 줄을 확신하였으니

도대체 어느 부분이 믿음이 약하여지지 않은 것인가? 그는 비웃었다. "그냥 됐습니다! 언제 적 이야기하십니까? 이미 포기한 지 오래입니다." 하나님께 대한 어떤 기대도, 믿음도 없다. 무엇이 그의 믿음인가? 그것이 바로 (23절)이다.

| 창17:23 | 이에 아브라함이 하나님이 자기에게 말씀하신 대로…….

명하신 대로 할례를 행했다. 아브람이 믿었는가? 정확하게 말하면 의심했다. 그래서 비웃었다. '그냥 됐다'고 '하나님도 할 만큼 하셨다'고 생각하고 포기했다. 그야말로 '의심의 조상'이다.

그런데 그가 믿지 못하면서도 할례는 행했다. 의미심장한 것은 성경이 이것을 '믿음'으로 규정했다는 것이다. 이것이 아브라함이 믿음의 조상일 수 있는 이유이다. 하나님께 일말의 기대가 없었지만, 믿지 못했지만, 의심했지만, 명하신 것에 순종했다. 성경은 그것이 믿음이었다고 정의 내린다.

확신이 없어도, 의심이 들어도, 이미 포기한 지 오래라 할지라도, 오늘 하나님께서 명하신 삶에 순종하는 것! 그것이 믿음이다. 즉 믿음은 자기 확신이 아니라, 순종이다. '될 일'을 믿는 것이 아니라, '말씀하신 하나님'을 믿고 순종하는 것! 하나님은 그것을 믿음으로 보시고 결국 우리를 향한 하나님의 계획을 성취해 가신다.

우리는 사명을 너무 거창하게 생각한다. 위대한 하나님의 일은 우리

조연이었던 주연들

가 하는 것이 아니다. 지금 내가 할 수 있는 것을 하는 것이다. 그러면 위대한 일은 하나님이 하신다. 나는 실수해서 내 삶이 꼬이고 돌아가는 것처럼 보여도, 오늘 내가 하나님 앞에서 순종해야 할 것에 집중하면, 하나님은 내 삶을 다시 하나님의 궤도 위에 올려놓으신다.

하나님께 별 기대가 없어도, 믿음이 없어도 괜찮다. 오늘 나에게 명하시는 것에 순종할 수 있다면 하나님은 우리를 인도해 가실 것이다. 오늘 내가 해야 할 할례, 오늘 내가 해야 할 순종을 찾아 실천하라. 그 순종이 이어져 미래를 만들 것이다. 결국 '의심의 조상'을 '믿음의 조상'으로 만들어 가시는 하나님의 손길이 신실하다는 것을 믿게 될 것이다.

아브라함, 하나님의 주연이 되다 (창22:1~14)

어느 아버지의 돌잔치 편지가 공감된다.

"한 아이의 부모가 되고 나서야 부모님의 인내와 희생이 없이는 지금의 저희가 있을 수 없었다는 것을 진심으로 깨달았습니다. 새벽잠 설쳐가면서 젖을 물릴 때도, 젖을 빨지 못하는 아이를 아픈 마음으로 바라볼 때도, 부모님도 날 이렇게 키우셨겠다고 생각하면 눈물이 납니다. 밥 먹기 싫어하는 아이를 달래가면서 먹일 때도, 우는 아이를 재우기 위해 몇 시간을 안고 밤을 지새울 때도, 아픈 아이를 안고 가슴 졸이며 병원을 찾을 때도, 부모님 생각이 많이 났습니다."

우리는 철이 들수록, 부모의 마음을 헤아리게 된다. 요한1서에서는 우리가 영적으로 성장하는 단계도 비슷하다고 전하는데, 성숙의 마지막 단계인 아비 단계의 특징을 하나님의 마음을 헤아리는 단계라고 전한다. 믿음이 성장할수록 하나님 아버지의 심정을 소유하게 된다는 것이다.

그래서 선지자들은 삶으로 하나님의 메시지를 담아내야 했다. 예를 들어, 하나님께서는 호세아에게 음란한 여자 고멜과 결혼하라고 하시고, 끝까지 그녀를 사랑하라고 하신다. 결혼생활에 만족하지 못하고 남편과 자식을 외면한 채 다른 남자를 향하는 음란한 여인을 하나님은 호세아에게 한결같이 사랑하고, 용서하고, 품으라 하신다. 이것은 우상숭배의 음란에 빠진 이스라엘을 향한 하나님의 사랑을 삶으로 상징하라는 것이다. 이것을 신학 용어로 '표적 행위'라 한다.

예레미야는 하나님의 명령에 따라 독신으로 살면서, 심판에 넘겨진 유다 백성의 절망적 미래를 몸소 줄과 멍에를 메고 몸으로 보여주어야 했다. 에스겔은 아내의 죽음을 맞이하게 되는데, 하나님은 그에게 어떤 애도 행위도 못하게 하신다. 이것은 예루살렘이 멸망한 후 이스라엘 백성에게 찾아올 심판이 누군가의 죽음을 슬퍼할 여유도 없을 만큼, 큰 어려움에 빠질 것을 말이 아닌 선지자의 삶으로 보여주시는 것이다.

선지자들은 삶을 통해 설교한 것이다. 그런데 이런 삶을 사는 선지자에게 어떤 유익이 있을까? 풍파를 다 겪은 조개에서 진주가 나오듯이, 그런 삶을 사는 자들에게 남겨지는 진주는 뭘까? 그것은 **하나님의 심정을 헤아리게 되는 것이다.**

사실 '아들을 바치라'는 하나님의 명령은 누가 들어도 이해가 되지 않는 말씀이다. 아브라함은 '내가 하나님의 음성을 제대로 들은 것이 맞나?' 몇 번이고 되물었을 것이다. 분명 창세기 12장에서 믿음 없는 아브람에게 '아들'과 '땅'을 주겠다고 하신 분은 하나님이셨다. 그렇게 '못

믿겠다'는 의심의 조상 아브람을 어르고 달래서 결국 아들을 줄 때는 언제고, 이제는 아들을 달라고 하실까?

왜 하나님은 이렇게 불편한 상황을 만드실까? 그것은 믿음의 조상 아브라함이 어디까지 믿음이 성장했는가를 믿음의 후손들에게 보여줘야 하기 때문이다. 그 자리가 어디인가? 하나님의 마음을 헤아리는 자리다.

아마 아브라함은 (2절)과 (3절) 명령과 순종 사이에서 엄청난 고뇌를 했을 것이다. 두 생각이 있었을 것이다. 하나는 '하나님이 어떻게 이럴 수 있는가?', 또 하나는 '하나님은 이유가 있을 거야.'

우리도 가끔 이런 딜레마가 있다. "어떻게 하나님이 이럴 수 있는가?" 하지만 그동안 믿어왔던 하나님이 누구신지 아는 믿음이 있다 보니, 마음 한편에 이런 생각이 버티고 있다. "하나님은 이유가 있을 거야."

아브라함은 이 딜레마 속에서 후자를 선택한다. 그리고 아침 일찍 일어난다.

| 창22:3~4 | 3. 아브라함이 아침에 일찍이 일어나 나귀에 안장을 지우고 두 종과 그의 아들 이삭을 데리고 번제에 쓸 나무를 쪼개어 가지고 떠나 하나님이 자기에게 일러 주신 곳으로 가더니 4. 제 삼일에 아브라함이 눈을 들어 그 곳을 멀리 바라본지라

숨소리조차 낼 수 없을 만큼의 무게감이 느껴지는가? 수백 명의 종을 거느린 아브라함이 직접 나귀에 안장을 지운다. 막을 수 없는 깊은 한숨을 연거푸 내쉬었을 것이다. 아무 소리 없이 번제에 쓸 나무를 쪼갠다. 그의 눈은 아마 충혈되어 언제라도 울음이 터질 슬픔을 머금고 있었을 것이다.

하나님이 일러주신 모리아 산까지 거리는 대략 60km 정도, 이틀이면 도착할 수 있는 거리인데, 발이 얼마나 무거웠던지 3일이 지나서야 도착한다. 그리고 종들에게 말한다. "너희는 여기에 기다리라. 우리가 너희에게로 돌아오리라"

아브라함은 '우리'가 돌아올 거라고 한다. 아브라함은 하나님께서 이삭을 죽이지 않으시겠다는 예측을 했기에 이렇게 말한 것일까? 우리는 뒷이야기를 알지만, 아브라함은 정말 죽이려고 칼을 들었다. 만약 그가 하나님이 이삭을 죽이지 않을 것이라는 기대가 있었다면, 그는 칼을 들고 죽일 찰나에 머뭇거렸을 것이다. 하지만 상황은 속도감 있게 진행되는 것을 알 수 있다. 그는 머뭇거리지 않았다. 정말 죽이려고 했다. 그렇다면 그가 지금 종들에게 말한 '우리가 돌아오겠다'는 의미는 무슨 의미일까?

| 히11:19 | 그가 하나님이 능히 이삭을 죽은 자 가운데서 다시 살리실 줄로 생각한지라 비유컨대 그를 죽은 자 가운데서 도로 받은 것이니라

아브라함은 하나님께서 다시 살리실 줄로 생각했다는 의미이다. 즉 아브라함의 믿음은 이런 상황을 주신 하나님에 대한 원망보다, 이 상황을 초월한 하나님에 대한 믿음이 있었다. 아들을 주신 하나님은 아들을 다시 살릴 능력도 있을 것이라는 믿음이 있었다.

종들을 떠나 아들과 함께 산을 오른다. 이삭이 묻는다. "내 아버지여." "내 아들아 내가 여기 있노라."

나도 아들을 부를 때마다 사랑을 담아 '아들'이라고 부르는데, 100세에 얻은 아들이 얼마나 예쁘고 사랑스러울까? 그 아들이 묻는다.

"불과 나무는 있거니와 번제할 어린 양은 어디 있습니까?"

가슴이 미어졌을 것이다. 이미 아브라함의 눈은 충혈 될 때로 충혈 되었을 것이고, 떨리는 목소리로 이야기했을 거다."아이고 내 새끼…. 미안하다…. 아빠를 잘못 만나서 미안하다. 아이고, 하나님 내 새끼가 무슨 죄가 있다고" 말하고 싶지 않았을까?

| 창22:8 | 아브라함이 이르되 내 아들아 번제할 어린 양은 하나님이 자기를 위하여 친히 준비하시리라

그는 끝까지 하나님을 향한 믿음을 담아 슬픔과 고통을 꾹꾹 누르면 말했을 테다.

하지만 그는 그렇다고 아들을 번제로 드리는 일에는 주저하지 않는다. 칼을 들고 잡으려는 순간 여호와의 사자가 말린다. 이때 아브라함이 무언가를 발견한다.

| 창22:13~14 | 13. 아브라함이 눈을 들어 살펴본즉 한 숫양이 뒤에 있는데 뿔이 수풀에 걸려 있는지라 아브라함이 가서 그 숫양을 가져다가 아들을 대신하여 번제로 드렸더라 14. 아브라함이 그 땅 이름을 여호와 이레라 하였으므로 오늘날까지 사람들이 이르기를 여호와의 산에서 준비되리라 하더라

이 양은 언제부터 있었던 걸까? 경우의 수는 세 가지일 것이다.

1. 그 자리에 없던 양이 아브라함이 이삭을 바치는지 확인이 되자 하늘

에서 떨어졌다.
2. 아브라함이 이삭을 바치는 찰나에 마침 거기를 지나가던 숫양이 수
   풀에 걸린 것이다.
3. 이미 그 자리에 수풀에 뿔이 걸린 숫양이 있었다.

정확하게 알 수 없다. 하지만 중요한 것은 언제부터 있었냐가 아니라, 숫양을 준비하신 것이 어떤 의미가 있는가이다. 그것은 하나님은 애초에 인신 제사를 받을 마음이 없었다는 것이다.

준비된 양이 언제 보이는가?

양은 모리아 산 제단 위까지 가야 보인다. 순종 이후 보인다. 여호와 이레는 모리아산 중턱에서는 고백할 수 없다. 칼을 들고 이삭이라도 바칠 수 있음을 증명해 보일 때 보인다. 많은 사람이 모리아 산 중턱에서 멈춰 서서 이야기한다. "하나님이 살아계신다면 어떻게 이런 상황이 주어질 수 있어?"

그곳에서 멈춘 사람에게는 하나님은 준 것을 빼앗아가는 하나님으로 정의되어 버린다. 하지만 하나님의 인도하심을 따라갈 때 하나님께서 준비하신 양이 보인다. 그때에야 하나님을 향한 오해가 풀린다. 모리아 중턱에서 돌아서지 않길 바란다. 하나님께서 말씀하신 곳까지 가서 여호와 이레를 외치라.

자, 그런데 진짜 중요한 의미는 14절 후반부이다.

| 창22:14 | 아브라함이 그 땅 이름을 여호와 이레라 하였으므로 오늘날까지
사람들이 이르기를 여호와의 산에서 준비되리라 하더라

과거형으로 써야 하지 않을까? "여호와의 산에서 준비되었다."
그런데 성경은 미래형으로 기록한다.

"······여호와의 산에서 준비되리라······.?"

번제로 드려질 어린 양이 미래에 준비될 거라고 하신다. 누구를 말하는 걸까? 예수님에 대한 '상징적 의미'를 전하는 것이다. 침례요한은 예수님을 만나자 이렇게 고백한다.

| 요1:29 | "보라 세상 죄를 지고 가는 하나님의 어린 양이로다"

즉 '준비될 숫양'은 십자가의 번제물로 바쳐질 예수님을 상징하는 것이다. '여호와의 산에서 준비되리라'는 히브리어로 '예후와 이르에 로'이다. 히브리어 전치사 '로'는 영어로 to, at, for로 해석할 수 있는데, to, at으로도 해석할 수 있다. 그러면 '여호와께서 산에서 준비되실 것이다.' 이렇게 번역된다.

아브라함은 모리아 산에 있다. 그 장소는 시간이 흘러 예루살렘이 된다. 예수님은 예루살렘 골고다에서 십자가에 달리신다. 즉 모리아 산에서 이삭을 대신해 준비된 숫양처럼, 예수님은 우리의 대속 제물이 되어 십자가에서 돌아가셨다.

인신 제사로 바칠 것도 아니면서 왜 하나님은 아브라함에게 아들을 바치라고 하셨는가? 그리고 그곳에 여호와 이레, 어린양을 준비하실 하나님을 믿게 하셨는가?

왜 호세아에게 음란한 여자 고멜을 품으라고 했을까?

왜 예레미야에게 몸소 줄과 멍에를 메고 끌려다니라고 했을까?

왜 에스겔은 아내의 죽음에 소리 없이 울어야 했을까?

"호세아야, 예레미야야, 에스겔아 내 마음을 좀 헤아려 줄래? 내가 내 백성을 품기 위해 내 아들을 이 땅에 숫양으로 보낼 거야. 내 생명과 같은 아들은 십자가에서 온갖 수모와 고통을 당하고, 십자가에 죽어야 하는데, 그리고 나는 그것을 바라보고 소리 없이 울어야 하거든. 네가 내 마음 좀 헤아려 줄래?"

"아브라함아 네가 그렇게 귀하게 여기는 아들 사랑하지? 너는 인신 제사를 드리지 않아도 된다. 하지만 훗날 나는 내 아들을 십자가에서 번제로 드려야 한다는 것을 기억해 줄래? 내 마음 좀 헤아려 줄래?"

이것이 의심의 조상 아브람을 믿음의 조상 아브라함으로 이끄신 하나님의 궁극적 목적이다. 인생의 조연이었던 아브라함을 선택해 하나님의 주연으로 삼으신 이유이다. 결국 아들을 죽이기까지 순종하는 걸음을 통해, 아브라함은 자기 아들을 십자가에 죽이기까지 우리를 사랑하시는 하나님의 마음을 헤아리게 된다.

사역을 하다가 3일 만에 집에 들어간 적이 있다. 아들이 8살 때니 얼마나 아빠가 보고 싶었겠는가? 문을 열고 들어오자마자 달려온 아들은 나를 껴안았다. 그런데 갑자기 경기를 하면서 울기 시작하는 것이 아닌가? 알고 봤더니 내가 들어오면서 열린 철문이 닫히면서 아들 손가락이 끼인 것이다. 손톱이 으스러져 내린 아들을 안고 펑펑 울었다. "아들아 아빠가 미안해" "아빠가 미안하다." "아빠가 아들 사랑해" 같이 울었다. 근데 아들이 한참을 울다가 '아빠 이제 괜찮아요.'하는데 또 얼마나 눈물이 나는지.

그 순간 이런 생각이 떠올랐다.

'우리 하나님, 자기 아들 예수님 십자가 못 박아놓고, 이렇게 우셨겠구나. 미안하다고 아들아 미안하다고….' 그리고 예수님도 '아버지 저 괜찮다고' 아버지 눈물 닦아 주셨구나….

십자가를 떠올릴 때마다 그때 생각이 난다.

어디 우리가 하나님의 마음을 안중에 있던 사람이었는가? 그런데 주님은 우리의 인생 속에서 자기 아들을 바친 심정을 헤아리게 하신다.

믿음을 거부하는 자녀들의 모습 속에서 내 모습을 보게 하시고, 그래도 가슴을 품고 기도하는 나를 보면서, 지금도 나를 위해 기도하시는 예수님을 떠올리게 된다.

'내가 하나님을 이렇게 거부했지, 신앙의 선배들에게 이렇게 힘들게 했지.'

그러한 나를 품으셨던 하나님의 거절감, 속상함, 고통스러움을 헤아려보면서, 나도 하나님처럼, 나도 믿음의 선배들처럼 다른 이들을 품게 되는 그리스도의 마음을 가지게 되는 것이다. 내가 당한 고난 속에서 하나님의 마음을 헤아려 볼 수 있는 것, 고통의 시간 속에서 십자가 사랑을 묵상할 수 있는 것, 인생의 무게를 짊어진 그리스도인에게 주신 복 중의 복이다.

언젠가 단기선교로 탄자니아를 방문했는데, 현지 사역 중 통역을 담당하신 싱글 여성 선교사님을 잊을 수 없다. 당일 사역을 마친 후 선교사님과 교제하면서 선교 여정을 여쭈었다. 아프리카 들어온 지 10년, 케냐에서 6년 사역하다, 탄자니아 시골 교회에서 4년째 사역 중이시란다. 케냐 사역 이후 탄자니아 시골로 들어오시게 된 경위를 여쭈었다.

"케냐 사역을 마무리하고, 귀국하려 했죠. 귀국하기 전에 마지막 아프리카 여행을 하면서 우연히 탄자니아 시골 교회를 지나가게 되었습니다. 그런데 그곳은 선교사님이 사역하시다가 떠난 자리가 방치되어 폐허가 되어있었습니다. 그때 하나님의 영광이 땅에 떨어지는 것 같아 마음이 너무 아팠습니다. 그 자리에서 기도하는데 하나님의 눈물을 주시더라고요. 그때 그것을 저를 향한 부르심으로 삼았습니다."

하나님은 '의심의 조상 아브람'이 '믿음의 조상 아브라함'이 되도록 그의 삶에 역사하셨다. 인생의 조연이었던 그를 하나님 역사의 주연으로 부르셨다. 그리고 그의 삶이 자기 아들 예수님을 인신 제사 제물로 바쳐야 했던 아버지 하나님의 심정을 헤아리는 자로 세우셨다. 하나님은 그 자리로 우리를 초청하신다.

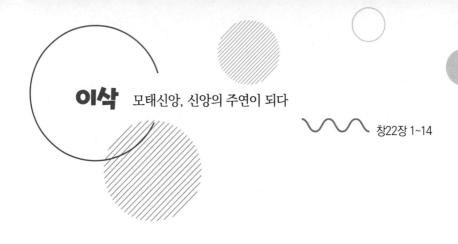

"자고 일어나면 괜찮을 거야."

아플 때면 저희 어머님이 자주 하셨던 말씀이다. 어떤 땐 그 말이 참 무책임하게 들리기도 했다. 그런데 이상한 것은 몸이든, 마음이든 정말 자고 일어나면 괜찮아졌다. 이제는 내 아이가 몸이 아플 때, 친구들이 놀려서 마음이 속상할 때, 이런 말을 자주 하곤 한다.

이제는 웬만한 아픔과 상처는, '시간이란 굴레 속에서' 상처의 독이 빠진다는 사실을 배우게 된 것 같다. 물론 '시간이 약이다.'라는 명제가 일반화될 순 없지만, 분명한 것은 시간은 상처를 재해석할 기회를 준다는 것이다.

아브라함이 이삭을 제단의 재물로 드린 사건은 대부분 아브라함의 입장에서 본다.

아브라함, 현대에 '믿음의 조상'이라 불리는 유명인 아닌가? 목회자

가정에서 자란 PK(pastor kids-흔히 목회자 자녀를 이렇게 부른다)들은 교회에서 유명한 아버지 등쌀에 '나의 하나님'을 잊은 채, 유명한 아버지가 믿는 유명한 하나님을 어깨너머로 배운다. 하지만 그 하나님은 유명한 아버지에게서 강요된 신앙의 대상이다.

우리는 이삭의 입장은 어땠는지 관심을 가져봐야 한다. 아버지 그늘아래 신앙의 조연으로 살아가야 했던 모태신앙 이삭의 입장을 헤아려보자.

자, 그날! 이삭을 잡던 날을 떠올려 보자.
아버지 아브라함이 모리아산으로 향한 그 날, 아침 분위기가 심상치 않다. 일꾼들이 그렇게 많은데도, 아버지는 직접 나귀에 안장을 지운다. 번제에 쓸 나무도 직접 쪼갠다. 일하는 동안 아무 말이 없다. 아마 모두가 아브라함의 눈치를 보았을 것이다.
여행을 떠나면서 어머님께 인사도 없이 출발했다. 더 이상한 것은 번제로 드릴 양도 챙기지 않고 출발한다. 보통 모리아 산까지 이틀이면 갈 거리인데 사흘이나 걸렸다고 한다.
왜 안 그렇겠는가? 자식을 죽여야 하는 아버지 아브라함의 걸음이 무거웠던 것이다. 아마 이삭은 도대체 양이 왜 없는지 물어보고 싶었지만, 기회가 없었다.

성경은 카메라 앵글을 모리아산 앞에서 멈춘다. 아브라함은 데리고 온 종들 앞에 선다.
"여기서 기다리라"
정말 이상하다. 산 위로 땔감을 옮겨야 하지 않는가? 종들을 둘이나 데리고 왔는데 산 아래에서 기다리라 하신다. 이럴 거면 종들은 왜 데

려왔는가? 점점 더 이상하다.

땔감을 들고 산을 오르면서, 아버지와 단둘이 되었을 때, 이삭은 조심조심 묻는다.

| 창22:7~8 | 7. "내 아버지여 하니 그가 이르되 내 아들아 내가 여기 있노라 이삭이 이르되 불과 나무는 있거니와 번제할 어린 양은 어디 있나이까?" 8. "내 아들아 번제할 어린 양은 하나님이 자기를 위하여 친히 준비하시리라"

이 대답은 번제를 드리기 전, 아브라함과 이삭이 나눈 마지막 대화이다. 성경에는 이 말에 대한 이삭의 반응이 나오지 않는다. 왜 반응이 없을까? 이삭은 직감적으로 알았을 것이다.
3일간의 무거운 걸음과 침묵, 아브라함의 충혈 된 눈, 떨리는 입술, 모호한 답변…. 그 모든 것들이 자신이 제사의 제물이라고 예측을 하기에 충분했다. 왜냐하면, 고대 근동에서 타 종교에서는 인신 제사를 드렸기 때문이다. 아니나 다를까 아버지가 자신을 결박한다. 이삭이 왜 가만히 있었는지 알 수 없지만, 그는 가만히 당하고 있다.

결과는 우리가 잘 알듯이 아브라함은 하나님께서 중지하라는 음성을 듣는다.

| 창22:12 | 네가 네 아들 네 독자까지도 내게 아끼지 아니하였으니 내가 이제야 네가 하나님을 경외하는 줄을 아노라

한 가지 질문이 생긴다. 이 음성을 아브라함만 들었을까? 이삭도 들었을까? 알 수 없다. 하지만 들어도 문제고 못 들어도 문제다. 들었다면 하나님이 아버지의 신앙을 점검하기 위해 자신의 생명을 가지고 간을 보셨다는 것이 상처일 것이고, 못 들었다면 아버지가 신앙 때문에 미쳤다고 생각할 수 있다.

모태신앙을 가진 우리도 그렇게 느낄 때가 있다. 부모님이 신앙을 강요할 때, 강제로 교회 출석하라고 할 때, 용돈도 안 주고, 밥도 안 줄 때, 부모님이 광신자처럼 여겨진다. 그것이 아직 믿음이 형성되지 않은 자녀들에게는 상처로 여겨질 수 있다.

어떤 목사님은 딸이 교회를 안 나왔다고 머리를 다 밀어버리셨다는 분도 계시고, 음악을 한다고 교회 안 나온 딸의 악기를 다 부숴버렸다는 분도 계시더라. 신앙의 가치를 아직 발견하지 않은 어린아이들이 어떻게 아버지의 행동을 이해할 수 있겠는가?

이삭은 어땠을까? 이삭에겐 이 사건이 괜찮았을까? 안타깝게도 그에게도 큰 상처였다. 이삭은 이 사건 이후부터 아버지와 함께하지 않는다. 이후 이삭은 좀처럼 등장하지 않는다. 심지어는 23장에서는 어머니 사라가 죽는데, 그 자리에도 이삭은 보이지 않는다. 성경은 장례를 남편 아브라함이 치렀다고 전한다.

| 창23:19 | 아브라함이 그 아내 사라를 ... 장사하였더라

이삭은 20년이 지난 후, 40세가 되어서야 성경에 등장한다. 성경은 그가 '브엘라해로이'에서 올라왔다고 전한다. 그곳은 이스마엘과 하갈

이 쫓겨 간 장소이다. 20년 만에 돌아온 이삭은 그때에야 어머니 장례를 치른다.

| 창24:67 | 이삭이 그의 어머니를 장례한 후에 위로를 얻었더라

추론해 보면, 이삭은 번제 사건 이후 20년간 아버지를 떠나 살았다는 것을 알 수 있다. 즉, 20년간 아버지를 오해하며 살았던 것이다. 그리고 20년 만에 등장한 이삭의 모습을 성경은 이렇게 표현한다.

| 창24:63 | 이삭이 저물 때에 들에 나가 묵상하다가...

"묵상하다가" 이 단어를 탈굼번역에서는 '기도하다가'로 번역한다. 20년 만에 나타난 이삭의 모습을 묵상하는자, 기도하는 자로 표현한 것이다. 무엇을 묵상했을까? 20년 전 그 사건을 묵상하지 않았을까?

우리 삶에 상처로 기억되는 일들이 있다. 아픈 과거가 있을 수 있다. 그러나 하나님은 우리의 아픈 과거를, 그렇게 남겨두시지 않는다. 시간 속에서 은혜로 재해석하게 하신다. 그러면 시간 속에서 독기는 빠지고, 하나님의 은혜가 남게 된다. 단순히 시간이 지나면 해석되는 것이 아니다. 하나님의 은혜를 발견하기 위해 기도하며 재해석해야 한다.

그럴만한 믿음, 그럴만한 이유

먼저 서로의 입장을 헤아려야 한다. 인디언 속담에 "그 사람의 신발을 신고 오랫동안 걸어보기 전까지는 그 사람을 판단하지 말라"고 전한다. 그 사람이 왜 그렇게 비틀거리는지, 왜 저렇게 걷는지, 그가 살아온 삶의 자리에 서 보면, 그럴 수밖에 없었다고 이해하게 된다. 누구에게 나 그럴만한 이유가 있다.

나는 어릴 때 아버지에게 충분히 안겨본 적이 없다. 한두 번 안아주신 적은 있지만, 충분히 온기를 느낄 만큼 안겼던 기억이 없다. 그래서 성인 이 되어서도 아버지의 사랑을 오해했다. 그런데 어느 날 "나는 할아버지 에게 안겨본 기억이 없다."라는 아버지의 말씀을 듣고 생각이 바뀌었다.

아버지도 아버지의 품이 얼마나 그리웠을까가 헤아리게 되었다. 이 후 아버지가 측은히 여겨지고, 사랑 표현이 서툰 아버지의 행동이 이해 가 되었다.

분명 아브라함은 부활의 믿음을 가진 자였다. 그래서 종들에게 '우리 가 돌아온다.'라고 말했다. 분명 그는 아들을 죽여도 하나님께서 다시 살리실 것에 대한 믿음이 있었다. 하지만 우리가 놓치지 말아야 할 것 은, 아브라함이 하나님께 받은 명령은 '아들을 번제로 받치라'라는 명 령뿐이었다는 사실이다. 부활에 대한 약속은 받은 적이 없다. 그럼에도 불구하고 그가 순종할 수 있었던 것은, '전능하신 하나님'께서 경수가 끊어진 100세의 자신에게 생명을 주신 것을 경험했기 때문이다.

| 창17:1 | 아브람이 구십구 세 때에 여호와께서 아브람에게 나타나서 그에 게 이르시되 나는 전능한 하나님이라

즉 아브라함은 죽일 목적으로 아들을 드린 것이 아니라, 살릴 목적으 로 하나님께 자신의 믿음을 드린 것이다. 이삭이 기억하는 그 날은 아 버지가 나를 죽이려 했던 사건일 수 있지만, 아버지가 경험했던 '전능

한 하나님'에 대한 믿음이 그럴만한 이유일 수 있음을 헤아리게 된다.

우리는 누구나 그럴 만한 입장이 있다. 설명을 다 할 수 없는 그 사람만의 그럴만한 사정이 있다. 그것이 신앙일 수도 있고, 자기 고집일 수도 있고, 어떤 결정일 수도 있다. 내 입장에서 볼 때는 그 사람의 모습이 마음에 안 들 수 있지만, 그가 살아온 환경 속에서 점철된 그의 입장에서는 최선일 수 있다. 당시에는 그 사람의 결정이 화가 나고, 이해가 되지 않더라도, 시간 속에서 서로의 마음과 입장을 헤아려보라.

내가 누린 은혜

이삭은 아마 그날 사건을 기억하면서 하나님께 "하나님 살아계시면 이 상황을 설명해달라고" 수도 없이 기도했을 것이다. 하지만 성경 어디에도 하나님의 해명은 나타나지 않는다. 해명은 없는데, 어느 날 나타나신 하나님은 이삭에게 아버지를 언급한다.

| 창26:4~5 | 4. 네 자손을 하늘의 별과 같이 번성하게 하며 이 모든 땅을 네 자손에게 주리니 네 자손으로 말미암아 천하 만민이 복을 받으리라 5. 이는 아브라함이 내 말을 순종하고 내 명령과 내 계명과 내 율례와 내 법도를 지켰음이라 하시니라

요약하면 "내가 네게 복을 줄 건데, 그 이유는 네 아버지 때문이야.", "앞으로 네 인생이 형통하다면, 네가 상처받았다고 생각하는 아버지 때문이야." 이런 말이다.

정말 이삭은 그랄 지역에서 가는 곳마다 우물이 터진다. 당시 우물은 재력의 상징인데, 이삭은 가는 곳마다 우물이 터진다. 이삭이 이상했을 것이다.

'나는 노력하지 않았는데, 왜 자꾸 물이 나오지? 이거 혹시 하나님 은혜인가?'

그런데 그 생각을 할 찰나! 하나님이 나타나신다.

| 창26:24 | 나는 네 아버지 아브라함의 하나님이니 두려워하지 말라 내 종 아브라함을 위하여 내가 너와 함께 있어 네게 복을 주어 네 자손이 번성하게 하리라

하나님은 적절한 타이밍을 아신다. 그 찰나 말씀하신다.

"네가 복 받은 건, 네 아버지 때문이야."

이삭은 그 사건이 상처로 남아있는데, 하나님은 그의 삶에서 거듭되는 은혜를 통해, '네가 아버지 때문에 누린 은혜가 있다'라고 말씀하신다.

당신에게 상처로 남은 사건이나, 사람에 대한 기억이 있는가? 그 사건과 사람만 보면 소망이 없지만, 소망의 하나님을 바라보라. 하나님은 다 지켜보신다. 우리의 억울함과 부당함의 눈물을 아신다. 말로 표현할 수 없는 이해관계 속에서 복잡 미묘한 감정과 생각을 아신다. 누구도 이해할 수 없을 거라 여기는 그 상처가 그간 내 삶을 구부려지게 했던 어두운 시간임을 아신다. 사람은 모르지만, 하나님은 아신다.

아시는 하나님은 우리의 삶 속에서 갚아주신다. 자녀들의 오해는 언젠가 풀어지고, 눈물겨웠던 시간이 보상받는 시간을 허락하신다. 결국 하나님의 사랑을 오해했던 모든 것들이 제자리를 찾을 것이다.

잊어진 하나님의 뜻

이삭이 결혼하고 아이를 가졌다. 쌍둥이다. 그런데 어느 날 아내가 하나님의 뜻을 받았다고 한다.

| 창25:23 | 여호와께서 그에게 이르시되 두 국민이 네 태중에 있구나 ... 큰 자가 어린 자를 섬기리라

하나님의 뜻은, 큰 자 '에서'보다, 작은 자 '야곱'을 선택했다는 말씀이다. 이삭은 하나님의 뜻이란 단어를 들었을 때 진저리 쳤을지 모른다. 왜냐하면, 아버지가 하나님의 뜻 때문에 자신을 죽이려 했기 때문이다. 시간이 흘렀다. 이제 죽을 날이 가까웠다는 것을 감지한 이삭은 장자를 축복하겠다고 선언한다. 그런데 하나님의 뜻에 대한 알리지 반응일까? 이삭은 축복하는 자리에 하나님의 뜻과는 상관없이 에서를 부른다. 어쩌면 의도적으로 하나님의 뜻을 거슬렀는지 모른다.

그런데 이 축복을 야곱이 가로챈다. 털옷을 입고, 에서인 척 축복을 받는다. 이삭은 에서라고 생각하고 야곱을 축복한다. 자, 그런데 축복의 내용이 아주 흥미롭다.

| 창27:27~29 | 27. 내 아들의 향취는 여호와께서 복 주신 밭의 향취로다
　　　　　　 28. 하나님은 하늘의 이슬과 땅의 기름짐이며 풍성한 곡식과 포도주를 네게 주시기를 원하노라

에서는 사냥하는 들의 사람이다. 그런데 축복의 내용은 '밭의 향취, 곡식과 포도주' 농사꾼을 향한 내용이다. 내용만 보면 에서를 향한 축복이 아니라 야곱을 향한 것이다. 아마 이삭은 축복하면서 뭔가 이상하다고 생각했을 테다. '왜 내가 이런 내용으로 기도가 나오지?' 했을 테다.

그런데 아니나 다를까 가짜 에서는 나가고, 진짜 에서가 들어온다. 축복해 달란다. 이미 이삭은 넋이 나갔다. 그때 이삭의 심경을 이렇게 기록한다.

| 창27:33 | 이삭이 심히 크게 떨며 이르되 그러면 사냥한 고기를 내게 가져온 자가 누구냐 … 그가 반드시 복을 받을 것이니라

이삭은 왜 이 상황에서 "심히, 크게, 떨며" 이야기했을까?

왜 "그가 반드시 복을 받을 것이니라"라고 했을까? 이삭은 그때에야 비로소 깨달은 것이다.

'결국 〈하나님의 뜻〉대로 되는구나!'

'나는 하나님의 뜻과는 상관없이 살았는데, 결국 하나님의 뜻은 이뤄지는구나.'

그 깨달음에 그는 떨었다.

그 이후 이삭이 야곱을 삼촌 라반 집으로 보낼 때 중요한 신앙고백을 한다.

| 창28:3 | 전능하신 하나님이 네게 복을 주시어 네가 생육하고 번성하게 하여….

'전능하신 하나님'이란 고백을 이삭이 처음으로 고백한다. 신학자들은 이때 이삭이 비로소 아버지 아브라함이 가졌던 언약신앙을 가지게 되었다고 본다.

이삭은 아마, 내 인생은 상처로 점철된 인생이라 생각했을 것이다. 신앙의 주연이었던 믿음의 조상 아버지와는 달리, 조용히 묻어가는 신앙의 조연이라 생각했을 거다. 하지만 비천한 내 인생에도 〈하나님의 뜻〉은 결국 성취하신다는 믿음 속에서, 이삭은 하나님의 뜻에 순종했던 아버지의 신앙을 이어가게 된다.

이것은 이삭 개인의 삶에 이뤄진 하나님의 뜻만을 말하지 않는다. 구속사로 연결된다. 훗날 모리아산은 예루살렘이 되고, 아브라함이 아들 이삭을 제물로 바친 장소는 골고다가 되어, 하나님은 자기 아들 예수님을 제물로 바치게 된다.

그리고 제물로 드려졌던 사건은 '십자가의 제물 되신 예수그리스도의 모형으로' 기억된다. 그 사건은 그의 인생에서는 힘든 기억이지만, 하나님은 그의 삶의 삶을 통해, 하나님의 뜻을 계시하시고, 하나님의 영광을 드러내신 것이다.

우리에게는 지우고 싶은 상처가 있지 않은가? 이해할 수 없는, 이유를 알 수 없는 사건·사고가 있지 않은가? 당장은 그 이유를 알고 싶고, 하나님께 따져 물어서라도 설명을 들어야 상처가 아물 것 같은데, 하나님은 가끔 무책임하게 "자고 일어나면 괜찮을 거야"라고 말하는 것 같다.

그때 이삭에 삶에 역사하신 하나님을 기억하라. 그 하나님께서 시간 속에서 미움과 오해의 독이 빠지고, 상대의 입장을 헤아리고 불쌍히 여기는 여유를 주실 것이다. 상처라 정의되는 아픔 속에서 하나님의 은혜를 발견케 하실 것이다. 인간의 실수와 실패를 뛰어넘는 하나님의 뜻이 우리의 삶에도 이뤄지고, 결국 하나님의 영광을 드러내실 것이다.

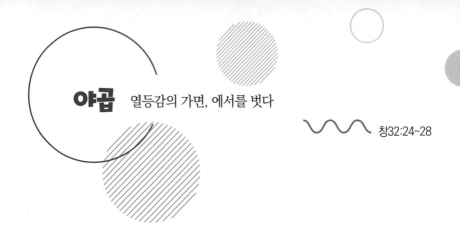

　　세계적인 베스트셀러가 된 베른하르트 슐링크 작가의 〈책 읽어주는 남자〉는 15세 소년과 36세의 여인의 파격적인 사랑 이야기를 담고 있다. 열병으로 쓰러진 10대 마이클을 30대의 한나가 구해 준다. 이것이 인연이 되어 두 사람은 연인이 된다.

　　그런데 한나에게는 치명적인 열등감이 있었는데, 글을 읽지 못한다는 것이었다. 그래서 그녀는 마이클과 성관계 갖기 전에 항상 책을 읽어달라고 한다. 그것이 두 사람 연애의 일상이었다. 하지만 어느 날 그녀는 직장에서 문맹이란 사실을 들키지 않기 위해 불현듯 마이클과의 관계도 뒤로하고 그 마을을 떠나버린다. 마이클은 영문도 모른 채 그녀를 잃어버리게 되었다.

　　그로부터 8년 후, 법대생이 된 마이클은 전범 재판을 참관하게 된다. 그런데 거기서 한나가 전범으로 몰려 재판받는 것이 아닌가? 그녀의 혐의는, 나치 수용소에 수감된 죄수들의 일상을 기록 보고했다는 것이었다. 다른 피고인들은 입을 맞춰 한나가 책임자라고 누명을 씌운다. 재판관은 기록된 보고서의 필적과 한나의 필적을 비교해보자 펜과 종이를 준다.

한나는 그 자리에서 그 기록이 자기의 필적이라고 인정해 버린다. 다른 사람에게 문맹으로 밝혀지느니 차라리 감옥을 택한 것이다. 이 과정을 지켜보던 마이클은 그제야 그녀가 심각한 열등감에 집착했다는 것을 깨닫는다. 우리는 이 영화를 통해 열등감이 얼마나 우리의 삶을 파괴할 수 있는지를 보게 된다.

어떤 이가 어린 시절 찢어지게 가난한 집에서 살았다. 어느 날 친구가 화장실도 없는 집에서 산다고 놀린다. 그때부터 그의 인생의 목적은 화장실 두 개 있는 집에서 사는 것이 된다. 열심히 벌어서 화장실 두 개 있는 집으로 이사를 했다. 꿈을 이뤘다고 생각했다. 그런데 다른 친구 집에 가니 화장실이 세 개 있는 것이 아닌가. 또다시 열등감의 불씨가 당겨진다. 이제는 화장실 세 개 있는 집을 갖기 위해 살아간다.이 사람에게는 화장실이 열등감이고, 한나에게는 문맹이고, 어떤 사람에게는 그것이 학벌, 혹은 외모일 수도 있다. 하지만 열등감은 결핍을 해결한다고 해결되지 않는다.

어떤 복면을 쓴 사람이 자꾸 길을 가로막고 서 있다. 그래서 도대체 이 인간이 누구인가 복면을 벗겨보았더니 바로 자기 자신이더라. 존 맥스웰은 자신을 가로막는 자의 정체는 바로 열등감을 가진 자신이라고 전한다.

세 가지 두려움

'두려움'을 연구한 뉴 미실린 박사는 인간은 태어날 때 세 가지 원초적인 두려움을 가지고 태어난다고 한다. 이 두려움은 학습하지 않아도 본능적으로 감지하는 두려움이다.

첫째, 보호자 품에서 멀어지는 두려움. 둘째, 높은 곳에서 떨어지는 두려움. 셋째, 큰 소리에 대한 두려움이다.

이 원초적인 두려움은 세월이 흐른다고 소멸되지 않는다. 형태만 달라질 뿐, 평생을 다른 모양으로 따라 다닌다. 첫째, 보호자 품에서 멀어지는 두려움은 홀로 남는 〈외로움〉으로 자리매김하고, 둘째, 높은 곳에서 떨어지는 두려움은 갑자기 직장을 잃거나, 시험에 떨어지거나, 병에 걸려 건강을 잃는 등 갑자기 엄습할 막연한 미래에 대한 〈불안감〉으로 자리 잡는다. 그리고 셋째, 큰 소리 날 때 느끼는 두려움은 사람들 무시, 비난, 평가 등 비교에서 오는 〈열등감〉으로 우리를 두렵게 한다.

이 세 가지 두려움은 우리 인생에 늘 도사리고 있다. 그래서 우리는 〈외로움〉을 극복하기 위해 동호회, 동창회, 향우회 등 여러 관계망을 형성하고, 미래에 대한 〈불안감〉을 떨쳐내기 위해 이런저런 보험에 들고, 좀 더 안정적인 직장을 찾는다. 그리고 〈열등감〉을 극복하기 위해 끊임없이 경쟁하며 좀 더 높은 위치에 오르려 한다. 그런데 그 두려움이 좀처럼 해소되지 않는다.

아무리 미래를 걱정하지 않는다고 해도, 한번 불안이 찾아오면 감당이 안 된다. 아무리 재미나는 모임을 가졌다 할지라도 집으로 돌아오는 길, 아무도 없을 때 찾아오는 인간의 본질적인 외로움은 감당이 안 된다. 아무리 잘난 사람도, 잘난 무리에서 들어가면 비교의식에서 찾아오는 열등감을 어떻게 할 수 없지 않은가?

내가 바라보는 내 모습은 그리 썩 달갑지 않다. 내 손에 받아든 두 달란트는 사소해 보인다. 다섯 달란트를 받은 사람이 눈에 밟힌다.

그 여파로 나를 잃어버린다. 가면을 쓴다. 남들처럼, 남들이 하는 대로, 남부럽지 않게 살기 위해 살아간다. 자신을 포장해서 남들에게 소개하고, 괜찮은 척, 잘 먹는 척, 잘사는 척, 행복한 사진들로만 SNS를 도배한다.

하지만 인생은 항상 행복하지 않다. 괜찮을 때보다 안 괜찮을 때가 더 많고, 평안할 때보다 초조하거나 불안할 때가 많고, 행복할 때보다 그렇지 못할 때가 많은 것이 인생 아닌가? SNS에 올라오는 다른 사람들의 괜찮은 이야기는 안 괜찮은 나를 불안하게 만든다.

성경에서 야곱도 인생의 '두려움'을 해소하려고 몸부림쳤다. 그에게는 어떤 두려움이 있었을까?

야곱은 이인자의 열등감이 있었다. 그래서 형과 아버지를 속인다. 팥죽 한 그릇과 형이 사냥하러 간 사이, 형처럼 위장하고 아버지에게 장자의 축복을 받아낸다.

자, 이제 장자권도 받았고, 축복도 받았다. 이제 이인자의 열등감이 극복될 줄 알았다. 하지만 아니었다. 그는 그 사건으로 도망자 신세가된다. 형 에서가 '아버지 돌아가시면 동생을 죽여 버리겠다'라고 혼잣말을 하는데, 그 혼잣말을 어머니가 듣고는 야곱을 삼촌 라반 집으로 피신을 보낸다.

삼촌이 있는 하란까지 거리 800km다. 육로를 따라 도망했을까? 형한테 잡힐까봐 노심초사 길이 없는 곳, 사람이 없는 곳으로 피해야 했을 테다…. 성경은 얼마나 험한 여행길이었는지 이렇게 전한다.

| 창28:11 | 한 돌을 가져다가 베개로 삼고 거기 누워 자더니

조연이었던 주연들

성경은 야곱의 어린 시절을 '(창 25:27) 조용한 사람이었으므로 장막에 거주하니….'라고 소개한다. 성경이 완곡한 표현으로 기록했지만, 고대사회에서 남자라면 나가서 사냥을 잘해야 인정받던 시기 아닌가? 이 표현은 야곱이 고생이란 하나도 모르는 마마보이라는 의미이다.

그런 야곱이 도망자 신세가 되어, 돌을 베개로 삼고 누웠다. 누워서 흐느끼고 울지 않았을까? 자기 인생에 이런 고생을 할 줄 상상이나 했을까? 장자권을 얻으면 열등감이 해소될 줄 알았는데, 열등감을 해소하려다 외로움과 불안감이 가중되었다. 그의 마음이 얼마나 무너졌을까?

나도 이런 경험이 있다. 2016년 초에 낸 책이 대박이 날 줄 알았다. 하지만 현실은 냉혹하더라. 책이 나오고 나서 여기저기 설교하러 다니고 몇 개월은 신났다. 하지만 그것도 잠시. 어느 순간 생활고에 시달리기 시작했다. 가장인데도 아내에게 생활비를 못 갖다 줬다. 그때 아내의 한숨이 얼마나 매서웠는지 모른다. 주방에서 쉬는 숨소리는 부메랑처럼 빙빙 돌아 내 가슴을 찌르는 비수가 된다.

궁지에 몰려 대리운전을 시작하게 되었다. 저녁 7시에 나가서 새벽 5시까지, 남들 자는 시간에 일하는 거다. 그렇게 꼬박 2년을 살았다. 하루 8~10 콜은 타야 하루 벌이를 할 수 있었다. 일하다 보면 새벽 2~3시 불빛도 없고, 차도 없는 지역에 떨어지면 하염없이 걸어서 나와야 했다. 콜이 없으면 버스 승차장에서 새벽을 지내기도 하고, 추운 날은 길거리에서 웅크리고 첫차를 기다리기도 했다. 그때 내 모습은 야곱이었다.

그런데 그런 시기를 보낼 때를 지금 떠올려 보면, 힘든 것은 경제적인 어려움만이 아니었다. 마음이 힘드니까 모든 것이 힘들었다. '나는 언제까지 이렇게 살아야 하나?' '다른 사람들이 날 뭐라고 생각할까?' '이젠 아무도 날 기억하지 못한다.'라는 생각에 견딜 수가 없었다.

그때 내 심정을 들여다보면, 처음에는 모든 것이 원망스러웠다. 내가 이 지경에 이르기까지 가담했던 모든 사람이 원망스러웠다.

야곱도 처음에는 그랬을 거다. 가만히 생각해보면, 야곱의 두려움이 이해가 된다. 그는 태생적으로 이인자였다. 아니 누가 태어나길 둘째로 태어나고 싶었겠는가? 누구는 태어나보니 서열이 장자인데, 그는 이인자다. 그런데 진짜 문제는 서열뿐만이 아니었다. 아버지는 형만 좋아했다. 차별을 경험했다. 그런데 이 지경이 되기까지 진짜 원망스러운 사람이 있다. 아이러니하게도 어머니다. 물론 야곱을 좋아했지만, 어머님의 부추김이 아니었다면 여기까지 이르지는 않았을 것이다. 야곱도 처음에는 그 모두가 원망스러웠을 것이다. 그러나 지울 수 없는 사실! 결국 선택은 본인이 했다.

나도 그렇더라. 처음에는 사람이 너무 싫었다. 다 남의 탓 같았다. 그런데 시간이 지나면서 결국 결정은 내가 한 것이라는 생각에 원망이 후회로 바뀌더라. 그리고 그 후회는 〈죄책감, 좌절감〉으로 바뀌었다. "내가 왜 그랬을까?" 나중에는 "하나님은 나한테 화가 났을 거야." 더 나아가 "하나님이 나를 떠났을 거야……"까지 발전했다.

분명히 하나님은 그런 분이 아니신데, 삶이 힘드니까 하나님은 나에게 관심이 없거나, 멀리서 나의 고통을 뒷짐 지고 관망하고 계신 것처럼 생각이 되었다.

야곱도 그런 순간을 지내고 있는 것이다. 그런 그가 하나님을 만나게 된다. 하나님께서 야곱을 만나주신 순간을 성경은 이렇게 기록한다.

'야곱이 홀로 남았더니'
홀로 남았을 때가 언제일까? 외로울 때? 고독 속에 있을 때?

우리도 홀로 남을 때가 있다. 그때는 인생의 정지 버튼을 누르고 삶을 돌아보게 된다. 그때 하나님은 우리를 만나주신다. 고장 난 시계도 하루에 두 번은 정확한 시간을 가리키듯, 고장 난 우리 인생에서 하나님의 당신의 정확한 시간표에 우리를 부르신다.

시계 초침 소리도 크게 들리는 적막함 속에서 사무치는 외로움이 찾아올 때, 인생의 공허와 허무 속에서 삶을 돌아보게 될 때, 더 없는 인생의 찬스이다. 잃어버린 나를 발견하는 시간, 다른 사람을 위한 포장을 걷어내고 하나님께서 창조하신 그 모습 그대로 하나님 앞에 서는 기회의 시간이다.

대리운전을 하던 그날 밤을 잊을 수 없다.

저녁 10시쯤 됐을까? 콜이 오면 핸드폰이 울린다. 팝업창에 어디 가는 콜인지, 요금이 얼마인지가 확인된다. 확인 버튼을 누르면 연결이 된다. 그러면 손님에게 전화를 걸어 출발지를 확인한다.

"안녕하세요. 대리기사입니다. 어디로 갈까요?"

그러면 손님이 어디로 오라고 한다. 보통 첫 통화 목소리에서 손님의 성격이 파악된다. 성품이 온유한지, 과격한지, 기사를 존중하는 사람인지, 아닌지 그리고 오늘 이분께 전도할 수 있을지 아닐지가 파악된다.그런데 그날 목소리가 심상치 않다. 걸걸한 목소리의 60대 정도의 어르신은 처음부터 반말이다. "거기 학교 앞으로 와. 내가 좀 늦으니까 좀 기다려" 딱 잘못 걸렸다 싶다.

손님 차가 있는 곳에 가서 기다리고 있었다. 쭈그리고 앉아서 앞을 응시하는데, 앞쪽 상가에 빵집이 보였다. 순간 '아, 내가 빵을 참 좋아했지?' 새삼 생각이 들었다. 돌아보니 그간 경제적인 부담 때문에 몇 개월간 사 먹질 못한 거다. 빵 그거 얼마 한다고! 사 먹으면 되지. 근데 그 몇 푼 쓸 마음에 여유가 없는 거다.

한 콜을 수행하면 내 손엔 만 원짜리 한 장을 주는데, 센터에 2500원을 떼고 7500원이 남는다. 자칫 엄한 곳으로 가게 되면, 대리기사 전용 택시를 타야 하는데 2000원이다. 그럼 5500원. 그 돈으로 빵 사 먹을 여유가 생기지 않는 거다. "주여…….." 긴 한숨을 쉬고, 참아본다.

그때 마침 손님이 왔다. "어이 대리기사? 가자"차에 올랐는데 어르신이 자꾸 말꼬리를 잡고 시비를 건다. 말끝마다 '콜'을 붙여서 말하는 것이 거슬린다. "저 길로 가야 하지 않아? 콜?" "젊은 양반! 이쪽으로! 어허!! 돌려, 돌려 그렇지 콜!"웃으며 그럭저럭 받아넘기긴 했지만, 대리비나 제대로 받을 수 있을지 의문이었다. 그런데 그분이 내리더니 이런다. "오 젊은 양반 잘 참네." 그러더니 대리비와 함께 팁을 주신다.

"콜?"

그때부터는 허리가 꺾이도록 90도 인사를 한다. "감사합니다." 진상 손님이라 생각했는데, 반전이다. 인사를 꾸벅하고 돌아가려는데, 그 손님이 다시 나를 부르더니 묻는다.

"어이! 젊은 양반! 잠깐만. 자네 빵 좋아해?!" 갑자기 무슨 소리인가?

"빵요?"

"그래! 빵 좋아하냐고~!"

"네…….좋아하죠."

"콜! 나 따라와."

그러더니 저를 데려간 곳은, 다름 아닌 빵집.

"맘껏 골라. 다 사줄게."

"네?! 왜요?!"

"어허! 내가 사주고 싶다니까. 먹고 싶은 거 다 골라와. 콜?!"

"아……. 네……. 그럼 이거랑 저거랑……."

"야야! 장난해? 저것도 담고, 이것도 담고, 저기 쿠키도 있잖아?"

"손님, 이거 대리비보다 더 나오겠는데요?"

빵집 주인이 소리 없는 입 모양으로 '많이, 많이, 더, 더' 내게 사인을 보낸다.

구매를 부추긴다. 정말 많이 골랐다. 다 고르니 5만원 돈은 더 됐던 것 같다. 이후 콜 아저씨가 하시는 말씀은 일품이다.

"자네 집에 가서 아내한테 손님이 사줬다고 하면 안 된다! 당신을 위해 사 왔다고 해. 콜?!"

"자! 난 이만 간다! 잘 가!" 가시는 손님 등에다 대고 몇 번이고 인사를 했다.

빵 봉지를 두 손에 들고는 얼떨떨한 기분으로 빵집을 나섰다. 몇 걸음 가서 다시 빵집을 돌아다보았다. 그리고 뇌리를 스치는 생각 하나가 있었다.

'아, 맞아……. 내가 빵……. 먹고 싶다고 했지?'

갑자기 뜨거운 눈물이 뺨을 타고 흐른다.한 찬양이 생각났다.

"하나님 사랑의 눈으로 너를 어느 때나 바라보시고, 하나님 인자한 귀로써 언제나 너에게 기울이시니. 어두움의 밝은 빛을 비춰주시고, 너의 작은 신음에도 응답하시니, 너는 어느 곳에 있든지 주를 향하고 주만 바라볼지라."

이때껏 내 힘으로 두려움을 해결해보려고 했던 인간적인 방법들이 후회되고 자책이 되는데…. 그래서 나의 실수와 실패로 인해 '하나님도 나를 떠나신 것이 아닌가? 하나님이 나를 버리신 거 아닌가?' 싶었는데 주님은 이렇게 말씀하시는 것 같았다.

"나 너 버리지 않았어. 나 너 떠나지 않았어. 나 여기 있어. 자책하지 말아"

두려움 속에서 도망자 신세가 된 야곱이 그랬다. 하나님이 떠난 줄 알았다. 그런데 그 자리에서 주님은 야곱을 만나 약속하신다.

| 창28:15 | 내가 너와 함께 있어 네가 어디로 가든지 너를 지키며 … 너를 떠나지 아니하리라

원어를 보면, "내가 너와 함께 있어" 말씀 앞에 "보라"는 단어가 생략되어 있다.
"보라! 내가 너와 함께 있어"
그리고 "떠나지 아니하리라"에서 사용된 아짜브라는 단어를 직역하면, "내가 너를 버리지 않아! 내가 너를 포기하지 않아"의미이다.

| 창28:16 | 야곱이 잠이 깨어 이르되 여호와께서 과연 여기 계시거늘 내가 알지 못하였도다

야곱은 이런 밑바닥에는 주님이 계시지 않는 곳이라 생각했다. 이런 누추한 곳은 하나님께 벌을 받는 인생이나 누워 자는 곳이라고 생각했다. 그런데 그는 깨달았다.

"주님은 여기도 계시는구나!"

야곱처럼 버림받은 자리라고 생각이 든다면 잊지 말라. 하나님은 어떤 순간에도 우리를 포기하거나 버리지 않으신다.

다시 두려움을 마주하다!

야곱의 인생에 두려움이 사라진 줄 알았는데…. 또 그 두려움의 자리에 서게 된다.

| 창32:24 | 야곱은 홀로 남았더니...

20년 전과 비슷한 상황이다. 그 당시에는 도망자 신세가 되어 고향을 떠나오면서 홀로 되었는데, 이번에는 고향으로 돌아오는 길이다. 혹시나 두려움에 종을 고향으로 미리 보냈더니, 그가 하는 말이 형이 400명을 거느리고 온다고 한다. 그 소식을 들은 야곱은 두려움에 떤다.

| 창32:7 | 야곱이 심히 두렵고 답답하여...자기의 소유를 두 떼로 나누고...

두려움에 자기 소유, 가족들 다 앞에 보내고 자기만 남았다. 그 가운데 야곱은 다시 두려움 속에서 하나님과 씨름을 한다. 샅바 잡는 씨름이 아니라, 죽기 살기로 매달렸다는 의미이다. 하나님은 이렇게 두려워하는 야곱에게, 위로하기보다 두 가지 처방을 내리신다.

| 창32:25,31 | 25. 자기가 야곱을 이기지 못함을 보고 그가 야곱의 허벅지 관절을 치매 ... 31. 그의 허벅다리로 말미암아 절었더라

허벅지 관절의 위치는 표준새번역에서 '엉덩이뼈'라고 표현했는데 엉치뼈 정도 된다. 어떤 신학자는 아브라함이 며느리를 구하면서 엘리에셀에게 자기 허벅지에 손 넣고 맹세하라고 했듯이, 이것은 생식기를 가리킨다고 전한다. 정확하게 어딘지는 알 수 없지만, 확실한 것은 치명타였다는 것이다. 왜 천사는 야곱이 절게 했을까? 야곱은 형이 자기 소유와 가족들을 친다면, 그 시간 동안 도망갈 생각을 했다. 결국 야곱이 포기할 수 없는 마지막 보루는 '나'였다.

마지막 남은 보루가 무엇인가? 끝까지 놓고 싶지 않은 것? 돈? 자존심? 가족? 이것들이 꺾여질 때가 있다. '만약 하나님이 도와주지 않으면, 나 이렇게 해야지' 하는 마지막 의지 거리! 환도뼈가 꺾일 때가 있다. 그러면 그때에야 그렇게 집착했던 것이 덧없는 것임을 알게 된다. 그때에야 진짜 기도가 나온다. 그때 진솔한 기도가 필요하다.

"살려주세요. 주님밖에 없습니다."

진짜 기도가 나올 때, 하나님의 두 번째 처방이 들어간다. 그런데 이건 더 황당하다. 갑자기 이름을 물으신다.

| 창32:27 | "네 이름이 무엇이냐?"

무슨 의미일까? 씨름하다 말고 갑자기 웬 이름 타령인가? 야곱도 의 아했을 테다.

하지만 그는 이내 천사의 의도를 파악한다. 그리고 대답한다.

"저는 야곱입니다."

순간 20년 전이 영화필름처럼 뇌리를 스쳤을 것이다. 20년 전 그는 아버지가 계신 방문 앞에 서 있다. 눈이 어두운 아버지를 속이기 위해 염소 가죽을 입고, 손에는 염소 요리를 들고는, 에서처럼 굵은 목소리를 흉내 내며 이야기했다.

"내 아버지여"

아버지가 묻는다.

"네가 누구냐"

순간 들킬 뻔 했지만 능숙하게 아버지를 속인다.

"저는 아버지의 맏아들 에서입니다."

의심을 한 아버지는 가까이 오라고 만져보겠다고 한다. 이미 염소 가죽을 입은 야곱은 눈이 어두운 아버지가 자신을 더듬을 때 침이 꼴딱 넘어갔을 거다. 세 번째 아버지가 묻는다.

"네가 참 내 아들 에서냐"

그 순간을 그가 어떻게 잊겠는가? 세 번째 물었을 때 그는 작정했다. '그래 내가 이제는 야곱이 아니라, 에서로 살아야겠다!' 그리고 대답한다.

"제 이름은 에서입니다."

야곱은 그 순간 그는 자신을 잃어버린다. 형의 가면을 쓰고 살아가기로 작정한다. 그 순간을 그가 어떻게 잊겠는가? 그런데 20년이 지난 지금 뭐가 달라졌는가? 그는 여전히 두려움 가운데 서 있다. 20년이 지난지금, 주님은 다시 그 질문으로, 다시 대답할 기회를 주신다.

"네 이름이 무엇이냐?"

자기 인생을 돌아보니 나는 '진짜 나'로 살았던 적이 없다. 야곱으로 사는 것이 두려웠다. 그래서 평생을 '에서'라는 가면을 쓰고 살았다. 잘 사는 척, 좋은 것 입고, 좋은 것 가지고, 좋은데 간 것을 인스타에 올리고, 페이스북에 올려서 자랑했다. 빚을 내서라도 좋은 차를 타고, 명품 옷을 입으면 내 열등감이 해소될 줄 알았다. 여기저기 설교자로 설교하고 다닌다, 책을 냈다,

나 잘 나간다…. 그렇게 꾸미고 포장하면 행복할 줄 알았다.

형의 가면을 쓰고 살아온 자기 인생을 돌아보니 사실 자기 이름대로 살았다. 야곱의 이름 뜻, '속이는 자, 사기꾼'처럼 형의 장자권을 약탈하고, 아버지의 축복을 가로챘다. 그는 에서로 살았던 것이 아니라, 속이는 자로 살았던 것이다. 야곱은 그때에야 비소로 고백한다.

"제 이름은 '야곱'입니다…."
"저는 사기꾼입니다. 저는 약탈자입니다."

하나님의 빛이 내게 비춰 내 실상이 드러날 때 변화가 얼어난다.

〈줄탁동시〉라는 말이 있다. 병아리가 알에서 나오기까지, 달걀의 껍데기를 안쪽에서 쪼으다 힘겨워 보일 때, 바깥에서 어미가 부리로 도와준다. 어미의 부리와 병아리의 부리가 만나는 순간, 그 찰나를 줄탁동시라 한다.

사람의 변화도 그렇다. 하나님의 은혜의 빛이 인간의 죄성을 비출 때, 역사가 일어난다. 그런데 우리는 괜찮은 척, 잘 사는 척, 포장한다.

아담이 죄를 짓고는 숨을 때 하나님께서 물으신다.

"아담아 어디 있느냐?"

몰라서 물으시는 것이 아니다. 아시는데 찾으신다. 그때 아담의 대답은,
"벗었으므로 두려워하여 숨었나이다."

흥미롭다. 아담은 이미 벗고 있었다. 벗은 채로 하나님과 교제했다. 그런데 죄가 들어오니 자신의 실상을 감춘다.

야곱도 하나님이 만나주시려 했지만, 그는 자신의 진짜 모습을 숨긴 채 살았다. 감추고 살았다. 가면을 쓰고 살았다. 그런데 은혜가 무엇인가? 하나님은 다 아시는데도 야곱이 얍복강까지 올 때까지 기다리셨다는 것이다. 우리에게 동일한 은혜가 있다. 하나님은 우리가 홀로되어 하나님을 독대하는 그 자리까지 기다리신다. 자신의 인생으로 증명된 하나님 은혜 앞에 그가 대답한다.

"내 이름은 야곱입니다."

이 고백이 나오기까지 오래 걸렸다. 가면을 벗는 것이 은혜다. 가면을 벗어도 괜찮다는 것을 아는 것이 은혜다. 가면을 벗고, 야곱으로 하나님을 만날 용기를 가지는 것이 은혜다.

자, 그때 하나님은 그의 이름을 바꿔주신다.

| 창32:28 | 네 이름을 다시는 야곱이라 부를 것이 아니요 이스라엘이라 부를
       것이니 이는 네가 하나님과 및 사람들과 겨루어 이겼음이니라

"너는 더 이상 야곱이라고 불리지 않을 것이다." 야곱의 부정적인 모습! 사기꾼, 약탈자, 속이는 자라는 의미를 사람들이 기억하지 않을 것이다. 오히려 이스라엘이라고 부를 것이다. 이 이스라엘이란 이름이 이후 〈이스라엘 백성〉이란 이름의 모체가 된다.

근데 뜻이 언뜻 이해가 안 된다. "네가 하나님과 및 사람들과 겨루어 이기었다?"

하나님과 싸웠는가? 아니다. 싸웠다기보다 하나님께 도움을 구했다. 이겼는가? 아니다. 졌다. 굴복했다. 그런데 하나님은 '네가 이겼어'라고 이야기해 주신다. 쉽게 이야기하면 이런 이야기다.

"넌 이제 하나님의 도움으로 이기는 인생이 될 거야. 이때껏 네 힘으로, 네 선택으로, 네 방법으로 쟁취하는 삶을 살았지만, 이제는 하나님의 도움을 입는 인생, 하나님의 은혜로 사는 인생, 하나님이 대신 싸워주시는 인생이 될 거야."

야곱은 자신의 진짜 모습이 드러나는 것이 무서웠다. 자신이 없었다. 그래서 에서가 되려고 노력했다. 노력해서 에서가 되면 행복할 줄 알았다. 그러나 인생의 시간 속에서 부질없다는 것을 깨닫는다.

놀라운 것은 하나님의 은혜를 경험하고, 이제 야곱이 에서의 가면을 벗고 '야곱'으로 에서를 만날 용기가 생겼다는 것이다. 하나님의 은혜가 없는 야곱은 야곱일 뿐이지만, 하나님의 은혜가 부어진 야곱은 이스라엘이다.

흥미로운 것은 여기에 언어유희가 있다는 것이다. 야곱은 얍복강에서 씨름을 했다. 지명이름이 심상치 않다. 얍복강이 야곱의 이름을 닮았다.

히브리어 원어를 살펴보면 어근이 야곱의 어근과 동일하다는 것을 알 수 있다. 또한 씨름을 나타내는 히브리어의 발음은 '아복'이다. 야곱과 비슷한 발음이다.

성경이 전하는 해학적 상징이 보이는가? 이것을 풀어보면, '야곱은 야곱에서 야곱했다'는 것이다. 야곱이 두려운 이유가 무엇인가? 힘든 이유가 무엇인가? 무엇 때문에 그렇게 씨름질을 하고 있는가? 결국 포기하지 못한 자기 자신때문이다. 두려움은 사실 하나님 앞에서 주인 된 나를 내려놓지 않기 때문에 생기는 것이다. 하나님을 소유한 우리는 야곱이어도 괜찮다. 왜냐하면, 하나님이 우리의 도움이시기 때문이다.

우리가 우리 모습에 자신이 없는 것은, 나를 창조하신 하나님을 빼고 생각했기 때문이다. 그러나 하나님을 만난 우리는 더 이상 에서일 필요가 없다. 하나님을 소유한 우리는 〈야곱〉이어도 괜찮다. 하나님 은혜가 우리를 이스라엘로 빚어 가시기 때문이다. 주님이 물으신다. 당신은 뭐라고 대답할 것인가?

"네 이름이 무엇이냐?"

대리운전을 했을 때, 제일 힘든 것이 목회자가 사명을 감당하지 못한다는 정체성의 혼란 때문이었다. 이렇게 살다간 죽겠다 싶었다. 그때 생각을 바꾼 한 사람이 있었다. 노가다 현장에서 만난 한 청년이었다. 그는 노가다 현장에서 늘 찬양했다. 인테리어 철거작업 현장에서 CCM CD를 발견하고 하나님께 찬양하는 크리스천이었다. 나는 내 삶이 너무 부끄럽고, 좌절스러운데, 그는 그런 일상을 감사로 살아가고 있었다. "나는 왜 저 청년과는 달리 지금을 고난이라고 정의하는가?" 생각을 바꾸었다. '감사를 회복해야겠다' 감사의 제목을 떠올려 의지적으로 감사를 고백했다. 그리고 대리운전하면서 만나는 손님들을 주님이 맡기신 영혼이라고 생각하고, 자동차 안을 목회현장이라고 생각하기로 마음먹었다. 그래서 일을 시작하기 전에 늘 기도했다.

"하나님 오늘 제가 만나야 할 사람을 만나게 해 주세요."

놀랍게도 나갈 때마다 별의별 간증이 넘쳤다. 교회 상처받은 분, 죄책감으로 살아가는 분, 바람피우려다 걸린 분, 귀신들린 아내 때문에 기도 부탁한 분, 또 영혼의 갈급함과 허무함이 있는 분, 그런 손님들과의 만남에서 하나님은 복음을 전하게 하셨고, 상담을 통해 그들의 영혼을 목양하게 하셨다. 그런 간증을 페이스북에 올렸다. 사람들은 생각 이상으로 응원해 주었다. 그렇게 유명해져서 극동방송에 칼럼도 내게 되고, 방송도 하게 되었다.

어느 날 모르는 분께 쪽지가 왔다. 그는 자신도 대리기사라고 소개했다. 그분은 자신의 삶을 비관하고 불평과 원망으로 살았는데, 제 삶을 보고 자기가 선 자리가 영혼을 살릴 수 있는 자리인지 몰랐다고, 사명 감당할 수 있는 자리인지 몰랐다고, 본이 되어 주셔서 감사하다고 연락이 온 것이다. 놀라웠다! 내가 지금껏 생각한 간증과 달랐다. 지금껏 내가 이해한 간증은 큰 교회에 부임하고, 내가 잘나가는 목회자가 되어서 영광을 돌리는 것이었다. 1등하고, 성공하고, 부자가 되는 〈에서의 삶〉에 있는 것이었다. 내가 다섯 달란트임을 증명하는 것이었다.

그런데 주님은 두 달란트라도 괜찮다 하신다. 인생의 조연의 자리라도 괜찮다 하신다. 오히려 내가 넘어진 자리에서 하나님의 은혜를 발견하는 일, 쓰러진 자리에서 감사를 회복하는 일, 고난의 자리를 사명의 자리로 바꾸는 일, 그리고 죄책감으로 얼룩진 자리에서 하나님 사랑을 노래할 수 있는 일! 그 모든 것이 하나님께 영광이 되는 삶이고, 누군가에게 영향력이 되는 삶이란 것을 가르쳐 주신다.

주어진 일상을 쉽게 '고난'으로 정의하지 말라. 하나님은 나를 포기했다고 단정 짓지 마라. 하나님의 사랑을 오해하지 마라. 하나님의 사랑은 이미 십자가에서 확증되었다. 하나님은 나를 버리지 않는다. 하나님이 은혜 주시면 달라질 수 있다. 야곱이어도 괜찮다. 하나님은 우리가 하나님의 도움으로 살아가는 이스라엘로 만들어 가실 것이다.

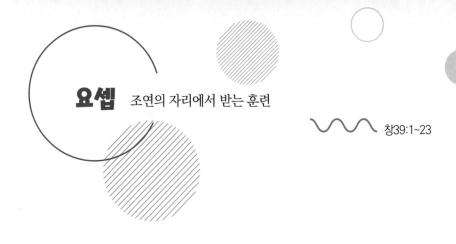

요셉 조연의 자리에서 받는 훈련

창39:1~23

꿈만 꾼 자, 요셉

요셉은 '꿈꾸는 자'라는 별명을 가졌다. 그야말로 그는 핑크빛 인생을 꿈꿨다. 누군가에게 인사를 받고, 섬김을 받고, 높아지는 자리, 천하를 호령하는 꿈이다. 자기애가 넘쳤던 요셉은 꿈에 부풀어 형들의 시선을 아랑곳하지 않는다. 섬김 받는 것을 당연히 여기며, 섬기는 자들을 부린다. 성경은 그 철부지가 어떤 행태를 보이는지 정확하게 기록한다.

| 창37:2 | 요셉이 십칠 세의 소년으로서 그의 형들과 함께 양을 칠 때에 그의 아버지의 아내들 빌하와 실바의 아들들과 더불어 함께 있었더니 그가 그들의 잘못을 아버지에게 말하더라

빌하와 실바는 아버지의 본처가 아닌 첩들이다. 요셉은 의도적으로 첩들의 자식들의 잘못을 아버지에게 고자질한다. 그가 주연의 꿈을 가졌을지 모르지만, 그의 인성은 받은 꿈에 어울리지 않는다. 맞다. 요셉은 꿈꾸는 자였다. 아니, 꿈만 꾼 자였다.

우리는 요셉처럼 꿈을 꿔야 한다고 가르친다. 어릴 때부터 꿈을 꿔야 한다고 말한다. 하지만 반드시 꿈은 점검되어야 한다. 요셉의 꿈은 뭔가 뒤틀어져 있다. 하나님께서 그로 하여금 꿈을 꾸게 하신 것은 다른 사람들을 짓밟으라고 주신 꿈이 아니다.

어느 날, 그의 꿈은 꺾인다. 주연의 꿈은 꺾인다. 형들은 그를 죽이려다, 웅덩이에 던져 넣는다. 애굽으로 팔아버린다. 그는 조연의 자리로 떨어진다.

조연의 자리

그간 주연으로 살았던 요셉은 조연의 자리에서 섬겨야 한다. 인사를 받던 그는 이제 꿇어 엎드려 절을 해야 하고, 높아지려 했던 그는 낮은 자리에서 섬겨야 한다. 남을 부렸던 그는 부림을 당해야 하고, 맡은 일이 없었던 그에게는 이제 맡겨진 일이 있다.

스톡데일 패러독스라는 말이 있다. 스톡데일은 베트남 전쟁 당시 포로수용소에 수감된 미군 장교의 이름이다. 그는 많은 포로를 살아남게 했기에 영웅으로 추앙받았다. 전쟁이 끝난 후 기자들이 물었다. "포로에서 살아남은 사람은 어떤 사람들입니까?"

모두 이 질문에 낙관적인 사람이 살아남았다는 대답을 예상했다. 하지만 그는 예상치 못한 대답을 한다. "낙관주의자는 다 죽어버리고, 현실주의자만 살아남았습니다."

달라질 것에 대한 맹목적인 믿음은 그들에게 더 큰 절망감을 준 것이다.

"이번 크리스마스가 지나면 풀려날 거야." 하지만 전쟁은 끝날 기미가 없다. 다시 기대한다.

"부활절이 지나면 끝날 거야." 기대와는 달리 전쟁은 길어진다. 그 반복되는 실망감이 혹독한 포로 생활에서 삶을 포기하게 했다는 것이다.

반면에 살아남은 사람들은 누구인가?! 현실을 냉정하게 직시한 사람이란 것이다. 희망을 놓지 않은 채, 냉혹한 현실의 자리를 살아낸 사람들이 살아남았다는 것이다.

요셉도 새로운 환경에 놓였다. 마치 베트남 포로처럼 한 번도 겪어보지 못한 상황에 놓였다. 선택사항이 아니다. 어쩔 수 없이 조연의 자리에서 섬겨야 한다. 이제 요셉에게 꿈은 사치다. 잊은 지 오래다. 하지만그는 자신의 삶을 놓아버리지 않았다. 꿈꿀 수는 없는 자리였지만, 주어진 자리에서 해야 할 것을 했다.

"미래가 전혀 보이지 않을 때는 지금 해야 할 일을 하는 것이 길이예요."

- 겨울왕국 2

하나님께서 내게 주신 꿈을 이루기 위한 나의 역할은 그렇게 거창하지 않다. 오늘 내가 해야 할 것을 하는 것이다. 미래가 보이지 않아도, '오늘'이 이어져 미래는 나의 오늘이 된다. 인내는 그저 그냥 기다리는 것이 아니다. 좋은 자세로 기다리는 것이 인내의 참 의미이다. 하나님은 어쩔 수 없는 조연의 자리에서 요셉에게 인내하는 법을 배우게 하셨다. 요셉에게는 이 과정이 너무 고달팠을지 모르지만, 하나님은 이 과정을 통해 미성숙한 그를 훈련해 가셨다.

옛날 태국 왕들은 벌을 내려야 할 신하가 있다면, 흰 코끼리를 선물했다. 당장 선물이라 생각할 수 있으나 그렇지 않았다. 왕이 하사한 것이니 받은 자는 그날부터 코끼리를 극진히 보살펴야 한다. 혹시 병이 나거나, 팔아버리기라도 한다면, 극형에 처한다. 결국 코끼리 키우다가 전 재산을 탕진하고 마는 것이다. 좋은 선물도 감당할 능력이 없는 자에게 주어지면 재앙이 된다. 하나님은 요셉에게 '총리의 자리'가 재앙이 되지 않도록, 그의 미성숙을 애굽에서 훈련해 가셨다.

우리는 가끔 미래의 선택을 두고 하나님의 인도하심을 구하지만, 하나님의 인도하심이란 '선택과 결정'에 국한된 것이 아니다. 우리를 향한 〈훈련〉이 포함되어 있다. 결국 우리에게 '사명'이 재앙이 아니라, '영향력'이 되도록 하나님은 우리를 여러 상황 속에서 빚어 가신다.

해야 할 것에 책임지는 훈련

종이 된 요셉은 이제 하고 싶은 대로 살 수 없다. 억지로라도 섬겨야 한다. 흥미로운 것은 천하의 요셉이 이 상황을 받아들였다는 것이다. 주인 눈치나 보며, '어차피 꼬인 인생 될 대로 되어라'라고 생각할 수도 있다. 게으름 피우며 아무렇게나 살 수 있다. 그런데 그는 닥친 환경을 받아들이고, 해야 할 것에 책임을 진다. 그랬더니 어떤 일이 벌어지는가?

| 창39:4 | 요셉이 그의 주인에게 은혜를 입어 섬기매 그가 요셉을 가정 총무로 삼고 자기의 소유를 다 그의 손에 위탁하니

조연이었던 주연들

요셉이 여기서 한 가지 깨달음이 있었을 것이다. "하나님이 나와 함께

하셔서 이런 결과가 생겼구나."였을까? 요셉에게 아직 그런 믿음은 안 생겼을 것이다. 그냥 "사람이 죽으라는 법은 없구나…!" 이런 생각? 아니면, "하나님이 함께하셔서 그런가?"라는 희미한 인식 정도였을 것이다.

그리스도인이 세상사람과 다름은 '착함'으로만 증명할 일이 아니다. 다른 삶의 태도이다. 사소해 보이는 자리에서 책임감 있게 행동하는 것이다. 사소한 일을 탁월하게 하는 것이다. 큰일에서 승부가 나는 것이 아니다. 작은 일에서 승부가 난다. 모두가 중요하게 여기는 일은 모두가 하고 싶어 하고, 최선을 다한다. 그런데 작고 가벼운 일은 그렇지 않다. 사소하게 생각한다. 여기서 그리스도인의 다름이 증명된다. 내가 맡은 것이 크든, 작든 충성하는 것이다.

두 달란트 받은 자가 들은 칭찬을 기억하라!

| 마25:23 | 잘하였도다 착하고 충성된 종아 네가 적은 일에 충성하였으매 내가 많은 것을 네게 맡기리니

그리스도인에게 하나님의 훈련이란, 내가 맡은 일에 충성하는 법을 배우는 것이고, 하나님의 인도하심을 받는 것은, 그 충성스러운 모습을 인정받아 더 많은 것을 맡기시는 것이다.

지금 맡은 일이 무엇인가?
첫째, 하나님은 현실을 무시하지 않으신다. 미래란 현재가 연속되어 미래가 되는 것이다. 작은 것에 충성하는 오늘이 쌓이지 않으면, 큰 것을 맡기는 내일이 없다. 하나님은 요셉이 맡은 것에 인정받게 하신 후,

더 큰 것을 맡기셨다는 사실을 기억해야 한다.

둘째, 요셉이 처음 경험한 형통은 사람의 인정을 받는 것이었다. 우리가 주변의 시선을 너무 의식할 필요는 없지만, 기억할 것은 하나님은 주변 사람들을 통해 권위를 부여하신다는 사실이다. 요셉이 깜도 안 되는데, 천사가 주인의 꿈에 나타나 "요셉을 가정 총무로 써라"라고 하지 않았다. 주인이 요셉을 믿을만해서 맡긴 것이다. 당신은 직장에서, 교회에서 믿을만한 사람인가? '내가 저 자리에 가면 잘할 수 있을 텐데?' 변명에 불과하다. 지금 사소하게 보이는 자리에서 인정받으라. 그것이 하나님의 인도를 받는 방법이다.

요셉처럼 누군가에 의해서 억울하게, 어쩔 수 없이 해야 할 것에 집중해야 하는 시기를 보내고 있다면, 더욱 내가 할 수밖에 없는 일에 집중하라. 그 과정을 통해 하나님은 우리를 영향력 있는 자로 성숙시키실 것이다.

욕심을 다스리는 훈련

세계 제2차 대전 독일군이 유대인을 학살할 때 가장 장애가 되는 것은 군인들의 '양심'이었다. 나치는 그 양심을 없애려고 유대인들을 짐승으로 만들었다. 3만 명이 넘는 수용소에 화장실을 1개만 만들었다. 할 수 없이 유대인들은 아무 데나 배설했고, 배설물과 어우러진 인간의 모습을 보며 독일군의 양심은 점점 사라져갔다. 결국 인간다움이 없어진 유대인이 모습은 짐승처럼 여겨졌다. 그런데 그들 중 인간다움을 잊지 않았던 사람들이 있었다. 매일 4시 반이 되면 수용소에서 한 사람마다 따뜻한 물 한 컵씩을 주었는데, 모두 마셔버리고 말았다. 그중 한 부류는 그 물을 아껴 세수하고, 양치하고, 유리 조각으로 깨끗하게 면도를 했다. 독일군은 유대인들이 인간이기를 포기하고 동물이 되기를 원했지만, 그들은 인간의 존엄을 잃지 않았다. 그런데 그것이 그들을 살려냈다. 매일 정한 시간이 되면 처형자들을 골라냈는데, 선택된 자들이 인간의 모습처럼 보이면 쉽게 죽일 수가 없었다는 것이다.

사단은 우리의 인생을 내 뜻대로 안 되는 일들을 통해 엉망으로 만들려 한다. 그리스도인의 존엄을 버리고, 자신을 놓아버리게 만든다. 꿈을 잃었으니 모든 것이 끝났다고, 아무렇게나 살라고 유혹한다. 그러나 요셉은 자신을 내던지지 않는다.

| 창39:7 | 그 후에 그의 주인의 아내가 요셉에게 눈짓하다가 동침하기를 청하니

당시 문화에 여주인이 종을 성 노리개로 쓰는 것은 그리 이상한 것이 아니었다. 당시 고위층들은 암암리에 성노예를 선물로 주고받기도 했다. 그리고 '친위대장'으로 표기된 히브리어는 '내시'였을 가능성도 있다. 만약 그랬다면 안주인은 '색'을 밝혔던 여인이었기에, 요셉을 호시탐탐 노렸을 거다.

| 창39:7~8 | 8. 요셉이 거절하며 자기 주인의 아내에게 이르되 내 주인이 집안의 모든 소유를 간섭하지 아니하고 다 내 손에 위탁하였으니 9. 이 집에는 나보다 큰 이가 없으며 주인이 아무것도 내게 금하지 아니하였어도 금한 것은 당신뿐이니 당신은 그의 아내임이라 그런즉 내가 어찌 이 큰 악을 행하여 하나님께 죄를 지으리이까

"이 집에는 나보다 큰 이가 없다?!" 요셉에게 있어 엄청난 변화다! 왜

냐하면, 예전에 그는 자기 위로 경계가 없던 사람이었기 때문이다. 과잉보호를 받았던 그는, 위로 형들도, 부모도 없었다. 그래서 열한별과 해와 달이 자신을 향해 절을 하는 꿈이 자랑스러웠다.

근데 요셉이 "내 위에는 주인이 있다."라고 전한다. 더 위대한 고백은 "어찌 이 큰 악을 행하여 하나님께 죄를 지으리이까." 그 주인 위에는 하나님이 계신다고 고백하는 것이다. 그간 애굽에서의 종살이 10년이 요셉에게 이런 믿음을 주었다.

'내 위에 주인이 있다, 하나님이 계시다.'

오버랩 되는 사건이 있다. 선악과 사건이다. 하나님은 아담에게 에덴동산의 모든 것을 다스리게 하시면서, 금한 것은 오직 선악과뿐이었다. 즉 선악과는 에덴동산에서 아담과 하와가 다스릴 〈자격〉이었던 것이다. 그런데 사단은 아담에게 〈자격〉을 주신 분의 〈권세〉까지 차지하라고 유혹한다. 그래서  "따먹고 하나님처럼 되라"한다. 피조물과 창조주의 경계를 허물고, 권세를 누리라고 것이다. 요셉은 마치 이 유혹을 받은 것이다. 단순히 '요셉이 성욕을 참았다, 이성의 유혹을 이겨냈다'라는 의미만이 아니다. 요셉은 욕심을 다스리는 훈련을 받은 것이다.

하나님의 사람은 반드시 욕심을 다스리는 훈련을 받는다. 사단은 '자격을 가졌다면, 이제 권세를 넘보라'고 유혹하지만, 하나님 백성은 '주어진 자격'에 만족하고, 권세는 주님 것임을 인정하는 자이다. 훗날 요셉이 받은 훈련은 바로 왕 앞에서 또 발휘된다.

| 창41:15~16 | 바로가 요셉에게 이르되 … 너는 꿈을 들으면 능히 푼다 하더라
| 창41:16 | 요셉이 바로에게 대답하여 이르되 내가 아니라 하나님께서 바로에게 편안한 대답을 하시리이다

요셉은 결정적인 순간에 하나님의 영광을 가로채지 않는다. 미성숙했던 요셉이 어떻게 그럴 수 있었는가? 종살이 10년의 훈련이 있었기 때문이다. 그렇기에 우리의 인생 가운데 애굽 생활이 시작되었다면, 작은 일이라도 하나님과 사람 앞에서 인정받아야 한다. 분명히 하나님은 우리를 형통케 하실 것이다. 그러나 기억할 것은 그 형통은 한계선이 있다는 것이다. 넘지 말아야 할 선이 있다. 그것을 인정하고 욕심을 다스리는 것이 우리의 훈련이다.

실망을 건너는 훈련

| 창39:20 | 요셉의 주인이 그를 잡아 옥에 가두니 그 옥은 왕의 죄수를 가두는 곳이었더라

여주인은 요셉이 넘어오지 않자, 악이 받쳤는지 요셉을 강간범으로 몰아버린다. 나는 잘한다고 한 것이, 졸지에 죄수가 되어버렸다. 이것은 요셉에게는 트라우마와 같다. 과거 아버지의 명대로 형들을 찾으러 갔다가 그는 종으로 팔렸다. 나름 아버지께 순종한다고 했는데 화가 임한 것처럼, 이번에는 주인을 위한다고 했는데 감옥에 갔다.

놀이터에 있는 정글짐에는 중간중간 다리가 놓여 있는데, 간혹 흐물

흐물하는 줄로 만들어 놓은 사다리가 있다. 걸음마를 이제 막 뗀 아들이 올라갔다. 밑에서 아들 손을 잡고 인도해 주었다. 그런데 아들이 올라오라 한다. 같이 출렁다리를 걷자는 거다.

"아빠가 올라가면 아들이 더 힘들 수 있어."

"괜찮아. 아빠랑 같이 갈래."

아들이 아빠와 함께하려면, 출렁다리에서 아빠의 무게를 견뎌야 한다. 하지만 분명한 것은 그 무게를 견디면, 아빠와 동행할 수 있다는 것이다.

'거룩'에는 무게감이 있다. 사단은 그 무게를 부담스러우니 벗으라 유혹한다. 아빠 손을 놓고 자유롭게 다니라 한다. 하지만 거룩의 무게는 하나님과 동행하는 삶을 보장한다. 비록 당장은 거룩의 무게를 짊어지고 감옥에 갇히지만, 누가 알았겠는가? 그곳에서 왕의 신하를 만나게 될 줄!?

아프리카 선교사들 사이에 회자되는 이야기가 있다. 한 선교사님이 원주민들과 함께 강을 건너게 되었는데, 원주민이 큰 돌을 선교사 가슴에 안겨주었다. 그리고 자신들은 큰 돌을 머리에 이거나 가슴에 안고 강을 건넜다. 선교사님은 강 중간쯤 왔을 때 그 이유를 깨달았다. 강 중간쯤에 급류가 흐르고 있었는데, 만약 무거운 돌이 없었다면 급류에 휩쓸릴 수밖에 없었다. 무거운 돌이 짐인 줄만 알았는데, 자신들을 살리는 지혜였던 것이다.

요셉이 짊어진 거룩의 무게는 그를 감옥으로 밀려나게 했으나, 하나님은 거기서 왕의 죄수를 만나게 하신다.

| 창39:20 | 그 옥은 왕의 죄수를 가두는 곳이었더라

이것은 마치, 형들이 요셉을 구덩이에 던졌을 때와 비슷하다.

| 창37:23,24 | 형들이 ... 그를 잡아 구덩이에 던지니 그 구덩이는 빈 것이라

형들은 요셉을 구덩이에 던졌지만, 그곳은 아주 죽을 자리는 아니었다. 주인은 요셉을 감옥에 가두었지만, 그곳은 아주 궁지가 아니었다. 오히려 왕 앞에 서는 지름길이 된다. 누군가에 의해서 내 인생이 엉망이 되어버린 것 같은데, 하나님은 그것을 선으로 바꾸신다. 사건만 보면 억장이 무너지는데, 하나님을 보면 소망이 있다. 왜냐하면, 그 사건 또한 〈하나님의 인도하심〉이란 범주 안에 있기 때문이다. 그래서 하나님의 인도하심을 구하는 사람에게 수반되는 훈련은 실망을 견디는 훈련이다.

흥미롭게도 요셉은 감옥에서도 맡은 일을 잘해 낸다. 감옥에서도 간수장에게 인정을 받는다. 억울하게 누명을 쓴 상황에 무너질 법도 한데, 그는 충성스러운 삶의 자세를 유지한다. 그리고 요셉은 거기서 다시 형통의 진리를 경험한다.

| 창39:23 | 여호와께서 그를 범사에 형통하게 하셨더라

반복되는 형통 속에서 그는 무엇을 느꼈을까?
그런데 우리 마음에 요셉 이야기가 멀게 느껴지는 것이 사실이다.
"착하게 살고, 믿음을 지켰더니 결국 총리가 되었단다. 결국 고진감래, 전화위복! 그래서 요셉처럼 살자! 해야 할 것에 책임지는 훈련, 욕심을 다스리는 훈련, 그리고 실망을 견디는 훈련을 잘 통과하자." 마치 위인전 같다.

형통이 먼저일까? 요셉의 순종이 먼저였을까? 요셉은 형통할 만해서 형통한 것일까? 만약 그가 훈련을 통과하지 못했다면, 그에게 형통은 없었을까?

우리가 말씀을 정확하게 보지 못하면 성경은 위인전이 된다.

| 창39:2 | 여호와께서 요셉과 함께 하시므로 그가 형통한 자가 되어...

이미 그는 하나님께서 함께하셨던 형통한 자였다! 성경은 요셉이 자신이 형통한 자임을 알았는지 몰랐는지를 설명하지 않는다. 요셉의 믿음과는 상관없이 그가 이미 형통한 자였음을 선언한다. 즉 하나님이 함께하셔서 형통하는 은혜는, 그의 삶을 통해 확인되는 문제이기에, 내게도 적용되는 말씀임을 믿는 것은 우리의 몫이다.

우리는 자주 오해한다. 하나님이 함께하시는 은혜는 나의 신앙적 열정과 정비례한다고 생각한다. 신앙생활 잘하면 은혜도 클 거라고 생각하고, 신앙생활 잘 못 하면, 하나님의 은혜도 줄어든다고 생각한다. 결핍이 있는 내 삶을 보면, 하나님의 은혜도 결핍되었다고 생각한다. 일이 잘 안 풀리거나, 갑작스러운 역경에 도달하면, 내가 똑바로 살지 않아서 하나님이 나를 떠나거나, 버리거나, 관심이 없다고 생각하는 경향이 있다. 그러나 성경으로 생각을 고쳐먹으라.

요셉이 형통한 자가 된 것은, 요셉이 신앙이 좋아서가 아니었다.

요셉이 형통한 자가 된 것은, 요셉이 정신을 차리고 훈련을 잘 받았기 때문도 아니었다.

요셉이 형통한 자가 된 것은, 일방적인 하나님의 은혜였다.

이것이 우리가 앞이 보이지 않는 애굽이란 인생에서 하나님의 사람으로 살아가는 비결이다. 환경과는 상관없이, 내 수준과는 상관없이 하나님이 함께하심을 믿는 것이다. 그 믿음으로, 작은 일에 충성하고, 욕심 부리지 않고, 실망을 이기는 것이다. 그리고 하나님이 내 삶을 인도해 가실 것을 소망하는 것이다.

'하고 싶은 일'을 뒤로하고 책임감으로 감당해야 하는 일 때문에 마음이 무거울 수 있다. 올바른 결정을 하고도 받아들이기 힘든 결과로, 마음이 상할 수 있다. 기대가 꺾이고, 실망이란 터널을 통과해야 할 때가 있다. 그러나 하나님의 함께하심을 의심하지 말라. 여전히 나와 함께하시는 주님을 붙들고 오늘을 담백하게 살아가라. 주님은 우리의 기름기를 빼는 중이다. 두 달란트라도 괜찮은 인생이 되어야 다섯 달란트를 받고도 자만하지 않고 사명을 감당할 수 있다.

무슨 꿈을 꿀 것인가? (창 41:37~43, 51~57)

과거 어릴 적 꿈이 무엇이었는가? 나의 어린 시절이 잘 기억이 나지 않지만, 어머니의 말씀으로는 첫 번째 꿈이 쓰레기차 아저씨였다고 한다. 당시 아침이면 쓰레기차가 새마을운동 노래를 틀고 동네를 돌아다니면서 종을 울렸다. 그러면 여기저기서 여인네들이 선물을 한 보따리씩 들고 전해주었다. 어린 마음에 그것이 선물 보따리로 보였던 것 같다.

그 이후 꿈은 초등학교 때 처음으로 생겼다. 어른들은 항상 "꿈이 뭐니? 꿈이 있어야지!" 꿈을 물었고, 꿈이 없다고 하면 안타까운 시선으로 쳐다봤다. 그래서 딱히 하고 싶은 것이 없던 나는 늘 과학자라고 대답하며 말을 흐렸다.

정말 진지하게 꿈을 고민했던 나이는 고등학교 2학년이었다. 당시 부모님이 목회를 하셨기에, 주변에서는 목회자가 될 거냐고 묻곤 했지만, 그간 부모님이 고생하시는 걸 보고는 '난 절대로 목회는 안 한다'라고 다짐했다. (그간 무슨 일이 있었는지, 지금은 목회를 하고 있다.)

사람들이 꿈은, 보통 직업이라고 생각한다. 혹은 어떤 목표나 업적을 이루는 것이라고 생각한다. 내가 원하는 것을 얻고, 목표에 도달하는 것을 성공이라고, 혹은 꿈이라고 이야기한다.

성경은 뭐라고 하는가?
성경에 보면, 하나님이 주신 꿈을 곡해해서 곤욕을 치르는 사람들이 있다. 느브갓네살 왕이 그랬다. 하나님은 다니엘을 통해 꿈을 해석해 주신다. 역사 속에 앞으로 네 왕국이 출현할 것이니, 지금 왕은 하나님 앞에서 겸손해야 한다는 해석이었다. 그런데 느브갓네살은 그 꿈을 엉뚱하게 이해하고, 나의 제국이 영원할 수 없다면 자기 방법으로 지키겠다 한다. 신상을 만들고 모든 백성이 섬기라 한다. 하나님의 뜻에 굴복하기보다, 내 삶의 안녕이 더 중요한 것이다.

쌍둥이 에서와 야곱도 태어날 때 주님이 꿈으로 말씀하신다.

| 창25:23 | 큰 자가 어린 자를 섬기리라

우리는 '섬김'은 약자의 전유물이라 생각한다. 세상의 가치관이다. 큰 자가 섬김을 받는다. 그래서 누구나 큰 자가 되고 싶어 한다. 그래서 우

리는 이 말씀을 비극이라고 해석한다. '에서'의 입장에서나 '야곱'의 입장에서나 비극이라고 생각한다. 에서는 형으로 태어났는데, 동생을 섬겨야 하고, 야곱은 섬김 받는다고 했지만, 실제 서열은 이인자다. 하지만 에서는 야곱을 섬기지 않았고, 야곱은 평생을 열등감 속에서 서열을 바꿔내려고 노력한다.

하지만 하나님 나라의 관점은 '섬김'이 사명이다. 큰 자가 어린 자를 섬기는 것이 하나님 나라의 질서이다. 그래서 하나님 나라의 관점에서 이 말씀을 해석하지 않으면, 느브갓네살 왕처럼, 에서나 야곱처럼 나 중심적으로 해석하게 된다.

그렇기에 오늘날 우리는 세상에서 강요받는 꿈을 분별해야 한다. 과거 우리는 "머리 될지언정 꼬리 되지 않게 해 달라"는 기도를 받고 자랐다. 섬기는 사명보다, 섬김 받고, 영광 받는 꿈을 꾸며 살았다. 그렇게 높은 자리에 앉는 것이 은혜라고 생각했다. 그러나 진짜 은혜가 임하면 섬김은 저주가 아니라, 사명이 된다.

어릴 적 요셉의 꿈은 섬김 받는 것이었다. 그래서 열 개의 볏단과 열 개의 별들이 절을 하는 꿈을 꾸었을 때, 당연히 '내가 받을 섬김', '내가 받을 영광'으로 해석했다. 하지만 그 꿈을 하나님 나라의 관점으로 해석하면, 내 인생이 나 혼자 먹고사는 인생이 아니라, 열 명의 식솔을 책임지는 〈영향력〉으로 해석이 된다. 즉 하나님은 그에게 〈영향력〉을 주셔서, 세상을 섬기는 인생이 될 것을 미리 보여주신 것이다.

다시 요셉의 삶을 바라보자. 그의 꿈이 하나님의 사명이 되기까지 과정을 다시 한 번 살펴보자. 하나님은 그에게 어떤 능력을 주셨고, 그 능

력은 어떻게 영향력이 되었고, 마지막으로 하나님은 그 영향력을 왜 주
셨는지를 살펴보자.

요셉이 받은 능력은 무엇인가?

요셉이 태어날 때부터 가진 태생적 능력이 두 가지 있었다. 〈혈통: 가
정환경〉과 〈재능: 달란트〉이다. 모든 사람은 자신이 선택하지 않은 이
두 가지를 가지고 태어난다. 요셉의 〈혈통〉은 라헬의 아들로 태어났기
에 아버지의 남다른 사랑을 받는다. 요셉의 〈재능〉은 꿈을 해석하는 능
력이다. 어릴 때는 꿈을 해석하는 능력까지 갖췄는지 몰랐지만, 일단
꿈과 관련해서는 독보적이다. 요셉은 이 두 가지로 인해 금수저 대접을
받는다.

많은 사람이 자신은 금수저가 아니라, 비교하고 원망한다. "나는 왜
부잣집에서 태어나지 않았을까?", "나는 왜 특출하게 잘하는 것이 없을
까?" "하나님은 왜 재능에 차별을 두시는가?" 그래서 우리는 평생 서열
싸움을 한다. 야곱처럼 열등감 때문에 에서가 되기 위해 살아간다. 내
가 금수저가 못되면 자식이라도 금수저가 되길 바란다.

하지만 우리는 하나님 나라의 관점에서 봐야 한다. 여기에는 어떤 영
향력도 없다. 혈통과 재능의 영향력이란 고작 '나'이다. 내가 잘되는 것
외에 어떤 섬김도 없다. 굳이 영향력을 따진다면, 형들의 마음을 상하
게 하는 것이 다였다.

요셉의 능력은 어떻게 영향력이 되었는가?

요셉의 삶에 영향력은 언제부터 생겼는가?! 역설적으로 요셉이 노예
로 죽어지내야 할 때부터였다. 흥미로운 것은, 그 시기에 요셉은 자신
의 능력을 철저히 사용하지 못했다는 것이다. 그냥 주어진 것에 충성하

며 일상을 살았다. 그런데 그럼에도 불구하고 그에게 과거에는 없던 영향력이 발휘되기 시작한다.

가끔 우리의 삶이 재능대로 살지 못할 때가 있다. 내가 잘할 수 있는데 불구하고, 숨 죽이고 있어야 할 때가 있다. "하나님 이런 재능을 주셨으면 써먹어야 하지 않습니까?" 원망이 들 때가 있다. 그러나 그렇다 할지라도 우리가 기억할 것은, 영향력은 꼭 능력을 발휘해서 나오는 것은 아니라는 사실이다. 내가 잘 할 수 있는 것을 못 한다고 영향력이 없는 삶은 아니다. 오히려 하나님은 그 시기를 사용하신다. 요셉 안에 내재된 〈나 중심적인 삶, 섬김 받으려는 삶, 내 꿈만 중요했던 그의 삶의 자세〉를 바꿔 가신다.

원하는 대로 살 수 없는 시기는 삶의 자세를 갖추는 시기이다. 하나님이 맡기신 것에 충성하는 자세를 배우는 시기이다. 태생적 재능의 차이는 우리가 어쩔 수 없다. 하지만 삶의 자세는 본인이 선택하는 것이다.

잊지 말아야 한다. 요셉이 자신의 재능을 바로 앞에서 펼쳐보는 자리까지 인도한 것은 요셉의 〈재능〉이 아니라, 요셉의 〈자세〉이었다. 우리가 죽어지내야 할 때, 하나님께서 우리의 삶의 자세를 단련시켜 가신다. 성숙으로 인도하신다. 우리의 삶의 자세가 우리의 평판이 될 때, 주님은 우리의 재능을 발휘할 기회도 주신다.

| 창41:38~39 | 38. 바로가 그의 신하들에게 이르되 이와 같이 하나님의 영에 감동된 사람을 우리가 어찌 찾을 수 있으리요 하고 39. 요

셉에게 이르되 하나님이 이 모든 것을 네게 보이셨으니 너와 같이 명철하고 지혜 있는 자가 없도다

그런데 어떻게 이방인이었던 요셉이 애굽의 총리가 될 수 있었을까? 바로가 아무리 해몽이 맘에 든다고 할지라도 어떻게 총리 자리를, 이방인 노예에게 맡길 수 있는가 싶다. 하지만 애굽 역사를 보면 여기에 기가 막히는 하나님의 섭리가 있다는 것을 알게 된다.

고대 이집트 역사는 3000년 동안 31개의 왕조가 등장하는데, 지금 이집트를 다스리고 있는 왕조는 BC1600년 경 15, 16왕조인 힉소스 족이었다. 이 왕조는 독특하게도 애굽에 세워진 최초의 외국인 왕조였다. 그것도 요셉과 동일한 셈족 계열의 가나안 민족이었다. 즉 집권 왕조가 순수 애굽 혈통이 아니다 보니 당시 요셉을 인재로 등용할 수 있었던 것이다. 기가 막힌 타이밍이다. 요셉의 스펙으로는 올라갈 수 없는 자리에 앉게 된 것이다.

그렇기에 우리에게 무엇보다 확실한 스펙은 '하나님의 인도를 받는 삶'이다. 누가 봐도 애굽 노예 생활과 죄수 생활은 역경이다. 요셉은 눈물겨운 10년의 세월을 가정 총무로 지내야 했고, 3년간 옥중에서 죽은 듯이 총무 역할을 감당해야 했다. 그런데 반전이다. 그 13년의 총무 역할이 나라의 총리 역할을 할 원리를 배우게 될 줄 누가 알았겠는가?

내가 있는 자리가 사소한 자리, 쓸모없는 자리라는 평가는 우리 눈의 한계이다. 내 인생에 어떤 의미가 있었는지는 시간이 지나서 뒤로 해석해 봐야 한다.

하나님의 사명, 총리 요셉

만약 요셉의 꿈을 개인의 꿈으로만 해석한다면 "결국 총리가 돼서 잘 먹고 잘살았더라."로 끝내면 된다. 입신양명, 고진감래라는 교훈을 남긴 채 요셉 이야기를 마무리 지으면 된다. 하지만 성경은 이후 무려 아홉 장에 걸쳐 창세기의 1/5의 분량을 요셉이 총리가 된 이후의 삶을 다루고 있다. 하나님의 이야기는 우리의 꿈이 이루어지는 것까지가 아니라, 진짜 이야기는 거기서부터 시작이다. 하나님 나라의 질서가 구현되는 사명이다. 하나님께서 별 볼 일 없는 조연의 삶을 들어 사용하시는 이유가 무엇인가? 하나님 나라의 질서를 이 땅에 구현하라는 것이다. 우리에게 영향력을 주시는 이유가 무엇인가?!

위기의 때의 역할

요셉의 말대로 애굽 전역에 7년 풍년 이후, 7년 흉년이 들었다. 온 세상에 기근이 심했다. 그때 애굽에만 먹을 것이 있다. 하나님의 사람 요셉 한 명으로 인해 요셉의 가족뿐 아니라, 애굽 전체, 이방 민족이 살게 되었다. 이것이 오늘날 우리에게 요구하시는 사명이다. 내가 맡은 사람을 살리고, 책임지는 것이다.

성경은 기근이 더욱 심해져 애굽뿐만 아니라, 가나안 땅에 있는 식량을 살 돈이 다 떨어졌다고 한다(창세기 47장). 요셉은 그들의 가축을 사들이고, 토지를 사들이고, 마지막 그들의 노동력까지 사들인다. 그로 인해 애굽은 강력한 중앙 집권 국가가 된다. 고대는 법과 질서가 없던 시기였기에 위기에 순간 애굽이 부강하는 것은 하나님의 섭리였다. 그런데 요셉은 그 힘을 약자를 위해 사용한 것이다. 하나님 나라의 질서 '큰 자가 어린 자를 섬기는 질서'를 가시적으로 구현한 것이다.

생산의 3요소(자본, 토지, 노동)을 국가가 매입하고 인위적으로 부를 재분배한다. 토지를 사들이고 쉬는 땅이 없도록 한다. 1/5(20%)만 세금으로 상납하게 하고, 나머지는 소유하게 한다. 그리고 경제원칙을 정해준다. 1/5 세금, 1/5 양식, 1/5 다음 씨앗을 위한 투자, 1/5자녀의 미래를 위해 저축을 하라고 한다. 당시 근방 나라들은 소작농에게 50% 받았고, 바벨론은 무려 60% 받았다고 하니 20%면 소작농을 살리는 정책을 펼친 것이다. 그래서 백성들이 요셉에게 "주께서 우리를 살리셨사오니 우리가 주께 은혜를 입고 바로의 종이 되겠나이다"(47:25)라고 한다. 결국 하나님은 요셉을 통해, 이방 땅에 하나님 나라의 질서로 통치되는 국가를 세우신 것이다.

신앙의 목적이 무엇인가? 생명을 살리는 것이다. 영혼을 구원하는 것이다. 또한, 이 땅에 영역들, 경제, 사회, 문화, 모든 분야에서 하나님 나라의 질서가 구현되도록 하는 것은 우리의 사명이다. 이사야 선지자는 물이 바다를 덮음같이 여호와의 영광이 충만한 그 날! 하나님 나라의 모습을 전한다.

| 사11:6,8 | 6. 그 때에 이리가 어린 양과 함께 살며 표범이 어린 염소와 함께 누우며 송아지와 어린 사자와 살진 짐승이 함께 있어 어린 아이에게 끌리며 8. 젖 먹는 아이가 독사의 구멍에서 장난하며 젖 뗀 어린 아이가 독사의 굴에 손을 넣을 것이라

쉽게 풀면 '하나님의 나라는 큰 자가 어린 자를 섬기는 나라이다. 강한 자가 약한 자를 섬기는 나라이다.' 그래서 약한 자는 강한 자의 보호를 받고, 강한 자는 약한 자에게 존경을 받는! 그 질서가 이 땅에서부터

조연이었던 주연들

구현되어야 할 하나님 나라의 질서라는 것이다.

80~90년대 많이 부르던 찬양? 〈가서 제자 삼으라〉, 〈부흥〉, 〈물이 바다 덮음같이〉…. 과거 우리는 내가 속한 자리에서 하나님 나라를 꿈꿨다. 내가 속한 자리에 하나님 나라가 임하고, 하나님의 통치가 임하길 꿈꿨다. 그러나 오늘날 우리가 자주 부르는 곡들이 무엇인가?

〈은혜 아니면 살아갈 수 없네〉, 〈이 또한 지나가리라〉….' 위로와 공감이 주를 이루고 있다. 우리는 어느 순간 사명을 잊은 채 하루하루를 근근이 버티며 살아가고 있는지 모르겠다.

누구나 큰 자가 되고 싶어 한다. 권위와 힘을 가지고 싶어 한다. 그러나 진짜 싸움은 정작 큰 자가 되고, 권위를 가지고, 힘을 얻었을 때, 꿈이 이루어졌을 때 사명자로 살아갈 수 있는가가 관건이다.

상처가 상흔으로 (창50:15~21)

예전에 TV프로에 할아버지 할머님들 모셔놓고 스피드게임을 진행했다. 할아버지가 고사성어를 보고 설명을 하면, 할머니는 맞추는 게임이었다. 주어진 고사성어는 '천생연분'이었다. 할아버지가 설명한다.

할아버지: "당신하고 나하고 이렇게 사는 부부를 뭐라고 하지?"

할머니: (자신 있게) "웬수"

할아버지: "아니 두 글자 말고 네 글자"

할머니: "평. 생. 웬. 수."

가까운 부부관계도 원수처럼 여겨질 수 있는 것이 사실이다. 그래서 하나님께서 하와를 창조하면서, 아담의 갈비뼈에서 떼내며 곤히 자는 아담을 향해 "네가 평안히 자는 마지막 잠이다."라고 했다는 농담도 있다.

하지만 실제 하나님께서 태초에 만드신 공동체는 이렇지 않았다. 하나님의 형상을 닮아 남자와 여자를 창조하시고, 삼위일체 하나님처럼 사랑으로 하나 되어라. 그 기쁨을 누리라 하셨다. 서로를 향해 "내 뼈 중의 뼈요 살 중의 살이라.", "네가 나야"라고 고백했다.

그런데 죄의 결과, 관계가 깨어졌다. 죄가 들어오자 아담은 "저 여자 때문이라"라고 책임을 전가했다. 깨어진 부부관계는 가족들의 관계까지 영향을 미쳤다. 그래서 창세기 4장에서 형이 동생을 죽이는 일이 일어난다. 이후 창세기에 등장하는 모든 가정은 역기능 가정이었다.

믿음의 조상이라는 아브라함도 아담처럼 아내에게 책임을 전가했다. 애굽에 갔을 때 "누이라 하자. 그러면 내가 그대로 말미암아 안전하리라"라 했다. 아브라함은 실수로 이스마엘을 낳게 되고, 이스마엘은 이삭을 구박한다. 관계가 틀어진 상태로 이삭의 역기능 가정 이야기가 등장하는데, 이삭은 에서를 편애하고 리브가는 야곱을 편애한다. 그 틀어진 관계는 서로를 속인다. 동생은 형과 아버지를 속이고 도망자 신세가 되고, 형은 동생을 죽이려 한다. 야곱의 가정은 어땠는가? 야곱의 가정이야말로 콩가루 집안이었다. 야곱은 사기 결혼을 당하게 되고, 그 결과 두 아내는 서로 늘 시기하고 질투했다. 그 갈등을 지켜봤던 열 한 형제들도 똑같이 시기하고 질투했고 결국 동생을 애굽에 팔아버렸다. 그리고 아버지에게는 아들이 죽었다고 거짓말한다. 이처럼 창세기에 등장

조연이었던 주연들

하는 인물들의 역사는 '역기능 가정의 역사'라고 해도 과언이 아니다.

그런데 놀라운 것은, 창세기의 마지막 사건은 〈가정의 회복, 공동체의 회복〉으로 마무리하고 있다. 즉 인간의 죄로 인해 하나님께서 만드신 공동체가 깨어졌지만, 하나님은 결국 공동체를 회복시키신다는 메시지를 전하고 있는 것이다. 이것이 우리의 소망이다. 우리 가정이 깨어진 역기능 가정이라 할지라도, 복음은 회복시키는 능력이 있다.

"저는 예수 믿고도 관계가 좋아질 기미가 보이지 않습니다. 예수 믿고도 얽히고설킨 관계의 어려움이 있습니다."
그럴 수 있다. 그러나 우리가 기억할 것은 '관계의 회복'은 '열매'라는 것이다. 〈시편 1편〉에서 열매를 기대하는 자는 열매가 맺힐 시간이 필요하다고 전한다.

3. 시냇가에 심은 나무가 철을 따라 열매를 맺으며….

'철을 따라!!' 기간이 필요한 것이다. 즉 우리가 예수 안에 심겨져 있다면, 언젠가 하나님의 시간표에 열매는 철을 따라 맺어진다. 열매를 기대한다면 반드시 씨를 심어야 한다.

| 약3:18 | 화평하게 하는 자들은 화평으로 심어 의의 열매를 거두느니라

화평을 원한다면 화평이란 씨를 심어야 한다. 성경은 가정과 공동체의 회복을 위해 그 역할을 우리에게 주셨다고 전한다.

| 고후 5:18 | 우리에게 화목하게 하는 직분을 주셨으니

요셉은 형들에게 버림받은 상처가 있었지만, 그는 〈화평〉을 심어, 열매를 거둔다. 〈가정의 회복, 관계의 회복, 교회의 회복〉을 원한다면 자신의 역할을 발견해보라.

비전을 품어 상한 감정을 이기라!

바로왕의 꿈처럼 애굽 뿐 아니라, 가나안 온 지역에 기근이 들었다. 먹을 것은 애굽에만 있는 상황에 요셉의 형들이 양식을 구하러 왔다. 여러 나라에서 양식을 구하려고 모였기에 그중에 스파이나, 폭동이 일어날 염려가 있기에 군대가 집결되어 있었을 것이다. 촌에서 올라온 형들이 이집트 문명을 보고 어리바리하게 두리번거리고 있었다. 양식을 타기 위해 모두가 총리 앞에 머리를 조아리는 상황에 드라마틱한 광경이 펼쳐진다.

| 창42:8 | 요셉은 그의 형들을 알아보았으나 그들은 요셉을 알아보지 못하더라

요셉의 기분이 어땠을까? 화가 났을까? 모르긴 몰라도 옛날의 그 감정이 올라왔을 거다. 과거에 형들은 "너를 죽여서 네 꿈이 어떻게 되나 보자"라고 했다. 현장을 덮치고는 "거봐 내 꿈이 이뤄졌지"라고 말하고 싶지 않았을까? 인간의 어떤 욕구보다 복수 욕구가 강하다고 하지 않는가?!

여기서 성경은 그 찰나에 요셉이 무엇을 생각했는가를 보여준다.

| 창42:9 | 요셉이 그들에게 대하여 꾼 꿈을 생각하고

'생각하다'의 히브리어 〈자카르〉는 단순히 과거의 사실을 기억했다는 의미가 아니다. 주의를 기울여 묵상하는 영적인 행위를 가리킬 때 사용되는 단어다. 모세가 이스라엘 백성들에게 '구원의 은혜를 기억하라!'라고 할 때 이 단어를 사용했다. 그러니까 오늘날로 말하면 요셉은 과거의 상처가 울컥하는 그 순간에, 하나님께서 자신에게 주신 비전을 묵상했다는 것이다.

"나는 어쩌다가 총리가 되었을까? 정말 하나님께서 주신 꿈대로 여기까지 이른 이유가 뭘까? 하나님의 뜻이 있지 않을까?"를 묵상했을 것이다. 아직 그가 답을 찾았는지 알 수 없다. 그러나 분명한 것은 과거의 상처가 기억나는 순간에, 요셉은 하나님께서 주신 꿈을 기억하고 힘을 쓰는데 신중했다는 것이다.

우리는 '힘을 가졌을 때, 힘을 제어할 수 있는가?' 물어야 한다. 만약 힘을 제어할 수 없는데 총리가 되었다면, 그것은 자신에게나 주위 사람에게 재앙이다. 스탈린이 그랬다. 정권을 얻고 난 후, 제일 먼저 한 일은 동창들을 찾아서 죽여 버린 것이었다. 자신의 약했던 과거를 알고 있는 사람들을 다 죽이고, 전설이 되고자 했다. 힘을 얻었을 때, 어디에다가 써야 하는지 모르면 이런 사달이 난다.

주님은 그간 고난의 시간을 통해 요셉이 힘을 어디에다가 써야 하는지를 알려주셨다. 그간 고생을 통해서 자신처럼 어려운 시절을 보낸 이들을 보았다. 힘이 생겼을 때 신중해야 한다. 왜냐하면, 그때가 바로 화평을 심을 타이밍이기 때문이다.

누가 이런 질문을 했다 "목사님, 요
셉이 만약 총리가 되지 않았다면, 형들
을 용서할 수 있었을까요?" 만약 요셉
이 종살이하던 중에 형들을 만났다면,
죄수로 살다가 형들 만났다면 형들을
용서할 수 있었을까? 내 생각엔 못했
을 거다. 누군가를 품을 여유가 없었을
테다. 그래서 하나님은 총리가 되는 과정을 통해 그의 마음을 단련하셨
지만, 그가 총리가 되는 은혜도 주신 것이다. 우리에겐 총리가 되는 은
혜도 필요하다. 우리는 누군가를 용서할 수 있는, 품어줄 수 있는 수준
이 아니다. 은혜가 필요하다. 우리 힘으로는 안 된다. 총리가 되든, 여유
가 있든, 누군가를 품어줄 내적인 힘이 생겨야 가능하다. 그러니까 지
금 누군가를 품어주거나 용서하지 못한다고 너무 자책하지 말라. 언젠
가 하나님의 은혜가 깨달아질 때, 용서할 힘, 화목할 힘을 주실 것이다.

그러나 반드시 기억해야 한다. 하나님께서 반드시 관계가 어그러진
사람을 다시 만나게 하신다. 비슷한 상황에 놓이게 하신다. 힘이 있을
때 기회를 주신다. 그때 성령께서 하나님의 꿈과 비전을 기억나게 하실
것이다. 말씀이 생각나게 하실 것이다. 그때 화평을 심으라!

그 역할을 제일 잘 감당하신 모델이 예수님이이시다.

| 히12:2 | 믿음의 주요 또 온전하게 하시는 이인 예수를 바라보자 그는 그
앞에 있는 기쁨을 위하여 십자가를 참으사 부끄러움을 개의치 아
니하시더니 하나님 보좌 우편에 앉으셨느니라

헨리 나우웬은 예수님께서 받으신 시험은, 평생 사랑을 힘으로 바꾸라는 시험을 받으셨다고 전한다. 그런데 예수님께서 그 시험을 어떻게 이기셨는가? "그 앞에 있는 기쁨을 위하여" 십자가를 참으셨다고 전한다. 공동체를 화평케 하실 것에 대한 비전! 그 기쁨을 생각하라. 그러면 화평을 심을 수 있다.

상처를 덮는 하나님의 은혜에 집중하라

형들을 만난 요셉은 형들을 시험한다. 은잔을 베냐민의 자루에서 숨겨놓고 도둑으로 몰아간다. 이것은 그간의 세월 동안 형들에게 어떤 변화가 있는가를 시험한 것이다. 과거라면 형들은 베냐민을 나 몰라라 했을 것이다. 그런데 형들이 변했다. 그 세월 속에서 형들도 인생의 풍파 속에서 하나님의 다루심을 받은 것이다.

나만 은혜 받는 것이 아니다. 나만 성숙해지지 않는다. 그 사람도 변한다.

과거에 형들은 요셉을 애굽에 팔고, 아버지 야곱에게 요셉이 짐승에게 잡아먹혔다고 말했다. 그때 아버지가 통곡을 하는데, 그 당시 누구도 그 슬픔을 몰랐을 것이다. 그런데 창세기 38장에서 유다가 두 아들을 잃는 일이 벌어진다. 그 사건을 통해 유다는 아들을 잃은 아버지의 심정을 헤아리게 되었고, 그는 평생 씻을 수 없는 죄책감에 살았을 것이다.

유다는 요셉을 잃고, 친동생 베냐민까지 잃을 아버지의 마음을 헤아리게 된 것이다. 그래서 베냐민 대신 자신이 종이 되겠다고 한다. 이 장면이 얼마나 눈물겨운지 모른다!

그 변화를 확인한 요셉이 그 정을 억제하지 못하고 소리를 지르며 운다. 그리고 요셉이 자신을 밝힌다. "나는 요셉입니다. 당신들이 애굽에 팔았던 요셉입니다."

형들이 얼마나 놀랐을까? 피해자가 권력자가 되어 나타났다. 그런데 요셉의 말이 감동이다.

| 창45:5 | 당신들이 나를 이 곳에 팔았다고 해서 근심하지 마소서 한탄하지 마소서 하나님이 생명을 구원하시려고 나를 당신들보다 먼저 보내셨나이다

한탄하지 말라는 것은 자책하지 말라는 것이다. 오히려 형들을 걱정한다. 어떻게 요셉은 이럴 수 있나? 처음부터 이렇지는 않았을 것이다. 왜 형들이 원망스럽지 않았겠는가? 자기를 구덩이에 던지고 밥을 먹었던 형들을 어떻게 잊겠는가!

그런데 그 사건이 상처로 남아있지 않다. 그 비결을 그의 말 속에서 발견할 수 있다. 요셉은 세 번이나 반복해서 하나님을 언급한다.

| 창45:5~8 | 5. ...하나님이 생명을 구원하시려고 7. 하나님이 큰 구원으로... 8. 나를 보낸 이는 당신들이 아니요 하나님이시라

가족들에게 버림받은 사실은 변하지 않는다. 그런데 요셉은 그 사실에 집중하지 않았다. 은혜의 하나님을 주목한다. 이것이 요셉의 기억이 상처로 남지 않은 이유이다.

헨리 나우엔은 '용서란 기억하지 않는 것이 아니라 기억하는 방법을 바꾸는 것'이라고 전한다. 과거의 사실은 바뀌지 않지만, 해석은 바꿀 수 있다. 사실만 기억하면 상처지만, 하나님께서 그 악을 어떤 은혜로 바꾸셨는가를 주목하면 하나님의 선이 보인다.

| 롬8:28 | 하나님을 사랑하는 자 곧 그의 뜻대로 부르심을 입은 자들에게는 모든 것이 합력하여 선을 이루느니라

"오히려 좋아."라는 말처럼, 누군가의 실수와 악을 통해 분명히 나는 피해를 본 것 같은데, 하나님은 그 일로 인해 오히려 좋아지게 하셨다는 것을 깨닫는다. 그 〈은혜〉가 발견될 때, 우리는 상처에서 자유롭기 시작한다.

예수님은 부활하신 후 숨어있던 제자들에게 나타나신다. 문을 잠가두었지만, 부활하신 주님의 몸은 시공을 초월해 잠긴 문을 통과하신다. 그런데 이상하다. 예수님의 몸은 부활하신 몸, 시공을 초월하는 새로운 몸인데, 예수님께는 십자가의 흔적은 남아있다. 왜 그 흔적을 남겨두셨을까? 그 흔적은 의심하는 제자들, 연약한 누군가의 믿음을 위한 것이다.

나의 상처도 동일하다. 사실관계보다 하나님께 집중하고, 상처보다 받은 은혜에 집중할 수 있다면 우리의 상처는 예수님처럼 누군가를 세우는 상흔이 될 수 있다.

과거보다 미래의 사명에 집중하라

요셉이 가족들을 애굽으로 모셔 온 후 17년이 흘렀다. 아버지 야곱도 죽었다. 자 그런데 아버지가 돌아가시자, 형들에게 두려움이 엄습했다.

| 창50:15 | 요셉이 혹시 우리를 미워하여 우리가 그에게 행한 모든 악을 다
        갚지나 아니할까 …

혹시나 그간 아버지 때문에 복수를 유보한 것이 아닌가 걱정이 된 것
이다. 그래서 말을 지어낸다.

| 창50:16~17 | 16. 당신의 아버지가 돌아가시기 전에 명령하여 이르시기를
           17. … 네 형들이 네게 악을 행하였을지라도 이제 바라건대 그
           들의 허물과 죄를 용서하라 하셨나니 당신 아버지의 하나님의
           종들인 우리 죄를 이제 용서하소서 하매 요셉이 그들이 그에게
           하는 말을 들을 때에 울었더라

정말 아버지가 이렇게 말했을까? 아닐 것이다. 정말 그랬다면, 요셉
에게 직접 말했을 것이다. 요셉은 형들이 지어낸 말이란 것을 알았을
테다. 그런데 이상하다. 요셉은 이 말을 듣고 가만히 운다. 요셉은 왜 울
었을까?
형들은 말을 자세히 보면, 그들은 무심결에 이렇게 말한다. "당신 아
버지의 하나님의 종들인 우리"
아버지를 "우리 아버지"가 아니라, "당신 아버지"라고 이야기한다. 지
나치다. 자기비하 수준이다. 과거 형들은 아버지가 요셉만의 아버지라
생각되어 분노했다. 요셉만 채색옷을 입힐 때, 그들은 상대적 박탈감을
느꼈고 그래서 화가 났다.
그런데 이제 힘이 있는 요셉이 두려운 것이다. 보복이 두려운 것이다.
그러니 '당신의 아버지'라는 표현은, 일종의 〈피해의식〉으로 나온 것이
분명하다. 요셉은 형들의 피해의식을 봤고, 그 마음은 자기 힘으로는

어찌할 수 없기에 안타까움을 느끼고 울었을 것이다. 여기서 요셉의 대답을 보라.

| 창50:19 | 두려워하지 마소서 내가 하나님을 대신하리이까

요셉은 용서를 강요하는 형들을 향해서 "아니, 17년 동안 한 번도 사과하지 않다가 인제 와서 뭐 하는 거냐? 당신들 마음 편하려고 그러는 거 아니냐고!" 말할 수 있다. 혹은 "내가 용서한 지가 언젠데 아직도 이러고 있냐? 17년 전에 나는 용서했다"라고 말할 수 있다. 그런데 요셉은 지금 자신에게는 용서의 권한이 없다고 이야기한다!

여기서 우리는 창세기 전체를 보는 관점에서 이 장면을 볼 필요가 있다. 왜냐하면, 지금 요셉의 고백은 (창세기 3장)의 '선악과 사건'을 뒤집는 이야기이기 때문이다. 사단은 선악과를 먹으면 하나님처럼 선악을 알게 될 거라고 유혹했다. 즉 아담과 하와는 과실을 탐한 것이 아니라, 선악을 판단하는 하나님 자리를 탐한 것이다. 누군가를 정죄하는 심판자의 위치에 서게 된 것이다.
"이게 선이야. 이게 악이야. 저 사람이 가해자야. 이 사람이 피해자야. 그 양반이 사과했었어야지. 그 사람 책임이야."
우리는 심판자가 되어 선악을 판단한다. 그런데 창세기 마지막 장에서 요셉은 그 심판의 권한을 하나님께 드리고 있다.

어떻게 이럴 수 있는가? 형들이 요셉을 애굽에 판 것은 분명 악이다. 형들은 누가 봐도 가해자다. 그런데 요셉은 그 악에 집중하지 않는다.

| 창50:20 | 당신들은 나를 해하려 하였으나 하나님은 그것을 선으로 바꾸사...

당신들이 나에게 한 짓이 악인 줄 알았는데, 하나님은 내가 악으로 규정한 그 사건도 선으로 바꿔서 오히려 좋게 만들어 주셨다! 내가 그 은혜를 발견하니 '나는 다시는 선악을 판단하지 않겠다'라고 선언하는 것이다. 그리고 요셉은 이어서 이렇게 말한다.

| 창50:21 | 당신들은 두려워하지 마소서 내가 당신들과 당신들의 자녀를 기르리이다 하고 그들을 간곡한 말로 위로하였더라

어쩌면 형들에게 시원하게 "용서한다."라는 이야기를 하는 것이 쉬울 수 있다. 그런데 요셉은 그렇게 하지 않는다. 오히려 가족들을 책임지겠다고 한다.

살다 보면 사과의 말 한마디가 그렇게 그리울 때가 있다. 그리고 "용서해 달라"는 말 못 해서 힘들게 사는 사람이 있다. 말하는 것! 듣는 것! 좋다. 할 수 있으면 해야 한다. 그러나 말보다 중요한 것은 행동이다. 과거보다 중요한 것은 미래다.

사과를 듣지 못했다는 것에 너무 목매지 말라. 가해자는 죄책감으로 지금도 고통 중에 있다. 내가 받은 피해는 주님이 이미 충분히 갚아주셨다. 악을 선으로 바꿔주셨다. 그 은혜를 경험했던 요셉은 과거에 목메는 형들의 이야기를 들었지만, 거기에 대한 대꾸가 없다. 오히려 자신의 사명을 전한다.

'나는 변화된 내 삶으로 화평을 심겠다!' '나의 겸손과 섬김으로 나의 진심을 전하겠다.' '당신들이 믿을 수 있도록 나의 변화된 모습으로 증명하겠다.'라는 것이다. 요셉은 이렇게 자신의 삶으로 화평케 하는 직

113

조연이었던 주연들

분을 감당했다.

크리스천은 능력만 증명하기 위해 사는 자들이 아니다. 그리스도의 화평을, 그리스도의 인품을, 그리스도의 자세를 보여주는 자들이다. 당신의 삶으로 그것을 증명하라.

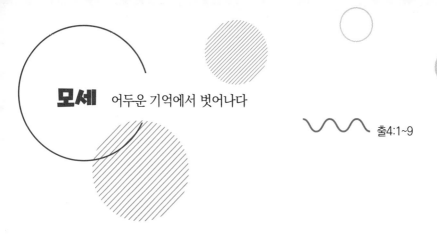

모세 어두운 기억에서 벗어나다

출4:1~9

한 상담가가 한 아이에게 낮은 산 그림을 보여주며 물었다.
"이 산을 넘으면 무엇이 있을까?"

아이는 행복한 표정으로 대답한다.
"예쁜 꽃밭이 있고, 과수원도 있고, 토끼와 사슴도 있을 거예요."

다른 아이에게 같은 그림을 보여주며 물었다.
"이 산을 넘으면 무엇이 있을까?"

그런데 이 아이는 전혀 다른 이야기를 한다.
"절벽이 있어요. 귀신도 나오고, 해골바가지도 있을 것 같아요."

같은 사진을 보여주었는데, 왜 이런 차이가 생겼을까? 두 아이의 〈기억〉 때문이다. 아마 첫 번째 아이는 산에서 가족들과 좋은 추억을 가진 아이였을 테지만, 두 번째 아이는 어두운 기억 때문에 산 너머를 향해 부정적으로 상상하는 것이다.

이처럼 과거의 어떤 기억이 마음에 상처로 남아서, 부정적인 영향을 주는 것을 '외상 후 스트레스 장애' 〈트라우마〉라고 한다. 나는 어떤 트라우마를 가지고 있는가?

서커스단에서는 코끼리가 태어나면 족쇄부터 채운다. 힘이 세지기 전에 길들이는 것이다. 어린 코끼리는 사슬을 끊어보려 하지만, 소용없다는 것을 깨닫고 운명으로 받아들인다. 그런 코끼리는 성장한 뒤에도 족쇄를 끊으려 하지 않는다. 벗어날 힘이 생겼지만 길들여진 것이다.

우리에게도 어두운 기억이 족쇄처럼 우리를 붙잡고 있는 경우가 있다. 과거의 실패, 인간관계의 상처가 있다. 문제는 그 기억에 길들여졌기에, 두 번째 아이처럼 미래 또한 어둡게 바라본다는 것이다. 역기능 가정에서 자랐으니 내가 결혼해도 불행할 거라고 생각한다. 혹은 지금껏 무시 받았으니 앞으로도 실패할 거라고 생각한다. 행복한 순간에도 갑자기 행복이 사라질까봐 불안해하고, 오히려 행복이 깨지면 더 편안함을 느낀다. 행복이 깨질까봐 두려워하는 것보다, 차라리 불행을 편안해한다.

이게 세상 사람만의 문제일까? 예수 믿는 사람은 다를까? 별반 다르지 않다. 모세가 그랬다. 하나님을 직접 만났다. 하나님께 (출3:12) '내가 반드시 너와 함께 있으리라' 약속도 받았다. 그러나 모세는 과거의 어두운 기억에 사로잡혀 있다.

40년 전 실패의 기억이 족쇄가 되었다. 이스라엘 백성들의 구원자가 되려 했으나 살인을 저질렀고, 자기를 인정해 줄 알았던 이스라엘 백성들에게 거절을 당했다. 그 어두운 기억이 그에게 트라우마로 남아있다. 하나님은 미래에 세워질 모세를 바라보고 사명을 주시지만, 모세는 과거의 아픈 기억으로 대답한다.

| 출4:1 | 그들이 나를 믿지 아니하며 내 말을 듣지 아니하고 이르기를 여호와께서 네게 나타나지 아니하셨다 하리이다

이런 모세를 이스라엘의 지도자로 세워야 하는 하나님은 두 가지 기적을 보여주시며 격려하신다. 첫 번째는 지팡이가 뱀이 되는 기적이고, 두 번째가 손에 나병이 생기고 낫는 기적이다.

어두운 기억을 직면하다
하나님께서 모세에게 물으신다.

"네 손에 있는 것이 무엇이냐"
"지팡이니이다"
"땅에 던지라"

지팡이를 땅에 던지니 뱀이 된다. 이 상하다. 지팡이를 던졌는데 왜 하필 뱀일까? 생선이 나올 수도 있고, 비둘기가 나올 수도 있지 않은가? 하나님은 왜 그 많은 동물 중에서 뱀으로 바꾸셨을까? 지팡이가 길쭉하니 뱀이 적당했을까?

뱀은 고대 이집트 파라오의 형상이다. 왕관 상단 중앙에는 코브라 뱀 모양과 독수리 형상이 달려 있다. 독수리는 상 이집트 수호신이고, 뱀 모양은 하 이집트 수호신 우제트를 상징하는 것이다. 뱀은 '우라에우스'라고 불리는데, 이집트의 왕권을 상징하는 것이다. 즉 뱀은 모세가 가야 할 이집트, 모세가 만나야 할 바로를 상징하는 것이다!

모세는 이집트의 왕자였으니, 지금 하나님께서 무슨 말씀을 하시려는지 알아들었을 것이다. 흥미로운 것은 모세가 뱀을 보고 두려워 피했다고 한다. 과거에도 모세는 두려워 피했다.

| 출2:14~15 | 14. 모세가 두려워하여 이르되 일이 탄로되었도다 15. 바로가 이 일을 듣고 모세를 죽이고자 하여 찾는지라 모세가 바로의 낯을 피하여 미디안 땅에 머물며

살인사건이 탄로 난 것이 두려운 모세는, 그날 바로의 낯을 피해 달아났다. '바로의 낯을 피했다'라는 히브리어와 '모세가 뱀 앞에서 피하매'가 같은 히브리어 구조로 되어 있다. 즉 지금 하나님은 모세의 발목을 잡고 있는 40년 전의 어두운 기억을 직면하게 하시는 것이다.

하나님께서 우리를 사용하시기 위해 반드시 우리의 마음을 치료하신다. 그 과정 중 반드시 내 안에 있는 어두움을 직면케 하신다. 죄로 인해 파생되는 모든 사망의 그림자와 직면하게 하신다.
많은 그리스도인이 주님을 만나는 것까지는 사모한다. 예배를 사모한다. 하지만 막상 주님이 은혜의 메스를 들고 내 환부를 드러내시면 갑자기 움츠러든다. 우리는 환부를 움켜쥐고는 "여기는 손대지 마세요!" 말한다. 나의 상한 감정과 상처 난 기억을 살펴보라.

| 딤후1:7 | 하나님이 우리에게 주신 것은 두려워하는 마음이 아니요

내 마음이 평안을 잃는 사건, 평안을 잃는 말과 상황을 보라. 갑자기 화가 치밀거나, 갑자기 뒤집어지는 마음을 보라. 움츠러드는 열등감을 보고. 주저하게 만드는 두려움이 있을 때, 내 속을 보라. 내 속을 뒤집어 놓는 그 사람, 그 말, 그 사건이 문제가 아니다. 본질은 아직도 과거에 얽매이고 있는 옛 자아, 여전히 내가 중요한, 나를 믿어주고, 내 말을 들어주길 바라는 나의 옛 자아와 직면해야 한다.

하나님의 치료방법은 은혜의 빛 앞에 정체를 드러내시는 것이다. 신기한 건 빛 앞에 정체를 드러내면 치료가 된다는 것이다. 그렇기에 주님이 직면시킬 때 피하지 마라.

말씀 안에서 안전하다

하나님께서 모세에게 명령하신다.

"뱀의 꼬리를 잡으라."

근데 말씀을 자세히 보면 그냥 잡으라고 하신 것이 아니다.

"네 손을 내밀어 그 꼬리를 잡으라."

잡을 부위를 콕 짚어서 말씀하신다. 원래 뱀은 머리나 목을 잡아야 한다. 만약 뱀의 꼬리를 잡으면 백이면 백 물린다. 전문적인 지식이 아니

119

조연이었던 주연들

라 상식이다. 40년 광야에서 살면서 뱀을 수도 없이 봤을 모세에게도 상식이다. 하나님은 위험해 보이는 명령을 하신다.

모세는 두려웠을 것이다. 내가 모세라면 되물었을 것이다. "꼬리를요? 진심이십니까?" 흥미로운 것은 '잡다'의 히브리 원어를 보면, 하나님은 꼬리를 손에 쥐라고 하신 건데, 모세는 '낚아챘다'라는 것을 알 수 있다. 물릴까봐 얼른 잡은 것이다.

낚아챘든 어쨌든 모세는 두려웠지만 말씀에 순종했다. '순종했더니' 뱀이 지팡이가 된다. 40년 전 그는 바로의 면전에서 피했듯, 그는 지금 뱀 앞에서 피했다. 그때는 바로가 두려웠고, 오늘은 뱀이 두려웠다. 왜냐하면, 둘 다 자기를 죽일 거로 예측했기 때문이다. 하지만 오늘은 달랐다. 감정을 이기고, 하나님 말씀대로 순종했더니 뱀이 지팡이가 되었다. 말씀대로 했더니 물리지 않았다. 하나님은 말씀 안에서는 안전하다는 것을 훈련하신 것이다.

이제 모세가 애굽으로 가면, 매번! 바로 왕 앞에 서서 하나님의 말씀을 대언해야 한다. 그때마다 뱀의 꼬리를 잡듯 두려울 것이다. 그때 이 사건은 모세에게 이미지 약속이 될 것이다.

'그래! 말씀대로 하면 괜찮아!'

심리학자 리처드G. 테데스키는 트라우마를 겪은 사람들이 트라우마를 이기는 방법은 부정적 감정이 일어날 때, 생각을 전환하는 것이 관건이라고 전한다.

"트라우마를 전환시킬 '핵심 믿음'을 찾는다면 치유는 빨리 일어난다."

[트라우마를 전환시킬 핵심 믿음] 지금 하나님께서 그 작업을 하시는

것이다. 두려운 감정이 들어도, 하나님의 말씀대로 순종하면 뱀도, 파라오도! 나를 어찌할 수 없다는 핵심 믿음을 주시는 것이다.

우리는 어떤가? 비슷한 것만 봐도, 비슷한 사람만 봐도 가슴이 철렁 내려앉는 경우가 있는가? 하나님의 말씀 안에서 우리는 안전하다. 뱀이 우리를 어찌할 수 없다. 사람이 우리를 어찌할 수 없다. 두려움은 감정일 뿐이다.

하나님은 가끔 우리의 감정을 뛰어넘어 순종하라 하실 때가 있다. 내가 생각할 때는 뱀의 머리를 잡아야 할 것 같은데, 꼬리를 잡으라고 하실 때가 있다. 베드로처럼, 내가 생각할 때는 고기가 안 잡힐 것 같은데, 그물을 내리라고 하실 때가 있고, 야곱처럼, 내가 생각할 때는 분명형이 자기를 죽이러 오는 건데, 하나님은 벧엘로 올라가라고 하실 때가 있다.

그때 우리는 두려운 감정보다 말씀에 순종해야 한다. 그러면 주님은 그 사건을 통해 말씀 안에서 안전하다는 것을 알게 하신다. '말씀 안에서 안전하다'라는 것을 깨달은 사람에게 다음 말씀이 들린다.

| 출4:17 | 너는 이 지팡이를 손에 잡고 이것으로 이적을 행할지니라

베드로도 그랬다. 밤새도록 허탕을 친 베드로가 '말씀에 의지하여' 순종한다. 그리고 고기를 어마어마하게 잡는다. '말씀대로 되는구나!' 이 경험을 한 베드로에게 주님은 말씀하신다.

| 눅5:10 | 예수께서 시몬에게 이르시되 무서워하지 말라 이제 후로는 네가
        사람을 취하리라

믿음이 있다는 의미는 "믿~~~씁니다!" 내가 원하는 무엇이 이루어질 것을 확신하는 것이 아니다. 그것은 종교심이다. 자기 확신이다. 성경이 전하는 믿음은, "결국 말씀대로 되는구나! 말씀 안에서 안전하구나!"라는 것이다. 그 믿음이 생긴 자는 주님은 사명을 감당할 수 있다.

만약, 이미 말씀이 주어졌는데 불구하고, 먼저 뱀을 지팡이로 만들어 줘야 잡겠다고 한다면 순종이 아니다. 물고기가 모여들면 그물을 내리겠다는 것은 순종이 아니다. 보여줘야 믿겠다, 믿게 해줘야 믿겠다, 두려움이 사라지면 순종하겠다는 것은 믿음이 아니다. 진짜 신자는 약속의 말씀이면 충분하다. 두려운 감정을 이기고 말씀대로 순종할 때, 주님은 그 순종을 핵심 믿음으로 바꿔주신다.

내 수준에 맞는 도움

모세에겐 열등감이 있었다. 말을 잘하지 못하는 열등감이다. 그래서 (10~17절)까지 〈입〉이란 단어가 7번 등장한다. 광야에서 40년 동안 지내다보니 말수가 적어졌을 수도 있고, 애굽의 수사법을 많이 잊어먹었을 수도 있다. 유대 전승에 의하면 실제로 모세는 순음 발음(d. v. m. ph. p)이 서툴렀다고 한다. 그래서 모세는 말한다.

| 출4:10 | 나는 본래 말을 잘 하지 못하는 자니이다...나는 입이 뻣뻣하고 혀가 둔한 자니이다

그의 열등감이 사명을 주저하게 한다. 이때 하나님께서 하시는 말을 들어보라.

| 출4:11 | 누가 사람의 입을 지었느냐…. 이제 가라 내가 네 입과 함께 있어서 할 말을 가르치리라

참 은혜가 되는 지점이다. 모세가 느끼는 약점이 입이니, 하나님은 "내가 네 입과 함께 있어서 할 말을 가르치리라"라고 하신다. 하나님은 모세가 부족하다고 여기는 그 지점에 함께 있겠다고 약속하신다. 사도 바울도 이런 고백을 한다.

| 고후12:10 | 내가 약한 그 때에 강함이라

내가 느끼는 약점이 손인가? 하나님은 그 약한 손에 함께 하시겠다고 하신다. 내가 느끼는 약점이 건강인가? 하나님은 나의 아픈 부위에 함께 하시겠다고 하신다. 내가 느끼는 콤플렉스가 있는가? 하나님은 그 콤플렉스에 함께 하시겠다 하신다. 하나님은 우리의 약점 그 자리, 그 지점에 함께 하신다.

이런 멋진 위로의 말을 들었지만, 모세의 자존감은 바닥이다. 보낼만한 자를 보내라 한다. 나는 적임자가 아니라고 말한다. 주님이 화가 나셨다.

| 출4:14 | 여호와께서 모세를 향하여 노하여 이르시되 레위 사람 네 형 아론이 있지 아니하냐 그가 말 잘 하는 것을 내가 아노라 그가 너를 만나러 나오나니..

계속해서 위축되는 모세에게 하나님은 화가 나셨다. 그런데 우리가

조연이었던 주연들

주목할 것은 하나님은 화가 나셨지만 그를 포기하지 않았다는 사실이다. 세상 사람들은 화가 나면 포기하지만, 하나님의 사랑은 다르다. 유진 피터슨은 고린도전서 13장의 '사랑은 오래 참고'를 이렇게 해석 번역한다.

| 고전13:4 | 사랑은 절대로 포기하지 않습니다.

주님은 모세를 포기하지 않고 아론을 붙여주신다.

아론이 오고 있다!

아론은 모세를 만나러 언제 출발했을까? 모세가 말을 잘 못 한다고 할 때? 아니면 모세가 하나님을 만나기 전에? 모르긴 몰라도 아론이 만나러 오는 중인 걸 보면, 하나님과 아론은 이미 이야기가 끝났다는 것을 알 수 있다. 하나님은 자존감이 바닥인 모세에게는 정서적인 지지자가 필요하단 것을 아셨고, 이미 대책을 마련하셨다. 자존감이 바닥인 모세에게는, 손에 지팡이가 필요했고, 의지할 사람 아론이 필요하다. 모세의 수준에 맞는 도움을 주셨다.

비록 출애굽기 4장에서는 모세는 이 모양 이 꼴이지만, 14장에서는 우리가 아는 모세는 영적 지도자로 우뚝 서 있다. 14장의 모세는 바로 세워지는 것이 아니다. 하나님의 격려와 지지가 있었기에 가능한 것이다. 지금 수준의 모세는 의지할 지팡이가 필요하고, 의지할 아론이 필요했다.

감신대에서 진행한 〈트라우마에 대한 신학과 목회 세미나〉에서 이런 문제를 제기했다.

"한국교회는 부활 승리만을 강조하는 승리주의를 배제해야 한다"

한국교회 많은 성도가 승리주의에 빠져있다는 것이다. 승리주의는 "부활을 믿는 자가 왜 죽은 가족을 슬퍼하는가?! 복음을 받아들인 자가 왜 정신과를 다니는가? 믿음으로 약을 버려야지! 예수님이 함께 하시는데 왜 불안해하는가?" 각자의 신앙의 수준을 간과하고 몰아세우는 것이 승리주의이다. 성도가 혹 분노하거나 슬퍼하거나 미성숙한 것을 '비신앙적'이라 단죄하는 것은 신앙의 단면만 아는 승리주의다.

하나님의 은혜는 당장 우리 수준을 간과하지 않는다. 우리의 상처와 아픔을 간과하고, 사명으로 몰아세우지 않는다. 오히려 하나님 은혜는 훨씬 더 광대하다. 우리의 연약함을 품고, 다시 일어날 수 있도록 지팡이를 주시고 아론을 붙여주신다.

누군가에게 믿음 없다고, 왜 그 수준밖에 안 되냐고, 왜 아직도 그 자리에 있냐고 정죄 받은 것 때문에 상처받은 경험이 있는가? 오해하지 마라. 하나님의 은혜는 그렇지 않다. 하나님은 우리의 수준을 아신다. 하나님은 우리에게는 지팡이도 필요하고, 아론도 필요하다는 것을 아신다. 하나님은 서두르지 않고, 한 걸음 한 걸음 우리를 세워 가신다. 우리를 포기하지 않고 기다려주신다.

한걸음 디딜 은혜 (출7:1~13)

영어 온라인교육 '야나두'의 김민철 대표는 한 번의 사업으로 성공한 것이 아니다. 7년간 24개의 사업을 시도해서 150억을 날렸다. 그런 그가 그 실패의 시간을 통해 무엇을 배웠는지를 한 매체를 통해 소개했는데, 제목이 특이하다. 〈100% 성공하는 법〉

24개의 사업 중 23개의 사업을 실패한 그가 이런 강의하는 것이 아이러니하지만, 사실 그 내용은 어떻게 사업에 성공할 것인가가 아니라, '어떻게 좌절감을 극복할 것인가?'에 대한 문제였다. 23번의 반복되는 실패 속에서 그는 다시 일어나는 법을 깨달았다. 그는 이렇게 말한다.

"좌절하면 아무것도 하기 싫어져서 하루 3끼 밥 챙겨먹는 것이 안 되었습니다. 그래서 회복을 위한 나만의 루틴을 정했는데, '하루 3번 양치질하기, 하루 3번 밥 먹기!'였습니다. 참 쉽죠. 그런데 이 간단한 방법이 회복하는 키가 되었습니다. 이것은 내가 관장할 수 있고, 내가 시도해서 100% 성공할 수 있는 것이죠. 이런 〈작은 성공〉이 모이다 보니, 더 하고 싶은 것이 늘어났습니다."

그는 실패에서 이겨내기 위한 첫걸음은, 지금 내가 해낼 〈작은 성공〉을 찾는 것이라고 전한다.

이와 비슷한 이야기를 미 해군 사령관 〈윌리엄 맥레이븐〉이 전해서 화제가 되었다. 그는 대학 졸업생들에게 "세상을 변화시키고 싶다면, 아침에 이불 정리부터 시작하라."라고 전한다. 침실 정리는, 그날의 첫 번째 과업을 완수하는 것이고, 그것은 작은 뿌듯함을 주어, 다음 과업을 수행할 용기를 준다는 것이다. 이처럼 누군가 마음이 회복되려면, 갑작스러운 어떤 심경의 변화가 아니라, 마음에서부터 점진적으로 일어난다는 것이다. 〈작은 성공〉이 모여 점진적으로 자신감이 회복된다.

모세를 세워 가시는 과정도 점진적이다. 하나님은 한 걸음도 떼지 못하는 모세에게, 뛰라고 강요하지 않으신다. 한걸음 디딜 은혜를 주시고, 한걸음 디디면, 그 다음 디딜 은혜를 주신다.

자존감이 바닥인 〈4장의 모세〉에게 하나님은 두 기적을 주신다. 첫 번째 기적은 지팡이가 뱀이 되는 기적이었다. 지팡이를 파라오의 왕권을 상징하는 뱀으로 바꾸시고, 꼬리를 잡으라 하신다. 꼬리를 잡으니 지팡이가 된다. 이것을 통해 그는 하나님의 말씀 안에서 안전할 수 있다는 것을 경험한다. 하지만 이런 격려에도 모세는 자신이 없다. 그래서 아론을 붙여주신다. 하나님은 모세를 포기하지 않으시고 모세 수준에 맞는 도움을 주신다.

두 번째 기적을 살펴보자. 하나님은 〈손〉이라는 모티브를 통해 메시지를 주신다. 모세의 손을 품에 넣어다 빼니 손에 나병이 생기고, 다시 넣었다 빼니 고침 받는다.

하나님은 수많은 기적 중에 왜 하필 손에 병이 생기고 낫는 기적을 주셨을까? 많은 신학자들이 이 나병은 이스라엘 백성들의 영적 상태를 상징하고, 이 기적은 그들을 회복시킬 하나님의 권능을 의미한다고 해석한다.

나병은 그렇다 치고, 그렇다면 왜 손일까? 또 이상한 것이 있다. 분명 하나님은 바로가 지팡이 기적을 믿지 않으면, 두 번째 기적을 보여주라고 하셨다.

| 출4:8 | 여호와께서 이르시되 만일 그들이 너를 믿지 아니하며 그 처음 표적의 표징을 받지 아니하여도 나중 표적의 표징은 믿으리라

그런데 정작 모세는 지팡이 기적 이후 두 번째 기적을 행하지 않는다.

조연이었던 주연들

신학자들은 기적을 행했지만, 기록이 안 되었을 것으로 보기도 하고, 나병은 레위기에서 하나님의 저주로 여겨지기에 모세를 믿음의 영웅으로 추앙하는 편집자들에 의해 의도적으로 삭제했을 것으로 보기도 한다.

그런데 정황을 보면, 삭제한 것이 아니라, 모세가 의도적으로 시도하지 않았다는 것을 알 수 있다. 그 정황을 알려면 출애굽기(4장)부터 봐야 하는데, 하나님께서는 (4장)에서 모세를 달래고, 두 기적을 주시고, (5장)에 바로에게 보낸다. 한번 갔다 온 것이다.

40년 전 자신을 죽이겠다던 바로 앞에 섰으니 얼마나 떨렸을까? 나름 용기를 내서 갔다. 그런데 바로는 꿈쩍도 하지 않는다. 오히려 모세에게 면박을 주고 이스라엘 백성의 노역을 더 무겁게 만들어 버린다. 모세 때문에 이스라엘 백성들에게 〈연대책임〉을 물은 것이다. 나 때문에 자기 민족이 힘들어진 상황을 모세가 감당하기에 쉽지 않았을 것이다. 더 힘든 것은, 이스라엘 백성들이 노역이 가중된 원인을 찾다가 모세 때문이란 것을 알아버렸고, 모세를 만나 폭언을 퍼부은 것이다.

| 출5:21 | 너희가 .... 그들의 손에 칼을 주어 우리를 죽이게 하는도다

이 말은 과거 모세의 트라우마 아닌가?! 40년 전의 상황이 오버랩된다.

| 출2:14 | 네가 애굽 사람을 죽인 것처럼 나도 죽이려느냐

이 말을 들은 모세가 말한다.
"하나님, 내가 안 간다고 했잖아요? 나 안 해요!"

이런 모세를 하나님은 (6장)에서 또 다시 어르고 달래신다. 그리고 다시 바로에게 보낸 것이다.

그러니 두 번째 바로를 만난 모세가, 기적을 보여 줄 용기가 있었을까. 쉽지 않았을 것이다. 그래서 하나님은 첫 번째 지팡이 기적을 아론이 하라고 하신다. 원래 4장에서 이 기적은 모세가 하기로 되어 있었는데, 바꿔주신 것이다. 이유가 뭘까? 하나님은 모세의 상태를 아시기 때문이다. 거절감, 열등감, 패배의식으로 아론 뒤에 숨어 있는 모세의 두려움을 아셨기 때문이다. 두 번째 기적을 보여줘야 할 손은 뒤로 숨긴 채 숨어 있다. 이런 모세를 주님은 하나님 나라의 주연으로 세우셔야 한다. 이런 모세를 언젠가 홍해 앞에 세워야 한다.

먼저, 약속을 붙들어라!

하나님은 모세가 바로 앞에서 손을 움츠리고, 아론 뒤에 숨을 것을 이미 아셨다. 그래서 하나님은 모세를 보내시며 약속을 주시는데, 반복되는 표현을 찾아보라.

| 출7:4~5 | 4. 바로가 너희의 말을 듣지 아니할 터인즉 내가 내 손을 애굽에 뻗쳐 여러 큰 심판을 내리고 내 군대, 내 백성 이스라엘 자손을 그 땅에서 인도하여 낼지라 5. 내가 내 손을 애굽 위에 펴서 이스라엘 자손을 그 땅에서 인도하여 낼 때에야 애굽 사람이 나를 여호와인 줄 알리라

"내가 내 손을 애굽에 뻗쳐", "내가 내 손을 애굽 위에 펴서"

물론, '여호와의 손'이란 표현은 하나님의 권능과 힘을 상징하는 히브리어의 관용적 표현이다. 하지만 하나님의 능력을 믿지 못해 손을 내밀지 못하는 모세에게는, 중요한 이미지 약속인 것이다. 이것은 마치 아브라함에게 뭇별을 보여주시는 것과 같은 것이다. 주님은 아론 뒤에 숨어서 감히 손을 뻗지 못할 모세에게 이렇게 말씀하시는 것이다.

"네 손 펴지 않아도 괜찮아! 내가 내 손을 펼게!"

(4장)에서 하나님은 "저는 말 못 해요, 입이 둔해요"라는 모세에게 "내가 네 입과 함께 있을 거야"라고 위로하셨다. 이번에는 지독한 열등감에 손을 내밀지 못하는 모세에게 "네 손이 아니라, 내 손을 펴겠다"라고 약속하신다.

"네가 네 수준에서 할 수 있는 것이 아침에 이 닦는 거? 이불 정리? 주일 예배까지야? 그것까지만 해도 괜찮아! 그러나 기억해! 내가 널 도와줄 거야!"

우리 하나님은 우리가 무엇을 할 수 있고, 무엇을 할 수 없을지 아신다. 우리가 무엇을 두려워하는지 아신다. 그래서 주님은 약속을 주시고, 우리가 할 수 있는 만큼만 하라고 격려하신다.

천로역정의 한 대목이다. '크리스천'과 '소망' 두 사람은 '절망의 성'의 감옥에 갇힌 채 날이 샐 때까지 기도했다. 아침이 되기 직전, 크리스천은 놀란 표정으로 말했다.

"아이구, 내가 멍청이지! 우린 자유롭게 도망칠 방법이 있었어요. 왜 그 사실을 모른 채 이 냄새나는 토굴에 갇혀 있었을까?! 제 가슴에 '약속'이라 불리는 열쇠가 있는데, 이 열쇠는 '절망의 성'에 있는 모든 자물쇠를 열 수 있다고 들었어요."

소망이 말했다. "그것 참 반가운 소식이군요. 어서 그 열쇠로 문을 열어 봅시다."

크리스천은 가슴에서 열쇠를 꺼내 감옥 문을 열었다. 정말 문은 열렸다. 중간 문도 열렸고, 철로 된 성문도 열 수 있었다. 성에서 도망친 두 사람은 다시 '왕의 대로'로 돌아와 안심할 수 있었다.

우리는 절망의 성에 잡혀있을 때가 있다. 두려움이라는 감옥에 갇히고, 열등감이란 감옥에 갇히고, 상처라는 감옥에 갇혀 빠져나오지 못할 때, 기억해야 한다. 우리에게는 그 모든 문을 열 수 있는 '약속'이란 열쇠가 있다!

하나씩 하나씩!

모세는 다시 힘을 내어, 바로 앞에서 기적을 행해야 한다.

첫 번째 피 재앙, 누가 바로에게 보여주었나? 모세일까, 아론일까? 아론이 한다. 여전히 모세는 아론 뒤에 숨어있다. 하나님도 아신다. 아직은 네가 보여주기엔 멀었다. 아론에게 명해라.

| 출7:19 | 여호와께서 또 모세에게 이르시되 아론에게 명령하기를 네 지팡이를 잡고 ... 모든 호수 위에 내밀라 하라 그것들이 피가 되리니

이 재앙은 애굽의 요술사들도 따라한다. 바로가 말을 듣지 않는다. 그 광경을 모세가 옆에서 지켜봤을 것이다.

두 번째 개구리 재앙도 아론이 행한다. 근데 흥미로운 것은, 하나님께서 아론에게 지팡이가 아닌 손을 펴라고 하신다.(8:5). 그래서 아론이 손을 내민다.

| 출8:6 | 아론이 애굽 물들 위에 그의 손을 내밀매 개구리가 올라와서 애굽 땅에 덮이니

모세에게는 이 광경이 흥미로웠을 것이다. '지팡이가 아니라, 손으로?' 의아했을 거다. 개구리 기적을 본 바로의 반응이 조금 달라졌다. 강경하던 바로가 모세에게 개구리를 떠나게 해 달라고 요청한다. 그런데 모세가 좀 놀랐는지 저자세로 묻는다.

"언제까지 뺄까요."

코미디다. 아마 모세에겐 복합적인 감정이 들었을 게다. 바로가 무섭기도 한대, 바로의 반응이 감격스러웠나 보다. 그런데 중요한 것은 그 다음이다. 바로의 요청을 듣고, 모세가 말한다.

| 출8:10 | 왕의 말씀대로 하여 왕에게 우리 하나님 여호와와 같은 이가 없는
　　　　　줄을 알게 하리니

모세의 이런 모습 낯설다. 이 고백을 한 사람이 모세 맞는가? 지금까지 하나님께 어떤 믿음의 고백도 하지 못했던 모세가! 바로의 부탁을 받고 자신감이 좀 생긴 걸까? 믿음의 고백을 한다. 우리도 내가 내 입에서는 나올법한 신앙고백이 아닌데, 말을 뱉어놓고는 스스로 대견해 할 때가 있다. "햐 내가...이런 말도 할 줄 아네" 아마 모세도 그랬을 게다.

그런데 이 말이 들으신 주님은 어땠을까? 얼마나 감동이었을까?

| 출8:13 | 여호와께서 모세의 말대로 하시니 ...

기다렸다는 듯이 주님은 모세의 말대로 역사하신다.

작은 믿음이 지지받다

아이가 태어나 목을 가누고 나면, 처음으로 부모가 손뼉 치면서 좋아할 때가 뒤집기 할 때이다. 목에 힘이 없어 오뚜기처럼 왔다 갔다 하던 목에 힘이 들어갈 때, 낑낑거리면서 허리를 세울 때, 안간힘을 쓰며 뒤집을 때, 일어나서 스스로 한 발을 내디딜 때, 그것이 별것도 아닌데, 부모는 손뼉 치며 난리가 난다. 그것이 부모에게 감동인 이유가 뭘까? 그 아이 수준에서는 대단한 성장이란 걸 알기 때문이다. 그 성장을 함께 고대해 온 부모에겐 아주 감동적이다. 지독한 열등감에 빠져서 허우적대던 모세가 그 늪에서 빠져나와 주님을 주목하는 순간! 주님께 눈물의 순간이다. 그래서 주님은 기다렸다는 듯이 모세의 말대로 역사하신다.

이제 세 번째 '이' 재앙이다. 역시 아론이 행한다. 그런데 세 번째부터는 애굽의 요술사들이 따라 하지 못한다. 이제 요술사들조차 '(출8:19) 이는 하나님의 권능이니이다'라고 고백한다. 이 말도 모세가 들었을 것이고, 여호와 하나님께 대한 믿음이 쌓이고 있을 것이다.

네 번째와 다섯 번째 재앙은 '파리'와 '악질' 전염병이다.

자, 여기서부터 바통이 아론에서 모세로 넘어간다. 하나님은 모세에게 바로에게 서서 말하라고 한다. 모세가 직접 지팡이를 내민 것은 아니지만, 이 두 재앙 다 모세의 말대로 된다. 모세가 어떤 생각이 들었을까? "나도 할 수 있나?" 하지 않았겠는가?

드디어 여섯 번째 재앙 '독종'이다. 흥미로운 것은 하나님은 이전까지는 모세만 불러서 이야기하셨는데, 여기서는 두 사람을 함께 불러 이야기하신다.

| 출9:8 | 여호와께서 모세와 아론에게 이르시되 너희는 화덕의 재 두 움큼을
가지고 모세가 바로의 목전에서 하늘을 향하여 날리라

두 사람이 같이 있는 자리에서 모세를 콕 짚어 명하신다.
"이제 모세 네 차례야."

처음으로 모세에게 직접 기적을 행해보라고 하신다. 이 말을 들을 때
모세는 침이 꼴깍 넘어가지 않았을까? 말도 더듬었을 거다.
"제…. 제가요?"

아마 4장의 모세였다면 엄두도 못 냈을 거다. 하지만 이제는 그간의
과정을 통해 믿음이 자란 모세다. 대꾸 없이 시도해 본다.
영화의 한 장면이라면 이 장면을 슬로비디오로 보여줄 것이다. 모세
는 화덕의 재를 한 움큼 쥐고 바로 앞에 선다. 속에서 별의별 생각이 다
났을 거다. 과거에 바로 앞에서 지팡이도 던지지 못한 순간, 손을 움츠
리고 두 번째 기적은 엄두도 내지 못했던 순간이 생각났을 거다. 또 마
음 한편으로는 '아론은 세 번이나 기적을 일으켰는데, 내가 이걸 던졌
는데 아무 일도 안 일어나면 어떻게 하지?' 걱정되었을 거다. 하지만 그
의 마음에 약속의 말씀이 기억났을 테다. 걱정을 뒤로하고 재를 하늘을
향해 던진다.

| 출9:10 | 그들이 화덕의 재를 가지고 바로 앞에 서서 모세가 하늘을 향하여
날리니 사람과 짐승에게 붙어 악성 종기가 생기고

주변 사람들은 재가 독종이 되는 그 광경을 보고 소리를 지르고 난리

가 났을 것이다. 그런데 그때 모르긴 몰라도 모세 뺨에는 뜨거운 눈물이 흘렀을 것이다. 그리고 이런 생각을 했을 테다.

'하나님은 나 같은 사람도 사용하시는구나….'

차근차근, 한 걸음 한 걸음, 지독한 열등감에 빠진 모세를 세우시는 하나님의 방법이다. 우리를 주연으로 세우시는 하나님의 방법이다.

쓰임 받을 기회

하나님은 먼저 아론이 첫 번째부터 세 번째 재앙까지 기적을 일으키는 것을 모세가 옆에서 지켜보게 하셨다. 그리고 네 번째와 다섯 번째 재앙에서 모세가 직접 말을 통해 일으켜보라고 하셨다. 그리고 결정적 순간에 "이젠 너 스스로 해봐" 하신다. 주님은 그 타이밍을 기가 막히게 아신다.

모소 대나무는 4년 동안은 전혀 자라지 않다가, 5년째 되는 어느 날 갑자기 하루에 30cm씩 6주 후면 15m 이상 자라는 나무이다. 그 비결은 4년 동안 땅속에 어마어마한 양의 뿌리를 펼친다는 것이다. 그리고 임계점에 다다르면 무섭게 성장한다.

아마 모세에게 그간의 시간은 뿌리를 내리는 시간이었을 것이다. 임계점에 다다른 모세는 이때부터 무섭게 성장한다. 흥미로운 것은 일곱 번째 재앙부터는 아론이 빠지고, 모세가 기적을 주도한다.

| 출9:22~23 | 22. 여호와께서 모세에게 이르시되 너는 하늘을 향하여 손을 들어 애굽 전국에 우박이 애굽 땅의 사람과 짐승과 밭의 모든 채소에 내리게 하라 23. 모세가 하늘을 향하여 지팡이를 들매 여호와께서 우렛소리와 우박을 보내시고 불을 내려 땅에 달리게 하시니라

모소 대나무처럼, 모세는 기적을 주도하며 일으킨다. 기적을 주도하고 있는 모세는 얼마나 신났을까? 하늘을 향해 지팡이를 내밀 때 천둥·번개가 치고 불이 내렸다. 심장이 터질 것처럼 감격스러웠을 것이다. 나도 쓰임 받을 수 있다는 감격에 신나게 사역했다. 자신감도 붙고, 믿음도 생겼다.

그런데! 이상한 점이 있다. 분명 모세는 일곱 번째와 여덟 번째 재앙을 주도한 것이 사실이다. 그런데 가만히 보면, 하나님의 명령과 모세의 행동이 다르다는 것을 알 수 있다.

| 출9:22 | 너는 하늘을 향하여 손을 들어...
| 출9:23 | 모세가 하늘을 향하여 지팡이를 들매...

여덟 번째 재앙도 그렇다. 하나님은 손을 내밀라고 하시는데, 모세는 지팡이를 든다.

| 출10:12~13 | 12. 여호와께서 모세에게 이르시되 애굽 땅 위에 네 손을 내

밀어 메뚜기를 애굽 땅에 올라오게 하여 ... 13. 모세가 애굽 땅 위에 그 지팡이를 들매...

이유가 뭘까? 모세의 마음은 하나님을 의지하는 것 같지만, 은연중에 지팡이를 의지하고 있는 것이다. 하나님은 우리를 세우기 위해 지팡이도 주시고, 아론도 붙여주신다. 하지만 그것들도 우리의 우상이 될 수 있다. 지독한 열등감을 가진 모세는 여전히 지팡이를 의존하고 있다.

열등감의 본질적인 문제는 낮은 자존감만의 문제가 아니다. 하나님을 신뢰하는가의 문제와 연결되어 있다. 열등감이 무엇인가? 돈일 수 있고, 자식일 수 있고, 학벌이나 명예일 수 있다. 주님은 모세가 지팡이가 없어도 괜찮은 자가 되길 원하시듯이, 우리 또한 그렇게 되길 원하신다. 그래서 지독한 열등감에 빠진 우리를 세우셔야 하는 하나님은 반복되는 경험을 통해 핵심을 알려주신다.

열등감의 핵심이 무엇인가? 주님을 의지하지 못하는 불신앙이다. 모세는 아홉째 재앙에 가서야 알아듣고 손을 내민다.

왜 하나님은 모세의 지팡이가 아니라, 손을 내밀게 했을까? 기적을 일으키는데, 뭐 까짓것 손이면 어떻고, 지팡이면 어떤가? 하나님의 능력만 나타나면 되는 거 아닌가? 하나님은 왜 모세의 손을 고집하셨을까?

왜냐하면, 하나님의 목적은 이스라엘의 회복뿐 아니라, 모세의 회복까지 포함하고 있기 때문이다. 하나님은 열방, 미전도 종족, 전도 대상자들에게만 관심이 있는 것이 아니다. 하나님께는 모세 개인의 회복이 중요하다. 하나님은 개개인의 상처와 아픔에 관심이 많으시다. 왜냐하면, 모세의 회복이 이스라엘의 회복과 연결되어 있기 때문이다. 나의 회복이 우리 가정의 회복과 연결되어 있고, 우리 교회의 회복이 이웃의 회복과 연결되어 있기 때문이다.

그래서 하나님은 반복되는 경험 속에서 계속해서 우리에게 말씀하신다. "지팡이가 아니야, 손이야. 날 의지하고 손을 내밀어" 그냥 지팡이 의지하고 살아가게 해 주면 좋을 것 같은데 아니라고 하신다. '끝까지 난 널 세울 거야. 끝나지 난 널 고칠 거야' 하신다.

그 결과가 출애굽기 14장이다. 앞에는 홍해가 놓여있고, 뒤에는 애굽 군사들이 죽이려고 달려온다. 진퇴양난의 상황에 이스라엘 백성들이 모세를 향해 원망한다.

| 출14:11 | 애굽에 매장지가 없어서 당신이 우리를 이끌어 내어 이 광야에서 죽게 하느냐

이 이야기는 모세 인생에 몇 번이고 반복했던 트라우마다. (출2장)에서 40년 전에 들었던 상처였고, (출5장)에서 들었던 원망이었다. 과거의 상한 감정에 묶여있던 모세라면, 도망갔을 것이다. 하지만 이제 (출14장)의 모세는 다르다.

| 출14:13~14 | 13. 너희는 두려워하지 말고 가만히 서서 여호와께서 오늘 너희를 위하여 행하시는 구원을 보라 ... 14. 여호와께서 너희를 위하여 싸우시리니 너희는 가만히 있을지니라

이전의 모세가 아니다. 자신의 상처에 주목하지 않고, 하나님을 주목한다. 그때 주님의 명령을 보라.

| 출14:15~16 | 여호와께서 모세에게 이르시되 ... 지팡이를 들고 손을 바다
위로 내밀어 그것이 갈라지게 하라

하나님은 모세에게 정확하게 말씀하신다.
'지팡이를 들고, 손을 내밀라'
한 손은 지팡이를 들고, 한 손으로 손을 내밀라 하신다. 우리 주님은
얼마나 정확하신지 모른다. 하나님의 의도를 발견한 모세는 용기를 낸
다. 이제 그가 믿음으로 순종한다. 손을 내민다!

| 출14:21 | 모세가 바다 위로 손을 내밀매 여호와께서 큰 동풍이 밤새도록
바닷물을 물러가게 하시니 물이 갈라져 바다가 마른 땅이 된지라

모세가 홍해를 가리킨 자신의 손을 보며 무슨 생각을 했을까?

"하나님은 내 지팡이가 필요하신 것이 아니라, 내가 필요하시구나."
"하나님은 사역을 통해, 결국 내가 하나님의 사람으로, 예수 그리스
도의 제자로, 그리스도인으로 세워지길 원하시는구나."
하나님은 모세에게 한걸음 디딜 은혜를 주셔서 결국 그 자리까지 인
도하시는 것이다.

열등감이 있는가? 어두운 기억이 있는가? 여전히 나는 두 달란트라
고, 조연에 불과하다고 되뇌는가? 주님을 주목하라. 나를 주목하면 움
츠러들 수밖에 없지만, 주님을 주목하면 홍해를 가르게 하신다.
나는 두 달란트 조연에 불과하다고 생각한다면 세 가지를 기억하라.

조연이었던 주연들

첫째, 반복되는 경험은 하나님의 메시지이다.

모세는 사람들의 거절을 반복해서 경험한다. 또한, 손을 내밀라는 명령도 반복되었다. 상처도 반복되고, 약속도 반복되었다. 이것은 피하고자 하는 상황을 직면하게 하시는 하나님의 메시지이다. 이유가 무엇인가? 회복시킬 계획이 있으니 나를 믿고 따라오라는 것이다.

반복되는 사건이 있지 않은가? 자꾸 내 상처를 건드리고, 내 어두운 기억을 건드리는 비슷한 부류의 사람을 만나지 않는가? 그때 사람을 보지 말고, 하나님을 보라. 반복해서 주시는 약속 붙들고, 후퇴하지 않고, 직면하라.

둘째, 기회 주시면 할 수 있는 만큼 도전하라.

무서워서 아론 뒤에 숨어 있어도 괜찮다. 늘상 지팡이 들고 다녀도 괜찮다. 모세가 잘한 것이 있다면 하나님이 가라 하시는 자리에 항상 있었다. 나는 적임자가 아니라는 생각이 들고, 나는 부족하고 연약하다고 생각이 들고, 나 같은 사람은 별 필요가 없어 보인다 할지라도, 모세는 하나님이 명하시는 현장에 갔다. 그 현장에서 그는 배우고 익히고 성장했다. 할 수 있는 만큼만 도전하라. 그러면 그 자리에서 우리를 세워 가실 것이다.

셋째, 말씀으로 한걸음 디딜 용기를 얻어라.

처음으로 돌아가 보면, 모세가 왜 바로 앞에서 두 번째 기적을 행하지 못했는가? 두려워서?! 주눅 들어서?! 본질적인 문제는 하나님의 약속을 놓쳤기 때문이다. 그럼에도 불구하고 모세를 세우시는 하나님의 은혜가 무엇이었는가? 하나님은 걷지 못하는 모세를 뛰라 하지 않으셨다는 것이다. 모세에게 한걸음 디딜 용기를 주셨다. '그날 받을 격려, 그날 받을 명령'으로 그를 세워 가셨다.

주님이 주시는 '그날 받을 격려, 그날 받을 명령, 그날 받을 지지'를 놓치지 말라. 우리가 왜 큐티를 놓치면 안 되는가? 주님은 오늘 한걸음 디딜 은혜를 말씀을 통해 주시기 때문이다. 4장의 모세가 14장의 모세가 되는 것은, 오늘 한걸음 디딜 은혜가 모아진 것이다. 저기 멀리 가지 않아도 된다. 오늘 한걸음 디딜 용기와 응원에 힘입어 한걸음 딛다 보면 우리도 언젠가 (14장)의 모세처럼 하나님 역사의 주연으로 세워질 것이다.

누구나 열등감이 있다. 우리는 모두 누군가에게 내 모습이 '건강하고 훌륭하고 우아하고 여유로운' 사람으로 비치길 바라지만, 누구나 속에는 작고 작은 어린아이가 있다. 그 아이는 작고 약해서 겁이 많다. 겉으로는 괜찮은 척 하지만, 누가 조금만 비교하거나 지적하면, 속으로는 위축되고, 분노하고, 우울해 한다.

누나는 어릴 때부터 키가 작았다. 키가 작다는 사실이 컴플렉스인지 몰랐는데, 어느 날 자신이 누군가를 처음 만나면 항상 굽 높이를 확인한다는 것을 발견했다고 한다. 나는 어릴 때 앞머리가 유독 꼬부랑거리는 것이 열등감이었다. 찰랑거리는 머릿결을 가진 사람이 부러웠다. 스트레이트 파마를 해봤지만, 찰랑거리지 않았다. 뻣뻣한 뻗침 머리가 될 뿐이었다. 나 또한 누군가를 만나면 앞머리부터 확인했던 것 같다. 나의 결핍은 나를 따라다니며 그 결핍을 해소하라고 부채질했다.

목회자가 된 후에도 열등감은 나를 힘들게 했다. 설교를 잘하는 사람, 사역을 잘하는 사역자와 비교했다. 큰 교회에서 사역하는 목회자와 비교할 때마다 자괴감이 들었다. 물론 열등감은 나를 발전할 수 있는 동기부여가 되기도 했지만, 건강한 동기는 아니었다. 결핍을 해소하기 위한 목적은 결국 또 다른 상실감과 공허함을 안겨주기 마련이다.

사탄은 에덴동산에서부터 우리가 결핍에 집중하게 만들었다.
하나님은 에덴동산을 지으시고 명령을 주셨다. "선악과를 따먹지 말라!" 우리는 이것만 기억한다. 하지만 사실 하나님은 명령을 하나 더 주셨다.

| 창2:16~17 | 16. 여호와 하나님이 그 사람에게 명하여 이르시되 동산 각종 나무의 열매는 네가 임의로 먹되 17. 선악을 알게 하는 나무의 열매는 먹지 말라

"임의로 먹되"는 먹고 싶은 대로 마음껏 먹으라는 것이다. 이 또한 명령문이다. 먹으라 명하신 것은 하나를 제외한 모든 것이었다. 하나님께서 우리에게 주신 것을 은혜로 누리는 것은 우리가 순종해야 할 것이었다. 그런데 사단의 유혹을 보라.

| 창3:1 | 뱀이 여자에게 물어 이르되 하나님이 참으로 너희에게 동산 모든 나무의 열매를 먹지 말라 하시더냐

먹지 말라 명하신 하나를 부풀려 말한다.
"네가 받지 못한 그 하나는, 너에게 모든 것 아니냐?"

"다른 사람은 다 가졌는데 왜 너는 못 가졌니? 그걸 가지기 전에는 행복하지 않아!"

"명품은 입어줘야지?! 주변을 봐! 너만 없어!"

"너만 없다면 해결해야지! 해소해야지! 집중해! 집중해!"

"그것만 가지면, 그것만 이루면, 너는 완벽해! 너는 네 인생의 신이 되는 거야!"

이 유혹을 통해 사단은 끊임없이 우리 인생을 허비하게 만든다. 내가 받지 못한 결핍, 내가 받지 못한 달란트, 나의 열등감에 집중하게 만든다. 그래서 사명은 뒤로하고, 결핍을 채워 내가 하나님인 것을 증명하라 유혹한다.

| 창3:5 | 너희가 그것을 먹는 날에는 너희 눈이 밝아져 하나님과 같이 되어 선악을 알 줄 하나님이 아심이니라

사도바울은 어땠을까? 바울도 열등감에 괴로웠던 흔적이 있다. 주변에서 가만히 내버려 두지 않았다. 특별히 고린도교회 교인 중 바울에게 적대적인 사람들이 있었는데, 그들은 불쾌할 정도로 남과 비교하고 비판했다. 크게 세 가지 때문에 바울을 힘들게 했는데, 첫째는 사도의 정통성, 둘째는 바울의 언변, 셋째는 신령한 능력이었다.

사도의 정통성

| 고전1:1 | 하나님의 뜻을 따라 그리스도 예수의 사도로 부르심을 받은 바울

| 롬1:1 | 예수 그리스도의 종 바울은 사도로 부르심을 받아

| 딤전1:1 | 예수의 명령을 따라 그리스도 예수의 사도 된 바울은

사도란 단어는, 부활의 증인이며, 늘 예수님과 동행했던 제자만이 붙일 수 있는 직분이었는데, 바울은 서신을 쓸 때마다 빼놓지 않고 자신의 사도성을 주장한다. 사도바울을 못마땅하게 생각한 사람들은 사도의 정통성이 없다고 공격했기 때문이다. 왜냐하면, 바울은 자격이 안 된다고 공격하는 사람들이 있었기 때문이다. 그래서 사도바울은 자신이 예수님을 직접 만났으며, 하나님의 뜻대로 사도가 되었음을 강조한다. 언뜻 보면 이런 강조가 사도바울의 열등감처럼 보일 수 있지만, 사도바울이 그의 사도성을 그토록 강조하는 이유가 있다. 그 이유를 이렇게 기록한다.

| 고후10:8 | 주님께서 우리에게 주신 권위를 내가 좀 지나치게 자랑했다고 하더라도, 그 권위는 주님께서 여러분을 넘어뜨리라고 주신 것이 아니라, 세우라고 주신 것이므로, 나는 부끄러울 것이 없습니다.

바울의 사도성 강조는, 나를 증명하고자 했던 것이 아니라, 사명 때문이었다. 자신이 증거하는 복음을 통해 교회가 세워지기 위해서는 사도권을 고린도교회에서 인정받아야 했기 때문이다. 듣는 이의 마음과 귀를 열려면, 사도성이란 라이센스가 있어야 그들에게 인정되었기 때문이다. 즉 바울의 열등감이 이유가 아니라, 듣는 이들을 위함이었다.

우리가 왜 공부하는가? 왜 자격증을 따고, 높은 위치에 앉고, 능력을 소유하기 위해 노력하는가? 열등감 때문이 아니라 '영향력'을 위함이다. 열등감은 존재를 증명하지 못한 감정이지만, 사명감은 영향력을 위한 감정이다. 부러움의 능선을 넘어서서 내가 하나님께 받은 사명에 집중할 수 있을 때 우리는 자유를 경험한다.

조연이었던 주연들

언변

| 고전1:17 | 그리스도께서 나를 보내심은 ... 오직 복음을 전하게 하려 하심이로되 말의 지혜로 하지 아니함은 그리스도의 십자가가 헛되지 않게 하려 함이라

사도바울은 '언변이 좋지 않다'라는 비교를 당했다. '말의 지혜로 하지 않았다' 학자들은 이 말이 아볼로를 견제하는 말이었다고 본다. 아볼로는 당시 필로라는 유명한 철학자의 영향으로 받은 알렉산드리아 출신의 목회자다. 그래서 그는 히브리 사상과 그리스 철학을 잘 융합해서, 은유적으로 멋지게 성경을 해석하고, 언변과 논쟁에 출중했다. 그래서 아볼로는 고린도에서 인기가 많았다. 수사학이 유행했던 고린도에 언변에 능한 아볼로는 그야말로 인기 만점이었다.

어느 날 그 유명한 바울이 온다고 한다. 편지에서 바울의 파워풀한 가르침에 다들 보고 싶어 했는데, 당대 최고의 석학이 방문한다고 하니 기대하고 모여들었을 테다. 설교를 들었다. 그런데 기대 이하였던 것이다. 그래서 그들은 이렇게 말했다.

| 고후10:10 | "바울의 편지는 무게가 있고, 힘이 있지만, 직접 대할 때에는, 그는 약하고, 말주변도 변변치 못하다"(새번역)

(고후11장)에서는 바울이 느낀 모멸감을 엿볼 수 있다.

| 고후11:4~5 | 어떤 사람이 와서, 우리가 전하지 않은 다른 예수를 전해도, 여러분은 그러한 사람을 잘도 용납합니다. ... 나는 저 거물급 사도

들보다 조금도 못할 것이 없다고 생각합니다.

이어지는 글에서는 바울에게 측은한 마음마저 든다.

| 고후11:6 | 내가 말에는 능하지 못할지 모르지만, 지식에는 그렇지 않습니다.

그래서 (9절)부터는 교회를 위해 무료로 섬겼다고 공치사도 하고, (24절)부터 고생담도 늘어놓는다. 하지만, 바울 심연에는 이런 공격에 맞서는 관점이 있었다.

| 고전3:6~7 | 나는 심고, 아볼로는 물을 주었습니다. 그러나 하나님께서 자라게 하셨습니다. 그러므로 심는 사람이나 물 주는 사람은 아무것도 아니요, 자라게 하시는 분은 하나님이십니다. 심는 사람과 물 주는 사람은 하나이며, 그들은 각각 수고한 만큼 자기의 삯을 받을 것입니다.

사도바울이 이런 공격을 넘길 수 있는 힘이 무엇인가? 우리는 경쟁자가 아니라, 동역자라는 것이다. 우리는 모두 하나님이 주신 은사와 달란트가 있다. 각각 하나님 앞에서 자기의 몫을 감당하는 것이다. 누구는 다섯 달란트, 두 달란트, 한 달란트, 받은 달란트는 다르지만, 주인이 돌아왔을 주인은 비교 평가하지 않는다. 개별 평가이다. 채점 기준은 충성도이다. 평가가 개별 평가라면, 경쟁할 필요가 없다.

공동체가 어려움에 빠지는 순간이 언제일까? 비교하고 경쟁할 때다. "사울은 천천이요, 다윗은 만만이라"부터 시작이다. 야곱이 "쌍둥이인데 네가 왜 형이야?" 비교와 경쟁은 세상의 가치관이다. 베드로가 요한을 보고 "주님 이 사람은 어떻게 되겠사옵나이까" 물을 때 주님은 "네게 무슨 상관이냐 너는 나를 따르라"고 하신다. 비교와 경쟁의 늪에서 빠져나올 수 있는 지점은 내가 받은 사명에 집중하는 것이다. 그리고 서로에게 다른 은사를 주신 역할을 인정하고, 동역자로 바라보는 것이다.

신령한 능력

바울이 받은 세 번째 공격은 신령한 능력이 없다는 것이었다. 고린도 교회는 은사에 관심이 많았다. 그래서 고린도전서에만 은사를 다루는 장이 존재할 정도다. 그런 교회 성도들은 바울에게 신비한 능력이 있기를 기대했다. 물론 바울은 엄청난 기적을 일으켰다. 바울 몸에 지닌 손수건만 갖다 놔도 병이 낫고 귀신이 떠나는 일이 있었다.

그런데 문제는, 정작 바울은 불치병이 있었다는 것이다. 당시 사람들은 질병은 신에게 받은 저주로 여겼다. 그래서 바울은 능력이 없다고 공격한 것이다. 여기에 바울은 이렇게 답한다.

| 고후12:7~9 | 7. 여러 계시를 받은 것이 지극히 크므로 너무 자고하지 않게 하시려고 내 육체에 가시 곧 사단의 사자를 주셨으니 이는 나를 쳐서 너무 자고하지 않게 하려 하심이니라 8. 이것이 내게서 떠나기 위하여 내가 세번 주께 간구하였더니 9. 내게 이르시기를 내 은혜가 네게 족하도다 이는 내 능력이 약한데서 온전하여짐이라 하신지라 이러므로 도리어 크게 기뻐함으로 나의 여러 약한 것들에 대하여 자랑하리니 이는 그리스도의 능력으로 내게 머물게 하려함이라

"내 능력이 약한데서 온전하여짐이라"

완전함이 아니라 온전함으로 응수한다. 세상의 완전함이란 건강, 출세, 유명, 문제가 없는 상태다. 그런데 바울에게 온전함이란 병이 없는 상태, 고난이 없는 상태, 고통이 없는 상태가 아니었다. 온전함이란 하나님을 붙드는 상태였다. 하나님과의 연합이 온전함이었다. 바울은 "아! 나의 약점은 하나님을 붙드는 재료가 되는구나, 나의 절박함은 겸손할 이유가 되는구나"를 발견한 것이다.

예전에 성도들과 함께 기도 모임을 하던 중이었다. 기도 제목을 나누던 중 한 성도가 자신의 속 깊은 사정을 기도 제목으로 냈다. 검진을 받으러 산부인과에 갔는데 불임 증세가 있다는 것이다. 다른 병원을 갔는데 동일한 결과를 받았다는 것이다. 자매를 중앙에 앉히고 함께 모여서 뜨겁게 기도했다. 생명의 주관자 되신 하나님께 생명을 달라고 기도했다. 치료의 광선을 바라시고 여호와 라파의 하나님이심을 간증케 해 달라고 기도했다.

기도회를 마치고 돌아가는 중 한 성도와 그 자매를 위해 더욱 기도하자는 이야기를 나누는데, 그분의 말씀이 감동이었다.

"목사님, 저는 고쳐달라는 기도보다는 감사 기도가 나오더라고요."

"감사 기도요? 어떤 감사 기도를 했나요?"

"제가 그 성도의 상황이라면, 하나님께 원망하던가, 낙담이 되어서 기도도 못 할 것 같은데, 그분은 하나님을 꼭 붙들고, 그 상황 속에서 더욱 하나님을 의지하고 계시니 얼마나 감사한가요?"

C.S.루이스가 쓴 '스크루테이프의 편지'라는 소설은, 악한 영이 졸병에게 어떻게 성도를 유혹하고 공격할 수 있는 비법을 전수하는 편지의

내용을 담고 있다. 한 대목을 소개한다.

"(성도를 유혹할 때) 뭔가 따를 이유가 있어서 따르게 만들라. 만약 따를 만한 이유가 없는데, 그분이 진리라서 따른다면 그것만큼 위협적인 것이 없다!"

사단은 우리를 결핍에 집중하게 한다. 그리고 부족함은 열등감이라고 전한다. 약함은 해결해야 할 문제라고 전한다. 그러나 우리의 온전함이 하나님과의 연합으로 정의한다면 문제가 달라진다. 우리의 약함은 하나님을 붙드는 재료가 된다. 우리의 결핍은 하나님의 의지하는 키가 된다. 그것이 열등감에서 자유로울 수 있는 지점이다.

이제 바울의 역발상적인 자랑을 보라.

| 고후11:32~33 | 32. 다메섹에서 아레다 왕의 고관이 나를 잡으려고 다메섹 성을 지켰으나 33. 나는 광주리를 타고 들창문으로 성벽을 내려가 그 손에서 벗어났노라

당시 로마는 전쟁에서 혁혁한 공을 세운 병사에게 '성벽 왕관'(coronamuralis, 코로나 무랄리스)이라는 상을 주었다. 이 상은 전쟁 중 포위된 적의 성벽 위에 가장 먼저 오른 용맹한 군인에게 주어졌는데, 이 상을 받은 자는 국민 영웅으로 추앙받았기에 엄격한 조사 과정을 거친 후 수여했다.

그런데 바울은 지금 그 상을 받을 만한 군인의 행동과는 반대로 행동했다고 자랑한다. 그 상을 받고자 군인들이 다메섹 성벽을 오를 때, 그는 그들을 피해 작은 창문을 통해 성벽 아래로 도망갔다고 전한다. 바울은 가장 먼저 올라간 것을 자랑하던 시대에, 그는 아무도 모르게 내려와 도망간 것을 자랑하고 있는 것이다. 바울은 열등감에서 자유로울 수 있는 원인을 이렇게 전한다.

| 고후13:4 | 그리스도께서 약하심으로 십자가에 못 박히셨으나 하나님의 능력으로 살아 계시니 우리도 그 안에서 약하나 너희에게 대하여 하나님의 능력으로 그와 함께 살리라

하나님은 십자가 제물이 된 예수님의 약함을 부활로 승화시키셨듯이, 나의 무력, 무지, 무능함이, 하나님께 영광이 될 수 있다는 믿음을 견지한 것이다. 즉 예수님의 약함은 하나님의 능력을 발휘하는 통로가 되었듯이, 자신의 열등함이, 자신의 육체의 가시가, 자신의 언변이 부족함이, 능력 없음이 '나를 증명'하지는 못한다고 할지라도, '하나님의 능력을 증명할 수 있기에 그 믿음이 자신을 당당하게 했던 것이다.

십자가와 부활은 우리에게 새 생명을 주는 복음일 뿐 아니라, 우리를 온전케 하는 복음인 것이다.

누가봐도 세상에서 다섯 달란트 인생이었던 이들이 어떻게
하나님의 역사에서 한 달란트 조연으로 전락하는지 살펴보자

반면교사, 조연들

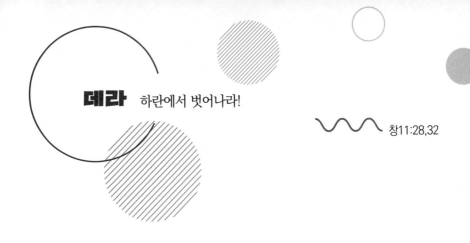

데라   하란에서 벗어나라!

창11:28,32

흔히 우리는 아브라함이 75세에 하나님의 음성을 듣고 가나안 땅을 향했을 거라고 생각한다. 그런데 성경을 보면, 아브라함은 이미 가나안으로 가는 여정 가운데 있었다는 것을 알 수 있다.

| 창11:31 | 데라가 ... 갈대인의 우르를 떠나 가나안 땅으로 가고자 하더니

즉 아브라함의 입장에서는 하나님의 음성을 듣고 믿음으로 출발했다고 생각할지 모르지만, 하나님의 입장에서는 이미 다 해 놓은 요리에 아브라함이 숟가락만 얹은 격이란 말이다. 그래서 가나안행의 주어는 (12:1) 하나님이시다.

| 행7:2~3 | 2. 우리 조상 아브라함이 하란에 있기 전 메소보다미아에 있을 때에 영광의 하나님이 그에게 보여 3. 이르시되 네 고향과 친척을 떠나 내가 네게 보일 땅으로 가라 하시니

성경은 아브라함이 메소보다미아(갈대아 우르)에 있을 때 하나님을 만났다고 전한다. 하지만 우리는 그 시점을 믿음의 행보로 보지 않는다. 왜냐하면, 그때 가나안행의 주어는 데라(11:31)였기 때문이다.

그러나 (창세기12:1)에서 주어가 바뀐다. 인생의 주어가 "여호와께서"가 될 때 진짜 믿음의 행보가 시작되는 것이다. 그래서 주님은 "고향과 친척과 아버지 집을 떠나, 내가 네게 보여 줄 땅으로 가라" 하신다. 그렇다. 신앙은 귀속된 누군가의 품에서 떨어져 나와야 진짜 시작이다.

믿음의 조상 아브라함을 주목하기 전에 살펴볼 사람이 있다. 아버지 데라다. 성경은 참 많은 순간 하나님의 사람과 세상을 따르는 사람을 비교하고 있다. 가인과 셋, 에서와 야곱, 사무엘과 홉니와 비느하스, 다윗과 사울,...데라와 아브라함도 그렇다.

데라와 아브라함의 공통점이 뭘까? 둘 다 가나안을 향했다는 것이고, 차이점은 데라는 하란에 남았고, 아브라함은 가나안을 차지했다는 것이다. 당시 데라는 토속 신 '달 신'을 섬기며 우상을 만드는 사람이었다. 그런데 어느 날 그는 가족들을 데리고 가나안 땅으로 가고자 고향을 떠나게 된다. 데라가 왜 고향 땅을 떠났을까? 크게 세 가지 이유 때문이다.

첫째, 환경적 요인

우르 지역이 몰락했다. 당시 문헌을 보면, 우르 지역의 밀 수확량 감소했고, 외세 침략으로 인해 경제가 쇠퇴했다는 것을 알 수 있다. 그뿐만 아니라, 문명이 발달하면서 금속 공예품이 생겨나기 시작했기에, 나무로 우상을 만들던 데라의 사업은 하향길에 접어든 것이다.

둘째, 아브라함의 조언

유대 전승에 의하면, 아브람이 어렸을 때 데라의 신당에 들어가 제일 큰 우상의 손에 큰 망치를 들려 놓고 나머지는 전부 부숴버리고 나왔다 한다. 이튿날 데라가 이것을 보고 대노하여 아브람을 불러 물을 때, 그는 "큰 우상이 때려 부순 모양입니다"라고 대답하니 부친은 더욱 화를 내어 "그것이 어떻게 그 같이 할 수 있느냐"라고 책망했는데, 이때 아브람은 "저것들이 사람의 생명을 길게 할 수 있고 또 복을 줄 수 있다면 어찌하여 제 목이 떨어지고 팔다리가 부러졌는데도 아무 소리도 지르지 못하며, 대항도 못 하며 복수도 못 합니까? 사람의 생사화복은 오직 여호와 하나님만이 주관하십니다"라고 대답했다 한다. 즉 아브라함은 하나님에 대한 믿음이 어느 정도 있었다는 것을 알 수 있다. 아브라함은 아버지에게 그가 메소보다미아에서 만난 하나님 이야기를 했을 것이다.

| 행7:2 | 우리 조상 아브라함이 하란에 있기 전 메소보다미아에 있을 때에 영광의 하나님이 그에게 보여

셋째, 정황적 요인

며느리는 자식이 없었다. 또 아들이 죽는다. 아마 다른 사람들의 눈치가 보였을 것이다. 우리도 과거에 가정에 우환이 겹치면 '마(魔)가 꼈다'라고 하지 않았는가? 토속신앙을 가진 사람들은 수맥이 흐르니 뭐니 하면서 자리 타령하지 않는가? 그뿐만 아니라, 데라는 죽은 아들 하란의 모습이 눈에 아른거렸을 것이다. 비슷한 또래의 남자아이들만 봐도 아들 생각이 나지 않았겠는가? 마당에서 뛰어놀던 모습, 아버지를 맞이하던 모습…! 익숙한 자리에서 사는 것이 쉽지 않았을 거다.

그래서 데라는 고향을 떠나 가나안 땅을 가려 했다. 그런데 데라가 가나안 땅으로 가다 말고 하란이란 지역에 머물게 된다. 학자들은 갈대아 우르와 하란은 티그리스, 유프라테스강을 따라 발달한 같은 문화권이기 때문에 큰 어려움 없이 올 수 있었지만, 가나안은 타

문화권이기 때문에 두려워서 하란에 정착했다고 본다.

그런데 데라가 그곳에 머무르려 했던 숨은 이유가 문맥에 존재한다. 그것은 죽은 아들과 관련이 있다. 데라의 인생에서 가장 큰 사건 두 가지만 이야기하라면, 아들의 죽음과 가나안행 여정인데, 두 사건은 공통점이 있다. 죽은 아들의 이름과 정착도시의 이름이 같다는 것이다. 정확하게 말하면 번역 표기는 '하란, 하란' 똑같지만, 발음은 조금 다르다.

여기에 언어유희가 숨어 있다. 성경은 분명 그가 가나안으로 가려 했다고 전한다. 약속의 땅을 향하고 있었다. 그런데 가다 보니 공교롭게도 죽은 아들의 이름과 비슷한 도시를 지나게 된다. 도시 이름을 보고 죽은 아들 생각이 나지 않았을까? 아마 데라는 오랜 여행길에서 만난 하란이란 도시는, 자신을 맞이하는 아들처럼 생각되었을 것이다. '하란'이란 뜻이 금빛평야라는 뜻이니, 낙원처럼 여겨졌을 것이다.

그래서 목적지가 가나안이었지만, 잠깐 머문다. 처음에는 몸만 쉬고 가나안으로 가려 했을 것이다. 그런데 하루 이틀 살다 보니 하란이 나쁘지 않은 거다. 타문화권인 가나안보다 비옥한 초원지대인 하란은, 마치 아들이 준 선물이라고 생각했을 거다. 서서히 가나안 땅을 잊어버리고, 하란에 정착하게 된다. 여기서 성경기록자가 우리에게 주는 영적

의미를 읽을 수 있어야 한다.

첫째, 그리스도인에게 가나안을 잊게 만드는 이름 '안정'이 존재한다. 사명을 잊게 만드는 편리, 편안, 안락이라는 이름의 하란이 존재한다.

| 창11:31 | 데라가 ... 갈대인의 우르를 떠나 가나안 땅으로 가고자 하더니 하란에 이르러 거기 거류하였으며

성경은 '우거하다'와 '유하다'와 '거하다'의 세 가지 단어를 자주 사용하는데, '우거하다'와 '유하다'는 나그네로 지내면서 임시로 머무는 것을 말한다. 몸은 머물러 있되 마음은 목적지를 향하고 있는 상태이다. 반면에 '거하다'라는 표현은 몸뿐만 아니라 마음도 정착한 상태를 말한다. 그곳을 떠날 이유가 없는 상태다. 지금 데라는 하란에 '거했다.' 가나안을 포기하고, 하란에 거했다. 불확실한 미래보다, 안정적인 하란에 거한 것이다.

신명기에 보면 약속의 땅 가나안이 어떤 곳인지를 전하는데, '너희가 건너가서 차지할 땅은 하늘에서 내리는 비를 흡수하는 땅이요…. 여호와께서 너희의 땅에 이른 비, 늦은 비를 적당한 때에 내리시는 땅'이라고 전한다. 즉 하나님의 공급하시는 은혜로 살아가는 땅이 가나안 땅이다.

가나안 땅으로 가기 위해 하란은 불안한 미래보다는, 이미 풍요가 검증된 땅인 것이다. 하나님을 의지하고 살아가는 믿음이 요구되는 자리보다는, 먹고 사는 걱정하지 않는 자리가 더 좋은 것이다. 주님이 주시는 평안보다, 돈이 주는 편안함을 추구하는 것이다. 물론, 안정되고, 위험 요소가 적은 선택을 하는 것은 상식일 수 있지만, 그로 인해 가나안을 잊고 하란에 정착하게 된다면 다시 생각해 봐야 한다.

둘째, 그리스도인에게 가나안을 잊게 만드는 '상처'란 하란이 존재한다.
(32절)에서 '데라는 나이가 이백오 세가 되어 하란에서 죽었더라' 성
경은 단순히 그가 하란지역에서 죽었다고 이야기하는 것이 아니다.
'그는 과거의 기억에서 벗어나지 못하고 죽었더라…', '그도 가나안 땅
을 향해야 하는데, 그는 과거 상처에 머물러 죽었다.'고 전하는 것이다.
우리는 어디에 머물고 있는가? 하란에서 벗어나 가나안으로 가야 하
는데, 과거(기억, 상처)가 발목을 잡지 않는가? 미지의 가나안 땅이라
할지라도, 그곳으로 발을 내디딜 수 있는 용기가 무엇인가? 하나님의
부르심 아닌가? 하나님의 인도하심 아닌가?

상처 없는 사람이 없다. 그러나 그리스도인에게 자기 연민이 사명을
향한 걸음에 발목을 잡을 수 있다는 사실을 우리는 기억해야 한다. 데
라는 아들 하란이 죽은 후, 하란에서 죽는다. 그는 상처를 뛰어넘는 부
르심이 있다는 사실을 기억해야 했다. 상처를 아시는 주님은 우리에게
하란을 뛰어넘으라고 하신다. 왜냐하면, 주님은 새로운 일, 새로운 삶,
새로운 기회로 우리를 초대하시기 때문이다.

주님은 하란에서 머물지 말라 하신다. 거기서 정착하지 말라 하신다.
우리를 향한 부르심이 있기에 우리는 과거의 상처에 머물러선 안 된다.
과거가 중요하지만, 과거로 위축되지 않아야 한다. 하나님께서 일하실
것을 기대하고, 하나님의 부르심 가운데 주님은 새롭게 일하실 것을 기
대하라.

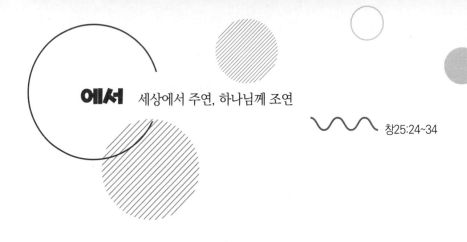

에서 세상에서 주연, 하나님께 조연

창25:24~34

'성경에 등장하는 위대한 조연'이 있는가 하면, 반면교사로 삼아야 하는 조연도 있다. 바로 에서이다. 사실 '에서'라는 인물만 놓고 본다면 그는 누구나 좋아할 만한 호인이다. 계산하기 좋아하고 얍삽한 야곱과는 달리, 본능에 충실한 사람이다. 좋으면 좋다고 하고, 화나면 화내고, 슬프면 우는 사람이다. 성경은 그의 모습을 묘사할 때, 야곱에게 아버지의 축복을 뺏기고 나서 '소리 내어 울었다(창27장)'고 전한다. 다 큰 성인 남자가 소리 내서 우는 것이 쉽지 않은데, 인간미가 느껴진다.

힘도 세고 사냥도 잘하는 상남자이기도 하지만, 또 한편으로는 노쇠한 아버지에게 충격을 주지 않으려고, 야곱을 향한 분노를 억누를 줄 아는 사람이다. 화가 난다고 동생을 때려죽인 가인과는 다른, 따뜻함이 있는 사람이다. 에서의 외모를 묘사하는 구절도 있다.

| 창25:25 | 먼저 나온 자는 붉고 전신이 털옷 같아서 이름을 에서라 하였고

태어날 때부터 온몸이 '털투성이'였던 그는 '에서!' '털이 많은 자'라

고 불린다. 그런데 성경을 자세히 보면 그의 이름이 하나 더 있다는 것을 알 수 있다. 본문 번역에는 '별명'이라고 말하지만, 원어를 보면 '이름'과 동일한 단어 히브리어 '쉠'을 사용하고 있다. 그래서 어떤 신학자는 개명했다고까지 이야기한다. '붉다'는 의미의 '에돔'이란 이름이다.

성경에 이름이 영광스럽게 바뀌는 사람들이 소개된다. 아브람이 아브라함이 되고, 사래가 사라가 된다. 야곱이 이스라엘이 되고, 신약에서는 사울이 바울이 되고, 시몬이 베드로가 된다. 그 이름들은 모두 하나님의 관점에서 변화 성숙되었을 때 어떤 모습일지를 담고 있다.

그런데 에서는 반면에 원래 이름보다 부정적인 이름으로 불리는 사람이다. 그는 한 사건을 통해서 조롱 섞인 이름 "에돔"으로 불린다.

본능이 치명적 약점이 될 수 있다.

사냥을 하고 왔는지, 들에서 돌아왔다. 허기졌을 것이다. 그 타이밍을 놓치지 않는 야곱이 요리를 하고 있다. 야곱에게 와서 그는 요리 이름도 묻지 않고 말한다.

"그 '빨간 거' 좀 줘봐"

흥미로운 것은 이 부분을 히브리어 원문으로 보면 '붉은 것'을 강조해서 두 번 기록한다. 그래서 새번역에서는 이렇게 번역한다.

"그 붉은 죽을 좀 빨리 먹자. 배가 고파 죽겠다."

에서가 '붉은' 죽을 먹고 싶어 하였다고 해서, 에서를 에돔이라고도 한다.

에돔이 붉다는 의미니 "에돔을 먹으려다 에돔이라 불렸다"는 것이다. 언어유희다. 요즘 말로 하면, 라임을 맞췄다는 것이다. 이런 것이 또 있다.

| 창25:29 | 야곱이 죽을 쑤었더니 에서가 들에서 돌아와서 심히 피곤하여

야곱이 '죽을 쑤다'의 히브리어 어근은 (주드)라고 읽는다. 그런데 사냥꾼의 어근 발음이 (쭈드)이다. 그러니 야곱은 에서를 위해 '주드'했지만, 마치 에서를 사냥하는 듯한 뉘앙스를 보여주는 것이다.

잠언에서는 인간의 생리적 욕구를 의인화해서, 우리를 공격하거나, 미혹하는 자로 소개한다.

| 잠7:25~26 | 25. 네 마음이 음녀의 길로 치우치지 말며 그 길에 미혹되지
말지어다 26. 대저 그가 많은 사람을 상하여 엎드러지게 하였나
니 그에게 죽은 자가 허다하니라 (성욕)

| 잠23:2~3 | 2. 네가 만일 음식을 탐하는 자이거든 네 목에 칼을 둘 것이니
라 3. 그의 맛있는 음식을 탐하지 말라 그것은 속이는 음식이니
라 (식욕)

| 잠24:33~34 | 33. 네가 좀더 자자, 좀더 졸자, 손을 모으고 좀더 누워 있자

하니 34. 네 빈궁이 강도 같이 오며 네 곤핍이 군사 같이 이르리라 (수면욕)

인간의 여러 본능 중 가장 기본적인 생리적 욕구가 식욕, 성욕, 수면욕이다. 보통 남자는 성욕, 여자는 식욕이 강하다고 하는데, 잠언은 이 세 가지 욕구가 우리를 공격하고, 미혹하고, 죽이려 하기에, 반드시 다스려야 한다고 전한다. 본능을 통제되지 않으면 치명적인 약점이 된다고 전해주는 것이다.

주목해야 할 것은 야곱은 에서가 넘어질 타이밍을 기가 막히게 알았다는 것이다.

사단도 이 타이밍을 알고 있다. 생리적 욕구만이 아니다. 명예욕, 물욕, 소유욕, 사탄은 우리가 언제, 어떤 부분에 약한지, 언제 건드려야 할지 알고 있다. 그래서 우리는 항상 깨어있어야 한다. 적이 나타나면 나팔수가 나팔을 불듯이 "주여!" "예수님"하고 불러야 한다. 그리고 주님께 본능을 어떻게 다스려야 할지 지혜를 구해야 한다. 다스리지 않으면, 다스림 받게 된다.

세상과 경계 없는 삶이 문제였다.
히브리서는 에서의 사건을 이렇게 풀어서 설명한다.

| 히12:16 | 음행하는 자와 혹 한 그릇 음식을 위하여 장자의 명분을 판 에서와 같이 망령된 자가 없도록 살피라

'망령되다'는 단어는, 하나님의 이름을 함부로 부르는 죄를 말한다.

다른 번역에는 '세속적인', '불경스러운', 그리고 '하나님에 대해 무관심한'이라고도 번역된다. 그런데 흥미로운 것은 라틴어로는 '성전 밖'이란 뜻도 된다. 성전 밖은 누구나 다니는 곳이다. 경계가 없는 곳, 본능의 경계가 없는 곳이다. 아무나 들어오고, 나갈 수 있다. 즉 누구에게나 넘나들 수 있는 '평범한' 보통 사람이 성경이 전하는 '망령된 자'이다.

우리가 생각하는 망령된 자는 하나님의 이름을 욕되게 부르는 자, 하나님을 향해 삿대질하는 자이지만, 성경은 에서처럼 마음에 어떠한 경계도, 기준도 없어 본능에 좌지우지되는, 본능에 충실한 '보통 사람의 상태'라고 전한다.

그리고 보면 그가 야곱이 요리한 음식을 먹는 장면은 의미심장하다. 원어 문법을 보면 '와우계속법'을 사용하는데, 한 동작이 마치면, 그 다음 동작을 바로 시작하는! 쉼 없이 허겁지겁 먹는 모습을 보여준다.

"먹고, 마시고, 일어나 갔다"

성경에서 "먹고 마시다"는 동사가 반복되는 것은 관용어이다. 하나님의 뜻과는 무관하게 사는 자들을 향한 표현이다.

| 마24:38 | 홍수 전에 노아가 방주에 들어가던 날까지 사람들이 먹고 마시고 장가들고 시집가고 있으면서

| 사22:13 | 너희가 기뻐하며 즐거워하여 소를 죽이고 양을 잡아 고기를 먹고 포도주를 마시면서 내일 죽으리니 먹고 마시자 하는도다

세상 사람들에게는 먹고 마시는 것이 일상이다. 하나님의 뜻이 중요하지 않다. 먹고 싶은 것을 먹기 위해, 가고 싶은 곳에 가기 위해, 본능에 충실한 평범한 일상을 산다. 성경은 그 삶이 망령된 것이라고 전하는 것이다.

우리에게는 먹고, 마시는 반복되는 일상을 잠깐 멈출 장치가 있는가? 본능이 우리 마음에 오갈 때, 쉽게 오 가지 못할 '거룩'이라는 담이 있는가? '하나님의 말씀'이라는 마음의 울타리가 있는가?

| 잠4:23 | 모든 지킬 만한 것 중에 더욱 네 마음을 지키라 생명의 근원이 이에서 남이니라

데카르트는 '나는 생각한다. 고로 존재한다'라는 유명한 말을 했는데, 생각이 나는 것과 생각을 하는 것과는 다른 것이다. 생각은 끊임없이 난다.

사단은 가룟 유다에게 예수를 팔려는 생각을 넣었다. 영적인 측면을 가룟 유다는 당시에 알 수 없으니 현상적으로 본다면, 생각이 난 것이다. 그런데 그는 그 생각을 붙잡았다. 부정적인 생각, 판단하는 생각, 미워하는 생각 날 수 있다. 하지만 생각난 것을, 붙잡아 '생각하는 것'은 다른 문제이다. 루터는 '새가 머리 위로 날아가는 것은 막을 수 없지만, 머리에 둥지를 트는 것은 막을 수 있다.'라고 전한다.

무수히 오가는 생각 속에서 그리스도인이 다른 것이 무엇인가? 그 생각을 분별할 '경계', '질서'가 있느냐? '거룩'이란 담이 있느냐? 그것이 관건이다. 시편 기자는 그 방법을 우리에게 제시한다.

| 시119:9 | 청년이 무엇으로 그의 행실을 깨끗하게 하리이까 주의 말씀만
지킬 따름이니이다

| 시119:11 | 내가 주께 범죄하지 아니하려 하여 주의 말씀을 내 마음에 두었
나이다

본능에 이끌려 사는 삶이 아니라, 잠시 멈춰 서서 말씀이란 잣대를 대
고, 거룩으로 분별하고, 걸러낼 수 있는 자! 그리스도인에게 요구되는
자질이다.

영적인 복에 관심이 없다

허기진 에서에게 야곱은 장자의 명분을 팔라고 한다. 그때 에서는 이
렇게 말한다.

| 창25:32 | 에서가 이르되 내가 죽게 되었으니 이 장자의 명분이 내게 무엇이
유익하리요

속으로 생각하는 것과 말하는 것은 다르다. 누구나 명분을 하찮게 생
각은 할 수 있다. 그러나 말로 뱉는 것은 '나는 생각'을 붙잡아야 말 수
있는 것이다. 에서가 뱉은 말에서 그의 가치관을 알 수 있다. 원어를 직
역하면 어순이 이렇다.

'이게 내게 무엇인가? 장자의 명분이'

'장자의 명분'을 문장의 마지막에 둔다. 그러니 어감을 살려보면 이런
말이다.

"이게 뭐라고. 장자의 명분 따위가"

그래서 성경은 그의 말을 이렇게 평가한다.

| 창25:34 | 에서가 장자의 명분을 가볍게 여김이었더라

본능에 충실한 에서의 본질적인 문제는, 장자의 삶에 관심이 없었다는 것이다. 장자로 태어나게 하신 하나님의 의도와 목적은 관심 밖이었다.

시간이 지난 후에 (창27장)에서 아버지 이삭이 나이가 들어서, 죽기 전에 축복하겠다고 사냥한 고기를 잡아 오라고 한다. 그때 야곱의 어머니 리브가는 '눈이 어두운 아버지가 몰라 볼 테니, 에서처럼 치장을 하고 들어가서 축복을 가로채라'라고 한다.

이 대목에서 우리는 이삭이 야곱의 목소리 때문에 의심했다고 알고 있지만, 신학자 워렌 위어스비는 이삭이 야곱을 의심한 첫 번째 이유는 목소리 때문이 아니었다고 전한다.

| 창27:20~21 | 20. 이삭이 그의 아들에게 이르되 내 아들아 네가 어떻게 이 같이 속히 잡았느냐 그가 이르되 아버지의 하나님 여호와께서 나로 순조롭게 만나게 하셨음이니이다 21. 이삭이 야곱에게 이르되 내 아들아 가까이 오라 네가 과연 내 아들 에서인지 아 닌지 내가 너를 만져보려 하노라

그 이유를 찾았는가?! 에서답지 않은 말 때문이었다. '하나님 때문에 순조롭게 잡았다?' 장자의 명분을 가볍게 여긴 그가 하나님의 인도하심

을 언급하는 것은 어울리지 않는다. 의심스러운 것이다. 아버지 이삭도에서가 그럴 리 없다고 생각했을 것이다.

| 시10:4 | 악인은 그의 교만한 얼굴로 말하기를 여호와께서 이를 감찰하지 아니하신다 하며 그의 모든 사상에 하나님이 없다 하나이다

그가 본능에 휘둘린 것도, 본질적인 문제는 영적인 것에 관심이 없었다는 반증이고, 세상 사람들처럼 경계가 없는 삶도, 장자권에 대한 관심이 없었기 때문인 것이다.

"장자권?! 있어도 그만 없어도 그만! 손에 잡을 수도 없고, 보이지도 않는 신앙, 있어도 그만 없어도 그만!"이라고 생각한 것이다.

반면에 야곱을 보라. 야곱은 장자의 권리를 소중히 여겼다. 소중히 여기다 못해 탐했다! 그래서 아버지를 속이고, 형을 속여서라도 쟁취하려고 했다. 분명 이것은 윤리적인 죄를 지은 것이다. 그러나 우리가 잊지 말아야 할 것이 있다. 야곱은 하나님이 주시는 복을 사모했다.

물론, 철저히 기복신앙이었다. 당시 장자권이 있으면 아버지 유산을 두 배를 받으니까, 아마 그런 계산을 했을 것이다. 그러나 그가 그 복을 받았는가? 장자권 때문에 유산을 받기는커녕 오히려 도망자가 되고, 결혼 지참금이 없어서 14년 동안 노동 착취를 당해야 했다. 하지만 야곱이 끝내 도망자의 삶에서 무엇을 깨닫게 되었는가?

| 창31:7,9 | 7.그대들의 아버지가 나를 속여 품삯을 열 번이나 변경하였으니라 그러나 하나님이 그를 막으사 나를 해치지 못하게 하셨으며 9. 하나님이 이같이 그대들의 아버지의 가축을 빼앗아 내게

주셨느니라

"결국, 하나님이 복을 주시는구나…!"

"나는 복을 쟁취하려고 온갖 나쁜 짓을 하면서 노력했지만, 아무것도 이룰 수 없었는데, 나 같이 자격 없는 너덜너덜한 인생도 주님이 함께 하시는구나."를 깨달았다.

그가 잘못된 방법으로 복을 쟁취하려 한 것은 사실이다. 그의 동기는 불손했다. 그러나 주님은 그가 하나님으로부터 오는 복을 사모했던 그 마음을 믿음으로 봐주셨다.

사실 따져보면, 하나님 보실 때 동기가 100% 순수한 사람이 누가 있는가? 누가 처음부터 주님을 사랑해서 믿을 수 있을까?

| 롬5:6 | 우리가 아직 연약할 때에,... 우리가 아직 죄인 되었을 때에 심지어는 우리가 원수 되었을 때에 하나님의 아들이 죽어주셨다고 전한다.

| 요일4:19 | 우리가 사랑함은 그가 먼저 우리를 사랑하셨음이라

예수님의 제자들도 처음부터 예수님만 보고 따르지 않았다. 물고기 많이 잡아주었기에 기대감에 따랐다. 아브라함도 본토 친척 아비 집을 떠날 때, 나그네였던 그에게 땅을 준다니까, 자식 없던 그에게 자손을 준다니까 따라나선 것이 사실이다. 우리는 누구나 야곱처럼 동기가 불손하다. 그러나 하나님의 은혜는 하나님을 찾는 마음을 귀하게 보신다.

성도 중에 이런 이야기를 하는 분들이 많다.

"저는 힘들 때만 주님 찾아요!"

괜찮다. 힘들 때라도 주님 찾아야 한다.

"저는 면목이 없어요."

괜찮다. 우리가 언제 면목이 있었던 적이 있는가?

주님이 원하시는 인생은, 하나님께 관심 없는 세상에서 잘나가는 에서의 인생이 아니다. 열등감에 찌들어 장자권을 탐하고, 속이고, 도망가고, 그리고 속임 당하기도 하고, 고생하고 수고하는데도 알아주는 이 없는 너덜너덜한 인생이라 할지라도, 그의 인생 속에서 하나님의 은혜를 경험했기에, 그 은혜를 잊을 수 없어서 끝까지 하나님을 떠나지 않고, 끝까지 하나님을 필요로 하고, 끝까지 하나님을 사모하는 야곱의 인생을 주님은 귀히 보신다. 끝까지 하나님이 주시는 복을 사모하는 야곱 같은 인생이 되어라.

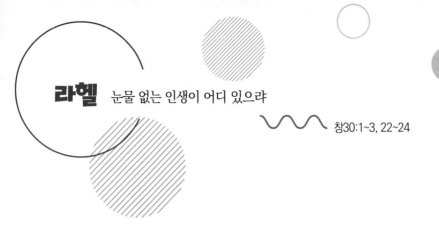

창30:1~3, 22~24

눈물 없는 인생이 어디 있으랴 - 이채

살다 보면 누구나
울고 싶을 때가 있다
울어야 할 때가 있다

눈물 없는 삶을 바라지 마라
울지 않고는 태어날 수 없듯
울지 않고는 살아갈 수 없는 세상
하루를 사는 데도 걱정이 많거늘
한평생 사는 데야 말해서 무엇하리.

우리는 남에게 보여주고 싶은 모습을 위해, 혹은 보여줘야 하는 모습을 위해 가면을 쓰고 진짜 모습을 감춘다. 괜찮지 않은데 괜찮은 척 해야 한다. 특별히 감정노동을 하시는 분들(서비스업, 간호사, 교사, 상담사 등)은 자기감정을 억누르고, 일하다 보면 탈진될 수 있다. 그런데 특정 직업군 뿐 아니라, 누구나 괜찮은 척 연기할 때가 있다. 엄마라서 참고, 아빠라서 참는다. 아빠들이 가장 많이 말하는 단어는 "괜찮아"라는 단어라고 한다.

"아빠 건강은 어때요?" "괜찮아"
"어디 아픈 데는 없고요?" "괜찮다. 걱정하지 말라."
"힘들지 않아요?" "괜찮다"

겉으로 보기에 괜찮아 보이는 사람이라 할지라도, 실상은 누구나 자기 인생에서 고달프고 아픈 법이다. 시인의 고백처럼, 눈물 없는 인생이 어디 있겠는가?

라헬은 일반적으로 야곱에게 사랑받은 여인으로 기억된다. 부족한 것이 없어 보이는 여인이다. 겉모습은 남부러운 것이 없는 다섯 달란트이지만, 실상은 달랐다. 창세기 30장 전반부는 모두 라헬의 결핍을 다루고 있다. 부족한 것이 없어 보이는 그녀 인생에 치명적인 결핍이 있었는데, 자식이 없었다.

고대 근동 사회에서 자식은 재산이다. 신의 축복이었다. 반대로 말하면, 자식이 없다는 것은 신의 심판으로 여겨졌다. 그런데 라헬은 자식이 없었다. 성경은 그녀의 삶을 통해 우리에게 큰 교훈을 준다.

결핍을 대하는 태도가 신앙이다

하나님께서 에덴동산을 창설하시고, 인간에게 명령을 주셨다. "선악과를 먹지 말라."

우리는 이 명령만 기억하지만 또 다른 명령이 있었다. 그것은 "임의로 먹으라!"는 명령이다. 선악과를 제외하고 모든 과실을 즐기며 누리라는 것이다. 그런데 아담과 하와는 먹을 수 있는 모든 것에 집중하지 못하고, 못 먹는 하나의 결핍 때문에 집중한다. 하나를 얻으려다 모든 것을 잃어버린다. 그렇기에 우리가 예수 믿고 바른 믿음이 생긴다면, 결핍을 대하는 태도가 바뀌기 마련이다. 하지만 라헬의 태도는 선악과를 탐했던 선조들의 모습을 닮았다.

| 창30:1 | 라헬이 자기가 야곱에게서 아들을 낳지 못함을 보고 그의 언니를 시기하여 야곱에게 이르되 내게 자식을 낳게 하라 그렇지 아니하면 내가 죽겠노라

언니를 시기했다는 것은, 질투심만을 말하는 것이 아니라, 흥분된 감정을 모든 사람이 알 수 있도록 그대로 드러냈다는 것이다. 그래서 남편에게 "그렇지 않으면 내가 죽겠다"라고 한다. 직역하면, "이미 죽었다. 내가 바로 죽은 그 여자다"라는 말이다.

자녀를 얻지 못하면 자기 삶은 끝이라는 생각한다. 남이 볼 때 부족함이 없어 보이는 사람도, 행복하지 못하는 이유가 이렇듯 결핍에 집중하기 때문이다.

그런데 흥미로운 것은 야곱의 반응이다.

| 창30:2 | 야곱이 라헬에게 성을 내어 이르되 그대를 임신하지 못하게 하시는 이는 하나님이시니 내가 하나님을 대신하겠느냐

성을 낸다는 히브리어는, 콧숨을 거세게 몰아내서 코가 뜨거워진다는 표현이다. 그리고 이어서 하는 말이, '하나님 임신하지 못하게 하셨으니 내가 하나님을 대신하겠느냐?'라고 한다. 이 말의 뉘앙스는 믿음의 고백이 아니다. 책임을 하나님께 돌리는 것이다. '왜 나한테 난리법석이냐? 따질 일이 있다면 하나님께 따져라.' 두 사람의 모습은 그 시절 아담과 하와를 닮았다.

우리는 야곱이 라헬을 끔찍이 사랑했다고 알고 있는데, 야곱의 말은 라헬의 화를 촉발한다. 내가 사랑하는 것과 그 사람이 내 사랑을 알게 하는 것은 별개의 문제일 수 있다. 혹시 나는 사랑하는데 상대가 몰라준다면, 무엇보다 내가 하는 말을 잘 봐야 한다. 혹시 맞는 말을 기분 나쁘게 말지 않는가? 〈고전13장〉에서 사랑을 정의를 이렇게 정의한다.

사랑은 오래 참고 사랑은 온유하며

그런데 온유하다는 표현을 새번역에서는 어떻게 번역했는가 보라.

사랑은 오래 참고, 친절합니다.(새번역)

사랑은 친절하다. 똑같은 상황에 놓였던 부부가 있다. 한나와 엘가나이다. 한나가 자식이 없어서 울고 있으니 남편이 하는 말이 이렇다.

| 삼상1:8 | 그의 남편 엘가나가 그에게 이르되 한나여 어찌하여 울며 어찌하여 먹지 아니하며 어찌하여 그대의 마음이 슬프냐 내가 그대에게 열 아들보다 낫지 아니하냐

야곱이 라헬에게 이렇게 말해주면 얼마나 좋았을까? 남이 볼 때, 야곱은 한결같은 로맨티스트라지만, 라헬한테 직접 들어봐야 아는 거다.

그런데 라헬도 보통이 아니다.

| 창30:3 | 라헬이 이르되 내 여종 빌하에게로 들어가라 그가 아들을 낳아 내 무릎에 두리니 그러면 나도 그로 말미암아 자식을 얻겠노라 하고

"내 여종 빌하에게로 들어가라" 명령문이다. 쉽게 말하면, "다 됐고! 잔말 말고 들어가!"

그리고 하는 말이, "아들을 낳아 내 무릎에 두리니" 여종 빌하의 아들을 입양한다는 관용어다. 이때 빌하의 의견은 고려되지 않았다. 라헬은 자신의 열등감이 주변 사람들에게 피해를 주고 있는지 모르는 미성숙한 여성이었다.

그러니까 사실 미성숙한 야곱이나 라헬이나 '도긴개긴', '오십보백보', '거기서 거기'다. 남 욕할 거 없다. 야곱은 라헬이어야 다루심을 받을 수 있는 거고, 라헬은 야곱이어야 다루심을 받을 수 있는 거다. 비슷한 서로가 결핍을 대하는 태도를 통해, 자신의 모습을 보게 하신다.

"아, 내 모습이 저렇구나."

신앙인은 결핍이 포함된 삶에서 의미를 찾는다

라헬은 자기 계획대로 여종 빌하를 통해 아들을 얻는다. 그리고 신앙고백을 하는데,

| 창30:6 | 라헬이 이르되 하나님이 내 억울함을 푸시려고 내 호소를 들으사 내게 아들을 주셨다 하고

언뜻 보기에 신앙고백인 것 같지만, 이것은 과장되고, 조장된 억지이다. 내면을 들여다보면 이 고백은 사람들에게 인정받기 위하여 하나님의 이름을 끌어다 쓴 것이다.

"아니, 라헬이 모든 영광을 하나님께 돌리는 것이 뭐가 잘못된 겁니까?"라고 할지 모르지만, 이것은 자기 방법으로 일을 해 놓고는, 하나님의 응답이라고 신적 명분을 찾는 것이다. 다시 말하면, 라헬은 자식을 주시지 않는 것에는 의미를 부여하지 않으면서, 자식을 주신 것에만 특별한 의미를 부여하는 것이다. 하나님이 허락하신, 결핍이 포함된 삶에는 의미를 부여하지 않다가, 내가 원하는 삶에서만 의미를 찾는 것이다. 이것은 신앙이 아니라, 종교이다.

"내가 가지고 싶다는데 주지 않는 하나님, 내가 힘들다는데 고난을 주신 하나님이 선하신가?"
하나님의 선하심을 오해한다. 혹은 내 종교적 열심히 부족해서 그런가? 인과응보의 관점으로 오해한다.

"내가 기도가 부족했나? 내가 죄를 지어서 그런가? 내가 신앙생활 똑바로 하지 않아서 이런가?"
자책한다.

종교는 내게 주어진 응답으로 신의 성품을 추론하지만, 신앙인에게 하나님의 선하심은 이미 입증되었다. 예수 그리스도의 십자가로 이미 우리를 향한 사랑은 확증되었다. 그래서 신앙인은 십자가의 관점으로 내 환경을 바라보는 관점이 열려야 한다.

우리가 만약, 모든 일이 잘 풀릴 때에만 하나님의 역사를 인정한다면, 그 사람은 고난 속에서 함께하시는 하나님을 배우지도 못하는 것이다. 그래서 결핍을 대하는 자세가 우리의 신앙을 반증하는 것이다. 종교인 인가 신앙인인가?

한 집사님께서 이런 나눔을 주셨다. 자신이 너무 간절했던 기도 응답이 있었는데, 응답이 더디고, 원하는대로 진척이 없으니, 낙담이 되었는데 한번은 기도 중에 이런 질문이 생겼다한다.

"하나님께서 만약 내가 원하는대로 응답해 주시지 않아도, 나는 하나님을 믿고 따를까"

그 질문에 한 치의 망설임 없이, "그럼 그렇지! 응답해 주시지 않아도 난 주님 믿을거야."라는 생각이 들더라는 것이다. 그리곤 고백했다. "하나님 뜻대로 되길 원합니다." 이것이 찐신앙 아닌가?

결핍을 허락하신 삶에서 의미를 발견하라. 그 삶에 담긴 겸손을 배우고, 그 삶에서 신실함을 배우라. 그 과정에서 종교의 기름기를 빼내고, 인내의 신앙을 담을 수 있을 것이다.

하나님은 다 계획이 있으시다

라헬은 아이 낳기 경쟁 속에서 진흙탕 싸움을 하고, 자존심을 세우기 위해 온갖 인간적인 방법을 동원해서 이기려고 했다. 하지만 왜 눈물이 없겠는가? 그간 아이를 갖지 못 했던 시간을 그녀는 이렇게 고백한다.

|창30:23| 그가 임신하여 아들을 낳고 이르되 하나님이 내 부끄러움을 씻으셨다 하고

"하나님이 내 부끄러움을 씻으셨다." 그간 괜찮은 척 연기를 했던 시간을 그녀는 부끄러움의 시간이었다고 고백한다. 왜 안 그랬겠는가? 가지지 못했는데 가진 척, 괜찮지 않은데 괜찮은 척 연기를 해야 했으니 말이다. 하지만 주님은 그녀의 중심을 아셨다.

|창30:22| 하나님이 라헬을 생각하신지라 하나님이 그의 소원을 들으시고 그의 태를 여셨으므로

주님께서 우리를 생각하신다. 남들 앞에서는 괜찮은 척 연기를 해도, 결핍을 머금고 있었던 인생! 남들은 잘 지내는 줄 알고 있지만, 실상은 부끄러움 속에 살고 있는 라헬과 같은 우리 인생을, 주님은 아시고 요셉을 안겨주실 것이다.

그런데 우리가 주목할 것은, 라헬이 요셉을 가진 타이밍이다.

|창30:25| 라헬이 요셉을 낳았을 때에 야곱이 라반에게 이르되 나를 보내어 내 고향 나의 땅으로 가게 하시되

히브리 원문 그대로 직역하면 이렇다. "그때는 요셉을 낳았을 때이다!" 즉 성경은 라헬이 요셉을 낳은 타이밍이 언제냐? 야곱이 라헬을 얻기 위해 7년 후, 7년의 계약이 끝난 때, 라반과 약속한 기간임을 밝히는 것이다. 그런데 더 흥미로운 것은 야곱이 요셉을 낳자, 드디어 고향으로 갈 생각을 하게 됐다는 것이다. 사랑하는 여인에게서 낳은 아들을 본 야곱은 드디어 가정을 꾸리고, 고향으로 돌아갈 생각을 한다. 그러고 보면, 그간 하나님은 열 명의 아들을 주시면서 계속 고향으로 돌아

갈 힘을 주셨는지 모른다.

야곱은 고향을 떠나와 있다. 다시 돌아가고 싶지만 라반에게 묶여있는 신세라 가나안땅을 향할 엄두를 못 냈을 것이다. 그런데 하나님은 계약 기간이 끝나는 시점에 맞춰 요셉을 주셔서, 이제 가정을 꾸리고 고향으로 가야겠다는 생각을 하게 하셨다. 하나님의 세심한 타이밍은 기가막히다!

마치 오래 교회를 떠난 분에게 전도하면,
"시어머니랑 함께 사는데 보살이시라, 교회 못가요. 취업 준비 중인데 취업하면 가려구요. 직장이 주일에 쉬지를 않아요. 바쁜 시기 지나면 가려구요."
이런저런 핑계로 신앙생활을 쉬고 있는데, 하나님은 마침 시어머니와 따로 살게 하신다. 취업이 되게 하신다. 주일에 쉴 수 있게 된다. 요셉을 주신다. 결국 야곱의 가정을 다시 가나안땅으로 보내시려는 하나님의 섬세한 계획 속에서 요셉을 안겨 주셨듯이, 하나님은 우리 삶에 요셉을 허락하셔서 결국 우리를 하나님의 백성으로 인도하신다.

라헬은 초조했지만, 하나님의 응답은 이유가 있었던 것이다. 라헬은 자식을 얻는 것만이 목적이었으나, 하나님은 야곱에게 약속하셨듯이, 그를 축복하시고 다시 가나안땅으로 돌아가게 하실 계획을 성취하신 것이다. 하나님은 다 계획을 가지고 계신다. 가끔은 주님이 계획을 헤아리기 어렵더라도, 우리는 언제나 주님의 계획안에 있다.

사울 누가 봐도 다섯 달란트!?

삼상13:5~15

당신은 성경인물 중 닮고 싶은 인물이 누구인가? 빠지지 않고 등장하는 사람은 다윗일 것이다. 어느 누구도 사울을 닮고 싶다는 사람은 없을 것이다. 그는 우리가 좋아하는 다윗을 못살게 굴었던 악당이었다. 악신이 들기도 하고, 말년에는 신접한 여인을 찾아가기도 하는 모습은 애처롭기까지 하다.

하지만 성경을 잘 살펴보면, 사울이 얼마나 매력적인 사람이었는지 알 수 있다. 그의 아버지는 유력한 사람이었고, 그의 외모는 준수한 청년이었고, 키는 모든 백성보다 어깨 위는 더 한 사람이었다. 아마 손님들이 기스의 집을 방문하면 '아들 하나 잘 됐다'라고 칭찬 일색이었을 것이고, 동네 아가씨들은 그를 흠모했을 것이다. 그런 긍정적 평가가 그의 자존감을 형성했을 것이다. 겸손이란 것도 자신감에서 나오지 않는가? 어릴 때부터 그렇게 사랑받을 법한 환경과 외모를 가졌던 사울은, 왕이 되었을 때 겸손한 모습으로 보인다. 누가 봐도 그는 주연이다. 다섯 달란트 받은 자이다.

하지만 성경은 그의 선택과 삶을 부정적으로 평가한다. 성숙해 보이는 인격의 소유자라 할지라도 극한에 몰리면 어떻게 변할지 모른다. 어릴 때부터 긍정적 자존감으로 형성된 줄 알았던 그의 인격은 자기애로 점철되어 자기를 위한 기념비를 세운다. 늘 인정받았던 그가 다윗과 비교될 때는 시기와 질투의 노예가 된다. 다섯 달란트를 손에 쥐고도 초조해하며 불안에 떤다. 사명을 잃어버리고 자리를 지키는데 연연할 때, 누구나 다섯 달란트 괴물이 될 수 있다.

한 교육청에서 학부모와 학생들이 가장 듣고 싶어 하는 말과 가장 듣기 싫어하는 말을 설문조사했다. 학생들이 가장 듣기 싫어하는 말은 "집에서 그렇게 가르치더냐."이고, 가장 듣고 싶은 말은 "넌 할 수 있어."였다.

그런데 학부모들이 가장 듣고 싶은 말이 이슈가 되었다. 2위는 "엄마(아빠) 사랑해요.", 1위는 "애들 참 잘 키우셨네요."였다. 사람들은 이 설문을 보고, 이렇게 평했다.

'자녀의 사랑한다는 말보다 다른 사람의 말이 1위인 슬픈 현실'

사울에게 다른 사람들의 시선은 너무도 중요했다. 다윗은 나라를 전쟁의 위기에서 건져낸 영웅이며, 악신에 시달리는 자신을 도와준 은인이었지만, 그와 비교되자 그는 괴물로 변했다.

그렇다면 다윗의 모습은 어떠한가? 하나님 마음에 합한 다윗이라지만, 세상에서 그는 '흙수저' 목동에 불과했다. 아버지는 사무엘이 방문했을 때, 다윗을 열외 시켰다. 아버지가 봐도 괄목할만한 인물은 아니었던 것이다. 잘 나지도 않았고, 잘하는 것도 없고, 그저 그런 인물 두 달란트 받은 자였다.

그뿐만 아니다. 그의 모습에도 사울의 모습이 엿보인다. 계산적이고 약삭빠른지 모른다. 정치적인 술수를 부리고, 자기 욕정을 위해 술수를 꾀하는 모습은 사울과 다를 바 없어 보인다. 하지만 다윗은 결정적 순간에 하나님 앞에 무릎 꿇고, 죄를 지적받을 때 하나님 앞에 엎드린다.

그러니 성경 인물을 이분법의 프레임으로 봐서는 안된다. 사울은 실패한 왕 VS 다윗은 훌륭한 왕, 조연 VS 주연, 한 달란트 받은 자 VS 다섯 달란트 받은 자로 볼 것이 아니다. 사람? 다 똑같다. 모두 하나님의 은혜가 필요하다. 그렇기에 우리가 확인할 것은, 그들의 삶 속에서 하나님은 어떻게 역사하셨는가를 봐야 한다.

사울을 향한 혹독한 평가

사울이 왕으로 세워진 후, 처음으로 사무엘에게 혹독한 평가를 듣는 사건이 발생한다. 사무엘의 제사장직을 대신했다는 죄목으로 혼쭐이 난다.

| 삼상13:5 | 블레셋 사람들이 이스라엘과 싸우려고 모였는데 병거가 삼만이요 마병이 육천 명이요 백성은 해변의 모래 같이 많더라

블레셋이 이스라엘을 치러 왔다. 얼마나 많은 군사가 왔는지 해변의 모래 같이 많았다. 이스라엘 사람들은 무서워서 굴이나 수풀, 바위틈이나 웅덩이에 숨었다. 어떤 사람들은 도망하고, 심지어는 사울과 함께한 사람들도 떨었다. 사울이 어떻게 해야 맞는 걸까? 사울은 발을 동동 굴렀다. 전쟁을 하기 전 하나님께 번제를 드려, 백성들의 마음을 보아

야 했기 때문이다. 하지만 오기로 했던 사무엘은 기약이 없다.

| 삼상13:8 | 사울은 사무엘이 정한 기한대로 이레 동안을 기다렸으나 사무엘
이 길갈로 오지 아니하매 백성이 사울에게서 흩어지는지라

분명 사울은 정한 기한대로 칠 일을 기다렸다. 성경은 '7'이라는 숫자
는 창조사역과 관련해서 완전수 개념을 지니고 있다. 즉 사울은 사무엘
이 칠 일 동안 기다린 것은 기다려야 할 만큼 잘 지킨 것이다. 오히려 문
제로 삼는다면, 약속한 기한 내에 오지 않은 사무엘이 문제이다. 그런
데 방귀 뀐 놈이 성질을 낸다고, 사무엘이 성질을 낸다.

| 삼상13:13~14 | 왕이 망령되이 행하였도다 왕이 왕의 하나님 여호와께서
왕에게 내리신 명령을 지키지 아니하였도다 그리하였더라
면 여호와께서 이스라엘 위에 왕의 나라를 영원히 세우셨을
것이거늘 지금은 왕의 나라가 길지 못할 것이라

사울은 악한 왕이라는 색안경을 벗고, 나의 관점에서 한번 생각해
보라.
나는 초대 왕이다. 적들이 코앞이다. 온다던 선지자는 오지 않고, 백
성들은 흩어지고 있다. 백성들을 위해서라도, 제단을 쌓고 번제를 드려
야 하지 않을까? 물론, 사울이 좀 더 참았으면 좋았을 거다. 그것을 부
정하는 것이 아니다. 하지만 리더로써 아무것도 하지 못하는 상황에서
사울이 취한 행동은 백번 이해할 만한 행동이 아니었는가?
시내 산에 올라간 모세가 내려오지 않자 황금송아지를 만든 것처럼,
그가 무슨 우상을 만든 것도 아니다. 제단을 만들고 하나님을 예배했

다. 뭘 그렇게 잘못했기에 사울은 이런 이야기를 들어야 했을까? 사울이 제사장의 권한을 침해한 것이 문제였다지만, 설득력이 약하다. 왜냐하면, 다윗도 제사장 역할을 겸한 적이 있고(삼하6:13), 솔로몬도 그런 경험이 있기 때문이다(왕상3:4). 그런데 그들은 악평을 듣지 않는다. 분명 사무엘의 평가는 과했다.

사무엘의 트라우마

사무엘은 왜 사울에게 이렇게 엄격했을까? 주변에 어떤 특정 부분에 이상하게 예민하게 구는 사람들이 있다. 일반적이지 않은 과한 반응은 무언가 사연이 있어 보인다.

과거에 특정한 사건이 충격으로 남아서 계속해서 영향을 주는 것을, 의학용어로는 외상 후 스트레스 장애, 트라우마라 한다. 사무엘에게 트라우마가 있었다.

사무엘의 어린 시절 그가 따랐던 스승은 엘리 제사장이었다. 엄마 한나는 서원한대로 사무엘을 성전에 바쳤다. 젖을 뗀 후였으니 그의 나이 3~5살 즈음이었을 것이다. 어린 사무엘에게 엘리는 아버지와 같은 존재였고, 롤모델이었을 것이다.

그러던 어느 날 사무엘은 무서운 예언을 받는다. 엘리의 가문이 죄 때문에 심판을 받을 거라고 하신다. 어린 사무엘이 얼마나 두려웠을까? 그런데 정말 그 예언대로 엘리의 두 아들이 죽는다. 엘리도 목이 부러져 죽는다. 어린 사무엘은 하나님의 진노가 쏟아지는 것을 몸소 체험했다. 그에게 하나님은 엄격한 하나님이셨다.

그런데 엘리의 아들들이 죽을 당시 적군이 누구였는가? 블레셋이었다!

사무엘에게 블레셋은 아버지처럼 여겼던 엘리를 앗아간 원수국가였는데, 이제는 아들처럼 여기는 사울이 또 블레셋과 엮인 것이다.

사무엘은 사울의 모습에서 엘리의 죽음이 오버랩 되었던 것이다. 그러니 예민할 수밖에 없었다. 그래서 훗날 정말 하나님께서 '사울을 세운 것을 후회하신다'는 판결을 들었을 때 사무엘은 온밤을 지새우며 여호와께 부르짖는다.

| 삼상15:11 | 내가 사울을 왕으로 세운 것을 후회하노니 ... 사무엘이 근심하여 온 밤을 여호와께 부르짖으니라

뭐라고 부르짖었을까? 모르긴 몰라도 엘리처럼 죽이지 말고 살려달라고, 아버지 심정으로 기도했을 것이다.

이런 정황을 알고 사무엘의 질책을 보면 마음이 아프다. 사무엘의 사랑이 느껴진다. 그런데 안타까운 것은 이 말씀이 사울의 심령에 들리지 않았다는 것이다.

상처를 통해 전달된 말씀은 영향력이 부족했다. 사울은 사무엘을 말씀을 사랑으로 받지 못한다. 상처를 투영해서 하나님 말씀으로 찍어 누르면, 말씀이 심겨지질 않는다. 하나님의 말씀은 사랑의 옷을 입을 때 강력해지는 것이다.

사울의 문제

그는 누가 봐도 다섯 달란트 받은 자였으나, 하나님께 버림받은 이유가 무엇일까? 역대상에서 그 이유를 정확하게 기록한다.

| 역10:13~14 | 13. 사울이 죽은 것은 여호와께 범죄하였기 때문이라 그가 여호와의 말씀을 지키지 아니하고 또 신접한 자에게 가르치기를 청하고 14. 여호와께 묻지 아니하였으므로 여호와께서 그를 죽이시고 그 나라를 이새의 아들 다윗에게 넘겨 주셨더라

"여호와께 묻지 아니하였으므로" 버리셨다 한다. 그런데 사울이 묻지 않았는가? 사실 많이 물었다.

| 삼상28:6 | 사울이 여호와께 묻자오되 여호와께서 꿈으로도, 우림으로도, 선지자로도 그에게 대답하지 아니하시므로

꿈으로도 묻고, 우림으로도 묻고, 선지자로도 물었다. 오늘날로 말하면, 큐티로도 "하나님 대답해 주세요." 근데 답이 없다. 그래서 꿈으로라도 응답해 달라고 기도한다. 답이 없다. 그래서 주일 설교 말씀을 통해서라도 말씀해 달라고 기도한다. 하나님께 응답이 없다. 오히려 문제라면 그렇게 많이 물었는데, 대답하지 않았던 하나님이 문제이지 않은가? 그런데 성경의 평가가 묻지 않았다고 한다.

이 이야기는 사울 인생에 반복되는 이야기이다. 정한 시간에 오지 않은 사무엘을 기다리지 않고 제단을 쌓았다. 기다리지 못한 사울은, 꿈으로도, 우림으로도, 선지자로도 응답이 없자, 기다리지 않았다. 기다리지 못한 것은 기도한 것이 아니다. 초조함은 우상숭배의 증거이다.

역대상(13절)에 '사울이 범죄(히:마알)하였다' 단어는 흥미롭게도, 여리고성에서 아간의 죄를 표현할 때 등장했던 단어이다. 흥미롭게도 아간도 전리품을 취했다. 명하신대로 진멸해야 할 것을 진멸하지 않은 죄였다. 그 양태가 비슷한 죄를 사울이 지은 것이다. 아말렉과의 전투에서 진멸시켜야 할 물건을 취했다. 명한대로 하지 않고 내가 원하는 것을 취했다.

즉 사울이 여호와께 묻지 않았다는 표현은, '기도하지 않았다, 예배하지 않았다'는 행위 자체를 이야기하는 것이 아니라, 순종하는 시늉만 했을 뿐, 결국 자기 마음대로 했다는 의미이다. 주객이 바뀐 기도, 주객이 바뀐 예배였다.

기도라는 행위는 했지만, 결국 내가 하고 싶은 데로 전리품을 취했고, 예배라는 행위는 했지만, 결국 내가 원하는 것을 얻기 위한, 나를 위한 예배였다. 신앙생활의 대상이 하나님이 아니라, '나'였다.

'존재증명' 보다 '사명성취'

우리는 가끔 "주님 저는 부족합니다. 저는 능력이 없습니다." 자격과 능력을 달라고 기도한다. 물론 탁월한 능력 필요하다. 하지만 성경은 우리의 부족함이 쓰임 받는 장애가 아니라, 오히려 필수요소라고 전한다. 약함에도 불구하고가 아니라, '약한 그때에 강함이라'고 전한다. 우리는 '하나님 내가 부족한데 사용할 수 있으시냐'고 묻지만, 주님은 '네가 부족하니까, 부족해야 사용한다'라고 하신다.

그러니 정말 우리가 기도할 것은, 감당할 능력을 통해 존재를 증명하는 것이 아니라, 사명에 대한 정확한 역할을 이해하여 성취하는 것이

반면교사, 조연들

다. 사울이 만약 "왜 나를 초대 왕으로 세우셨는가?" "나의 역할이 무엇인가?"에 정확한 인지를 했다면 다른 결정을 내렸을 것이다.

'신정정치를 하던 이스라엘의 초대 왕! 역할이 무엇인가?'

이것을 물었다면, "아, 나는 하나님의 대리자구나." 나를 증명하는 자가 아니라, 하나님께서 이 나라의 왕이심을 증명할 역할을 발견했을 것이다.

예수님은 이 땅에 자신을 존재를 증명하려 하시지 않았다. 귀신들이 하나님의 아들로 알아볼 때, '잠잠하라'고 하셨다. 신적 능력이 드러나 큰 무리가 임금 삼으려 할 때 그 자리를 피하셨다. 왜냐하면, 예수님의 목적은 존재증명에 있지 않고, 사명성취에 있었기 때문이다.

"맡았으니 잘해야지? 탁월해야지?" 맞는 말이다. 하지만 잘하기만 원한다면, 그것은 나의 존재를 증명하려 했던 사울의 양태와 비슷한 것일 수 있다. 사울도 잘하려 했다. 잘하려다 제단도 쌓고, 예배도 드리고, 전리품도 제단 제물로 남겼다. 하지만 그것은 사명성취를 위한 것이 아니었고, 존재증명을 위한 부산물이었다.

회개의 기회
버림받은 사울에게는 답이 없었는가? 아말렉 전투에서 하나님께 버림받았던 사건의 말씀을 보라.

| 삼상15:11 | 내가 사울을 왕으로 세운 것을 후회하노니 그가 '돌이켜서 나를
따르지 아니하며' 내 명령을 행하지 아니하였음이라

성경은 사울이 범죄 때문에 망한 것이 아니라고 전한다. '돌이켜서 나를 따르지 아니하며' 끝까지 완고한 것, 회개하지 않았던 것이 버림받은 핵심이다. 당시 충격적인 진단을 받았음에도 불구하고 사울은 끝까지 이렇게 말한다.

| 삼상15:30 | 사울이 이르되 내가 범죄하였을지라도 이제 청하옵나니 내 백성의 장로들 앞과 이스라엘 앞에서 나를 높이사 ...

그가 포기할 수 없었던 것은, 끝까지 존재증명, '자기 영광'이었다.

다윗은 달랐을까?
다윗은 우리아를 죽이고 아내 밧세바를 취했다. 그 죄를 나단 선지자가 예화를 들어 다윗의 죄를 고발한다. 그때 그의 반응을 보라.

| 삼하12:7,13 | 7. 나단이 다윗에게 이르되 당신이 그 사람이라 ... 13. 다윗이 나단에게 이르되 내가 여호와께 죄를 범하였노라

다윗은 우리아를 은밀히 죽였던 사람이다. 은밀히 나단을 제거할 수 있다. 그런데 다윗은 하나님 앞에 엎드린다. 돌이킬 수 있는 기회를 주신 주님 앞에 돌이킨다. 사울도 돌이킬 기회가 있었다. 그러나 그는 끝까지 돌이키지 않았다.

사명을 잃은 자라도 회개의 가능성은 열려있다. 사명을 감당하기 위한 기회는 열려있다. 그때는 깨달을 때! 사인 주실 때, 말씀이 들릴 때이다.

| 사55:6-7 | 6. 너희는 여호와를 만날 만한 때에 찾으라 가까이 계실 때에 그를 부르라 7. 악인은 그의 길을, 불의한 자는 그의 생각을 버리고 여호와께로 돌아오라 그리하면 그가 긍휼히 여기시리라 우리 하나님께로 돌아오라 그가 너그럽게 용서하시리라

다섯 달란트를 받은 자라도 하나님 앞에서는 동일하다. 하나님과의 관계에서 사명에 집중하지 않는다면 넘어질 수 있다. 실수할 수 있다. 열정보다 중요한 것은 순종이고, 꿈보다 뜻이 중요하다. 능력보다 자세가, 누림보다 기다림이 중요하다. 왜냐하면, 그리스도인의 삶의 가치는 성공보다 사명에 달려 있기 때문이다.

가롯 유다 한 달란트 받은 자

$\sim\sim$ 마26:47~50

어릴 때 기억으론 고난주간은 말 그대로 고난이었다. 다른 것이 고난이 아니라 고난주간에 해야 하거나 하지 말아야 할 것들 때문이었다. 특별 새벽기도회를 위한 수면 금식, 음식 금식, 미디어 금식, 오락 금식…. 그야말로 고난이었다! 그 주간 '이경규의 몰래카메라'를 못 보는 것이 그렇게 힘들 수 없었다.

그 후! 예수님을 인격적으로 만나고 나서는 고난주간을 대하는 자세가 조금 달라졌다. 이제 고난주간은 〈슬픈 주간〉이 되었다. 2004년에 멜깁슨이 감독한 〈패션 오브 크라이스트〉는 한몫 거들었다. 십자가 참혹한 고통을 생생하게 그려냈다. 고난주간이면 교회에서 도입 영상으로 자주 사용된다. 주위에서 집사님들이 훌쩍이는 소리에 나도 덩달아 눈물이 나고, 예수님의 십자가를 상상하면 예수님의 고통의 신음소리도 들리는 것 같다. 생각한다.

'예수님 얼마나 아프셨을까?'
그런데 한 번쯤 생각해 봐야 한다.

191

'고난주간에 기억할 것이 주님의 고통인가?'

하지만 정작 그 사건을 기록한 복음서의 저자들은, 십자가가 얼마나 참혹한지, 주님이 얼마나 고통스러웠을지 적나라하게 묘사하고 있지 않다! 십자가의 참혹함을 그려내서 감성팔이를 하지 않는다. 왜냐하면, 더 주목해야 할 것이 있기 때문이다. 사도바울은 그것이 무엇인지를 명확하게 이야기한다.

| 롬5:8 | 우리가 아직 죄인 되었을 때에 그리스도께서 우리를 위하여 죽으심으로 하나님께서 우리에 대한 자기의 사랑을 확증하셨느니라

바로 주님의 사랑이다.

아픈 손가락

「10대에게 권하는 인문학」이란 책에서 문학작품을 읽을 때 가장 중요한 자세는, "자신이 등장인물이라고 생각하는 것"이라고 전한다. 성경도 그렇다. 성경 인물에 나를 대입해서 읽으면 은혜가 된다. 그런데 별로 대입하고 싶지 않은 인물이 있다. 아니 대입이 잘 안 되는 인물이 있다. 예수님을 팔아먹은 제자 가룟 유다이다.

다른 사람은 그의 입장이 되어 이해도 해보고, 그럴 수 있겠다고 생각하게 되지만, 가룟 유다는 별로 그러고 싶지 않다. 배신자의 아이콘이기 때문이다.

예수님께 가룟 유다는 어떤 제자였을까? 이름만 들어도 아픈 손가락 아닐까?

영화 가디언 명대사가 기억난다. 전설적인 구조대원이었던 주인공은 그동안 '얼마나 많은 사람을 구했는가'라는 질문에 "나는 내가 구했던 이름보다, 구하지 못한 사람을 가슴에 품고 산다."라고 말한다. 예수님도 그러실 테다. 걱정 없는 아들보다, 늘 비실비실 아픈 녀석이 마음에 쓰이기 마련 아닌가? 좌충우돌 기복을 보이지만, 여하튼 주님을 끝까지 따를 열한 제자들의 미래를 아시는 시간의 굴레 밖에 계신 주님 아니신가? 죄책감에 짓눌려 죽음을 선택할 제자 가룟 유다는 그야말로 아픈 손가락이다.

예수님 마음에는 늘 가룟 유다가 걸렸다. 요한복음 6장은 항상 사람들에게 인기가 많았던 예수님의 모습을 보여주지만, 예수님의 가르침을 듣고 많은 사람이 예수님을 떠나는 대목이 등장한다.

| 요6:61 | 제자 중 여럿이 듣고 말하되 이 말씀은 어렵도다 누가 들을 수 있느냐 한 대

| 요6:66 | 그 때부터 그의 제자 중에서 많은 사람이 떠나가고 다시 그와 함께 다니지 아니하더라

예수님 마음이 어떠셨을까? 상심하지 않았을까? 제자들에게 물으신다.

| 요6:67 | 예수께서 열두 제자에게 이르시되 너희도 가려느냐

여기에 베드로가 멋진 고백을 한다.

| 요6:68 | 시몬 베드로가 대답하되 주여 영생의 말씀이 주께 있사오니 우리
가 누구에게로 가오리이까

아마 예수님은 이 말씀을 듣고 흡족하셨을 것이다. (70절)에서 "내가
너희 열둘을 택하지 아니하였느냐?" "그렇지! 내가 택한 자들답구나"라
고 칭찬하신다. 그런데 여기서 예수님의 말씀이 이상하다.

| 요6:70 | 예수께서 대답하시되 내가 너희 열둘을 택하지 아니하였느냐 그러
나 너희 중의 한 사람은 마귀니라 하시니

칭찬 일색의 상황에 찬물을 끼얹으신다. 좋은 분위기를 망치신다. 그
이유가 그다음 절에 소개된다.

| 요6:71 | 이 말씀은 가룟 시몬의 아들 유다를 가리키심이라 그는 열둘 중의
하나로 예수를 팔 자러라

제자들을 칭찬하는 그 순간에도 예수님의 마음은 가룟 유다를 향하
고 있다. 예수님은 제자들을 격려하는 타이밍에도 예수님은 가룟 유다
에게 계속해서 사인(sign)을 보내신다.

| 마26:24 | 인자는 자기에 대하여 기록된 대로 가거니와 인자를 파는 그 사
람에게는 화가 있으리로다

가롯 유다는 예수님을 팔기로 정해진 자가 아니다. 운명 지어진 것이 아니다. 운명 지어졌다면, 가롯 유다는 돌이킬 기회가 없는 것이다. 가롯 유다가 팔지 않아도 예수님은 십자가 사명을 완수하게 될 것이다.

그렇기에 예수님은 끝까지, 마지막까지! 그것이 꼭 자기 제자 유다가 아니기를 누구보다 원하시는 것이다. 그래서 열두 명의 제자들을 칭찬하는 중 찬물을 끼얹어서라도 가롯 유다에게 돌이키라고 사인(sign)을 주신다.

요한은 나중에서야 가롯 유다를 사랑했던 예수님의 본심을 알았다. 그래서 요한복음 13장에서 요한은 〈예수님의 본심〉을 이렇게 기록한다.

| 요13:1~2 | 1 유월절 전에 예수께서 자기가 세상을 떠나 아버지께로 돌아가실 때가 이른 줄 아시고 세상에 있는 자기 사람들을 사랑하시되 끝까지 사랑하시니라 2. 마귀가 벌써 시몬의 아들 가롯 유다의 마음에 예수를 팔려는 생각을 넣었더라

끝까지 사랑한 대상은 바로 아픈 손가락 가롯 유다였다.

끝까지 사랑한 친구

| 마26:47~50 | 47. 말씀하실 때에 열둘 중의 하나인 유다가 왔는데 대제사장들과 백성의 장로들에게서 파송된 큰 무리가 칼과 몽치를 가지고 그와 함께 하였더라 48. 예수를 파는 자가 그들에게 군호를 짜 이르되 내가 입 맞추는 자가 그이니 그를 잡으라 한지라 49. 곧 예수께 나아와 랍비여 안녕하시옵니까 하고 입을 맞추니 50. 예수께서 이르시되 친구여 네가 무엇을 하려고 왔

는지 행하라 하신대 이에 그들이 나아와 예수께 손을 대어 잡
는지라

예수님이 잡히시던 그 날 밤, 유다가 예수님께 배신의 입맞춤을 한다. 이때 가룟 유다가 예수님의 눈을 마주칠 수 있었을까? 얼굴을 쳐다보지도 못했을 것이다. 죄송한 마음에 얼굴도 못 쳐다보고 인사하는 가룟 유다에게 예수님이 한마디 하신다.

"친구여 네가 무엇을 하려고 왔는지 행하라"

이 말씀은 가룟 유다와의 마지막 대화이다. 이제 다시는 볼 수 없는 제자와의 마지막 대화인 것을 아셨던 주님은 그에게 무언가 메시지를 주고 싶지 않았을까? 예수님은 그를 이렇게 부른다.

"친구여"

예수님께서 잡히시던 그 날 밤, 요한은 예수님의 가르침을 기억해 냈다. 그날 예수님께서 친구의 정의를 이렇게 내리셨다.

| 요15:13 | 사람이 친구를 위하여 자기 목숨을 버리면 이보다 더 큰 사랑이 없나니

배신의 입맞춤을 한 가룟 유다를 위해서도 목숨을 버리신 것이다. 그가 비록 예수님을 배신했지만, 그를 향해 '친구'라 불러 주셨다. 가룟 유다는 예수님의 십자가 죽음이 자신의 죄도 포함한 사랑이었음을 몰랐

다. 십자가 앞에 용서받지 못할 죄는 없다.

기억하자. 주님은 우리가 죄책감으로 자멸하길 원치 않으신다.

"내가 이런 죄인인데, 내가 주님 뵐 명목이 없는데 어떻게 다시 예배를 드리나...."

속지 않길 바란다. 주님은 자격 없는 우리가 우리의 의로운 행위가 아닌 십자가 붙들라고 죽어주신 것이다. 사단의 논리는 나의 죄가 드러나 죄인 됨이 명확해질수록 형벌을 기억하게 하지만, 주님의 논리는 내가 죄인임이 더 명확해질수록, 얼마나 큰 은혜를 받았는가를 기억하라 하신다.

기독교 명문 학교인 휫튼 대학을 나온 짐 엘리엇은 에콰도르의 아우카 부족을 알게 된 이후 마음이 너무나 힘겨웠다. '하나님이라는 말도 없는 그 부족에게 누가 복음을 전하겠는가?!' 그가 받은 부담을 하나님이 주신 비전임을 깨닫고 자신의 친구들 4명과 함께 에콰도르의 아우카 부족을 위한 선교사가 된다.

하지만 아우카 부족은 호전적이고 폐쇄적인 부족이라 그 부족이 살고 있는 마을에 접근하기도 어려웠다. 그래서 그들은 비행기를 타고 그 마을을 정찰하면서 마을 옆 강가에 겨우 비행기가 내릴만한 모래톱이 있는 것을 발견한다. 만반의 준비를 하고 그 마을로 향한다. 떠나기 전 그들에게 한 가지 고민이 있었다. End of spear 라는 영화에서는 그 사건을 잘 묘사했다. 여행을 떠나기 전, 짐 엘리엇의 아들이 묻는다. "아빠 그들을 만나러 갈 때 총을 가지고 가나요?"

"아마도 그럴 거야." "그러면 위험한 상황이 되면 총을 사용하실 건가요?" "그럴 수는 없지. 그들은 아직 천국에 갈 준비가 되어 있지 않기 때문이다." "아빠 그러면 한 가지만 부탁할게요. 위험한 상황이 되면 그들에게 이렇게 말해주세요." 아우카 부족 언어로 짧은 문장을 알려준다. '나는 당신들의 친구입니다. 진정한 친구입니다.' 선교지로 향한 그들은 비행기를 착륙시키고 그들은 기다린다. 아우카 부족이 그들을 만나러 나와 주길 기다린다. 그렇게 며칠이 지난 어느 날 아우카 부족이 그들에게 나타난다. 너무 반가웠다. 그런데 아우카 부족은 짐 엘리엇과 그 친구들을 죽이기 위해 온 것이었다. 다섯 명의 젊은 청년 선교사들의 심장에 아우카 부족은 창을 꽂았다. 그들은 성경책 한 권도 나눠주지 못하고 죽는다. 영화에 보면 짐 엘리엇이 마지막 죽어가면서 그들에게 말한다. '나는 당신들의 친구입니다. 진정한 친구입니다.'

그렇게 아무런 선교 활동도 하지 못하고 짐 엘리엇과 친구들은 죽는다. 그러나 그 열매는 전혀 예상하지 못한 시간에 나타난다. 훗날 짐 엘리엇과 그 친구들의 아내들이 자녀들을 데리고 아우카 부족의 마을로 들어간다. 아우카 원주민들은 처음에 이해할 수 없었다. 그러나 엘리자베스 엘리엇과 그 일행들의 마을 사람들을 위한 지속적인 헌신과 사랑에 마음을 연다. 그리고 오랜 시간이 지난 후 짐 엘리엇의 아들과 함께 선교사들이 죽었던 곳을 찾아간다. 그리고 그곳에서 비행기의 잔해와 물품들을 찾는다. 그때 원주민이 한 명이 짐 엘리엇의 아들에게 고백한다.

"내가 너의 아버지를 죽였다"

지금 이 자리에서 복수하라고 창을 손에 쥐여준다. 짐 엘리엇의 아들이 절규하면서 말한다. "누구도 내 아버지의 생명을 빼앗지 않았습니다. 아버지가 내어주신 것입니다."

예수님께서 우리를 위해 생명을 내어주셨다. 자기 자신도 용서받을 수 없다고 생각했던 유다를 위해서도 생명을 주셨다. 죄책감에 걸맞는 행동은 자멸이 아니라, 그 용서를 받는 것이다. 그 사랑을 받는 것이다.

| 롬5:10 | 곧 우리가 원수 되었을 때에 그의 아들의 죽으심으로 말미암아 하나님과 화목하게 되었은즉 화목하게 된 자로서는 더욱 그의 살아나심으로 말미암아 구원을 받을 것이니라

주목하지 않았던 조연들의 삶을 통해 하나님의 역사가 어떻게 쓰였는지,
그들은 하나님 나라에서 어떤 주연의 역할을 감당했을까.

조연, 주연이 되다

엘리에셀 아브라함의 충성된 종

창24:1-4, 31-34

최근 읽은 글귀 중에, 마음 한쪽이 아픈 문구가 있었다. 글귀가 이렇다. "내게 미안하다. 나로 살게 해서"

왜 이게 공감이 될까? 아마도 우리는 그간 살아오면서 알게 모르게 다른 사람과 비교하면서 느껴왔던 열등감 때문일 것이다. 하나님은 공평하시다고 고백했는데, 살다 보면 나보다 공부 잘하는 아이가 있지 않은가? 공부만 잘하면 그럭저럭 넘어갈 텐데 그런 애들은 얼굴도 예쁘다. "그래도 뭔가 부족한 것이 있을 거야"라고 위안을 삼아보지만, 이상하게도 공부도 잘하고 예쁜 아이의 아빠는 외제 차를 타고 다닌다.

세상은 불공평해 보인다. 그런데 세상만 그런가? 성경을 그런 눈으로 보면 또 그렇게 보이기도 한다. 성경에는 소위 주인공처럼 보이는 이들이 즐비하다. 그들은 죄다 하나님께서 선택한 이유가 있어 보인다. 반면에 나를 보면, 하나님이 선택하지 못할 이유만 보인다.

하지만 성경은 분명히 다섯 달란트와 한 달란트 사이에 끼어있는 애매한 두 달란트 받은 자를 빼먹지 않는다. 그는 두 달란트를 받았지만, 다섯 달란트의 마음으로 감당했다!

아무리 잘난 사람도 위를 쳐다보면 더 잘난 사람이 보이기 마련이다. 누구나 자기 인생에서는 이인자의 삶을 살아가는 것이다. 그러니 결국 어떤 마음으로 살아갈 것인가는 본인이 선택하는 것이다.

세계적으로 유명한 지휘자 레너드 번스타인(Leonard Bernstein)에게 누군가 물었다. 수많은 악기 연주자 중에서 가장 지휘하기 어려운 사람은 누구입니까? 그는 망설임 없이 이야기했다. "제2바이올린입니다. 제1바이올린을 훌륭하게 연주하는 사람은 얼마든지 구할 수 있습니다. 그러나 똑같은 열정을 가지고, 이인자로 연주하는 사람은 구하기가 어렵습니다."

분명 하나님께서 쓰시는 제1연주자! 다섯 달란트 받은 자가 존재하는 것이 사실이다. 그러나 하나님 나라에는 제1연주자의 마음으로 연주하는 제2연주자가 필요하다. 다섯 달란트의 마음으로 두 달란트를 감당할 사람이 필요하다.

엘리에셀은 제대로 이인자인 인물이다. 많은 사람이 믿음의 조상 아브라함을 기억하지만, 아브라함의 충성된 종 엘리에셀을 잘 기억하지 않는다. 하나님의 조연으로 귀하게 쓰임 받

은 엘리에셀의 삶은 우리의 삶에 경종을 울린다.

엘리에셀 이름의 뜻은, 엘(하나님)+에제르(도움)='하나님은 도움이시다'라는 의미다. (창15장)을 통해 그가 그의 주인 아브라함에게 어떤 인물인지를 알 수 있는데, 아브라함이 하나님께서 기도하는 내용이 이렇다.

| 창15:2 | 아브람이 이르되 주 여호와여 무엇을 내게 주시려 하나이까 나는 자식이 없사오니 나의 상속자는 이 다메섹 사람 엘리에셀이니이다

성경학자들은 아브라함이 본토 친척 아비 집을 떠나올 때 다메섹에서 그를 만나 종으로 삼았을 것으로 보기도 하고, 다른 학자들은 가까운 친척으로 보기도 한다. 일반적으로는 종이었을 것으로 본다. 아무튼, 분명한 것은 아브라함이 자기 상속자로 여길 만큼 신임을 얻었다는 것이다.

그러나 우리가 주목할 것은 엘리에셀이 얼마나 훌륭했는가가 아니라, 엘리에셀은 조연으로서 어떻게 하나님의 구원계획에 동참했는가이다.

하나님께서 부르신 자리에서 동참했다

이삭만 태어나지 않았다면 그는 주인의 상속자가 될 수 있었다. 그러니 욕심 한 번 내 볼만하지 않는가? 그런데 그는 하나님이 부르신 자리를 망각하지 않았다.

만약 욕심을 부렸다면, 그는 아브라함의 자손을 통해 메시아를 보내실 하나님의 뜻에 반하는 사람이 되었을 것이다. 그가 라반에게 자기를 소개하는 내용은 그가 그럴 생각이 전혀 없었다는 것을 전해준다

| 창24:34 | 나는 아브라함의 종이니이다

아브라함의 어마어마한 지참금을 가지고 여행길에 오른 그는 라반에게 엄청난 재력을 과시할 수 있고, 거들먹거릴 수 있으나 그는 하나님께서 자신을 부르신 위치가 분명했다. 정체성이 분명했다.

반면에 아브라함과의 관계에서 자기 정체성을 잃어버린 사람이 있다. 하갈이다. 분명 사래의 종이었던 그녀는 이스마엘을 가진 후, 태도가 돌변한다.

| 창16:4 | 하갈이 임신하매 그가 자기의 임신함을 알고 그의 여주인을 멸시한지라

자신이 주인의 씨를 가졌으니, 어쩌면 내가 여주인의 자리도 넘볼 수 있겠다고 생각했을 것이다. 그래서 그녀는 태도가 바뀐다. 사래가 화가 났다. 아브라함에게 따졌다. 아브라함은 당신 종이니 알아서 하라고 한다. 사래가 하갈을 학대한다. 그리고 하갈이 도망간다. 도망간 자리에서 주님이 하갈을 만나주신다. 여기서 주님께서 뭐라고 하시는지 들어 보라.

| 창16:8 | 사래의 여종 하갈아 네가 어디서 왔으며 어디로 가느냐 그가 이르되 나는 내 여주인 사래를 피하여 도망하나이다

주님은 하갈을 향해 어떤 호칭을 사용하시는가? "사래의 여종 하갈아" 여기서 게임이 끝났다. 문제의 근원은 사래의 학대가 아니었다. 자기 위치를 잃어버리고, 주인의 자리를 넘본 것부터 문제가 시작되었음

조연, 주연이 되다

을 알려주신다. 그리고 말씀하신다.

| 창16:9 | 여호와의 사자가 그에게 이르되 네 여주인에게로 돌아가서 그 수
하에 복종하라

　네가 하나님의 뜻에 동참할 수 있는 방법은, 하나님께서 부르신 자리
로 돌아가는 것임을 전하신다.
　지금 성경이 노예제도를 찬성하냐 마냐의 문제를 다루는 것이 아니
다. 인간사에서 비롯된 노예제도는 분명 악법이지만, 그 가운데에서도
우리가 하나님 뜻에 동참하는 방법은, 하나님께서 부르신 자기 위치를
지키는 것이라는 전하는 것이다.

　우리의 위치가 어디인가? 그 자리에 걸맞은 자세와 태도를 보이는 것
은 주님을 영화롭게 하는 것이다. 엘리에셀이 상속자가 되지 않아도,
하나님께 영광 돌릴 수 있다. 엘리에셀은 엘리에셀로 살면 된다. 엘리
에셀은 엘리에셀의 모습으로, 그리고 우리는 우리의 모습으로 부르신
자리에서 충성을 다할 때, 주님께 영광이 된다.

맡은 사명에 충실함으로 동참한다
　엘리에셀은 아브라함에게 "고향으로 가서 며느리를 찾아오라."는 사
명을 받는다. 그리고 엄청난 지참금을 가지고 여행길에 오른다.

| 창24:10 | 이에 종이 그 주인의 낙타 중 열 필을 끌고 떠났는데 곧 그의 주
인의 모든 좋은 것을 가지고 떠나 메소보다미아로 가서 나홀의 성
에 이르러

성경은 그때 라반이 무엇이 눈에 들어왔는지를 밝힌다.

| 창24:30 | 그의 누이의 코걸이와 그 손의 손목고리를 보고 또 그의 누이 리브가가 그 사람이 자기에게 이같이 말하더라 함을 듣고 그 사람에게로 나아감이라 그 때에 그가 우물가 낙타 곁에 서 있더라

그는 '누이의 코걸이와 손목고리를 보고' 낙타 곁에 서 있는 엘리에셀을 본다. 당시 낙타는 오늘날 벤츠 같은 것이다! 계산이 빠른 라반은 곧장 환대한다.

"여호와께 복을 받은 자여 들어오소서"

그리고 일사천리로 결혼을 진행시킨다. 흥미로운 것은 세월이 흘러서, 야곱이 삼촌 라반 집으로 도망쳐오는 장면에서도 라반은 달려 나온다. 아마 벤츠를 기대했으리라. 그런데 야곱이 거지꼴임을 확인하고는 야곱에게 일을 하라고 한다.

아무튼, 계산이 빠른 라반의 눈이 돌아갈 만큼 엘리에셀은 엄청난 재물을 가지고 여행길에 올랐다. 평생을 종으로 살아온 엘리에셀에게는 사실 주인을 떠나 자유의 몸이 될 수 있는 '절호의 기회'가 아니겠는가? "종으로 살았더니, 해방의 기회를 주시는구나!" 그가 재물을 가지고 도망가면 끝이다. 교통이 발달하지 못했던 시기에 아브라함이 무슨 수로 찾겠는가? 하지만 그는 철저히 받은 사명에 집중한다. 덕분에 이삭은 아내 리브가를 맞이하고, 하나님의 구속의 역사는 순조롭게 진행된다.

조연, 주연이 되다

사명을 감당할 때는 항상 욕심이 입을 벌리고 유혹한다. 사탄은 40일 금식한 예수님께 하나님의 능력으로 허기진 배를 먼저 채우라 했다. 하지만 성경의 약속은 먼저 그의 나라와 의를 구하면 모든 것을 더하시겠다고 하신다. 기억하라! 사명이 결핍보다 우선될 때 하나님의 뜻에 동참할 수 있다.

그런데 여기서 꼭 짚고 넘어가야 할 것이 있다. 엘리에셀이 받은 사명은 하나님께 받은 사명이 아니라는 것이다. 아브라함처럼 직통 계시로 "내가 지시할 땅으로 가라"는 말씀을 받은 것이 아니다. 그저 자기 위치에서, 질서 가운데 세우신 주인이 시킨 것을 했다. 그런데 하나님은 그일을 통해 하나님의 구원 역사를 써 내려가셨다. 하나님은 세우신 권위자, 세워진 질서 속에서 우리에게 맡기신 것을 통해 일하시는 분이시다.

| 롬13:1 | 각 사람은 위에 있는 권세들에게 복종하라 권세는 하나님으로부터 나지 않음이 없나니 모든 권세는 다 하나님께서 정하신 바라

직장에서 일터에서 가정에서 질서 가운데 세우신 권위자를 통해 맡은 사명이 있는가? 하나님 앞에서 일하라. 아무것도 아닌 것 같아도, 하나님은 그 충성을 통해 영광을 받으신다.

신중한 기도로 동참하다

아브라함은 엘리에셀을 보내면서 그를 격려한다.

| 창24:7 | 그가 그 사자를 너보다 앞서 보내실지라 네가 거기서 내 아들을 위하여 아내를 택할지니라

하나님께서 너보다 앞서 일하실 거라고 전한다. 800km의 먼 여정을 통해 고향에 도착한 엘리에셀은 마을 어귀에서 기도한다.

| 창24:12 | 그가 이르되 우리 주인 아브라함의 하나님 여호와여 원하건대 오늘 나에게 순조롭게 만나게 하사 내 주인 아브라함에게 은혜를 베푸시옵소서

원어를 보면, 그가 기도한 대목임을 알 수 있다. "하나님 순조롭게 만나게 해 주세요."

주님의 인도하심은 무리가 없다. 그래서 가끔은 우연처럼 보일 때가 있다. 그러나 영적으로 민감한 자들은 순조로운 인도하심 가운데, 하나님의 '이스터 에그'[1]를 발견한다.

| 창24:12 | 그 사람이 그를 묵묵히 주목하며 여호와께서 과연 평탄한 길을 주신 여부를 알고자 하더니

엘리에셀은 사명을 감당하면서, 주님의 인도하심을 한 걸음 한 걸음 따라간다. 그 인도하심을 따라가는 걸음이 하나님의 구속 역사에 동참하고 있는 것이다.

사명자에게 있어서 무엇보다 중요한 확신은 크게 두 가지이다.
첫째는 하나님께서 나를 보내셨다는 확신이다. 이 확신은 사명을 시작할 때 필요한 동기부여이다. 또 다른 하나는 내가 주님이 인도하시는

---

1 이스터 에그(Easter Egg)는 영화, 책, CD, DVD, 소프트웨어, 비디오 게임 등에 숨겨진 메시지나 기능을 뜻한다.

'그 길'을 걷고 있다는 확신이다. 이것은 사명을 감당할 능력 이상으로 중요하다. 왜냐하면, 하나님의 인도하심을 주목하지 않으면, 환경이 열려도 불순종했던 요나와 같을 수 있기 때문이다. '마침' 배가 온 것을 하나님의 인도하심이라 착각할 수 있다. 반대로 환경이 막혀도 하나님의 인도하심을 받는 사람들은, 그것이 홍해라 할지라도, 여리고성이라 할지라도, 풍랑이라 할지라도 그것을 돌파해 나간다.

우리의 삶에, 우리가 하는 일에서, 하나님의 인도하심에 대한 확신이 있는가? 우리가 매일 불안함에 시달리는 것은, 미래가 보장되어 있지 않기 때문이 아니다. 미래를 보장하시는 하나님의 인도하심에 대한 확신이 없기 때문이다. 마음의 문제다. 그 확신은 신중한 기도를 통해 내 삶을 지도하시고 인도하시는 하나님의 인도하심을 확인할 때 생긴다.

사람들은 '불안하겠다'고, '힘들겠다'고 위로해 주는 말이 필요하지만, 자꾸 들으면 자기 연민에 빠진다. 가끔 내가 정말 그렇게 힘든지를 살펴보라. 우리의 믿음이 어디 있는가? 우리를 부르신 하나님께 있다! 부르심이 명확하다면 엘리에셀처럼 종의 정체성을 가지고도 하나님께 영광 돌릴 수 있다. 하지만 부르심이 명확하지 않다면 주어진 자리를 가볍게 여기게 된다. 혹은 하갈처럼 주인의 자리를 넘보게 된다. 비교하고 경쟁하게 된다.

하나님의 부르심이 명확하다면, 자기 자리에서 해야 할 것에 집중하고, 충성하면 된다. 매일 신중한 기도 가운데 하나님의 인도하심을 확인하며 살아가라. 그때 나를 부르신 주님, 나를 인도하시는 주님께서 나를 통해 영광 받으실 것이다.

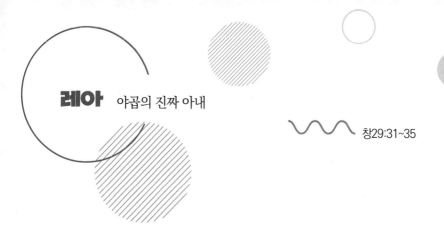

레아
야곱의 진짜 아내

창29:31~35

성경 기록 시대의 대부분은 지극히 가부장적인 사회를 배경으로 하고 있다. 그 시대 여성들은 지금과는 비교도 안 될 정도로 큰 '차별'과 '편견' 속에서 살아야 했다. 그럼에도 불구하고 성경은 구속사의 과정에서 여성의 위치를 열등하게 표현하지 않는다. 오히려 남자들의 실수와 실패 속에서 굳건히 자기 역할을 감당했던 여성들의 역할을 통해 하나님의 역사가 이어졌음을 전한다. 그런 의미에서 창세기에서 가장 서글픈 인생을 살았던 여성이지만, 쓰임 받은 여성! 레아의 삶 속에 개입하신 하나님의 이야기를 발견하자.

흥미롭게도 성경에서 레아의 외모를 기록한 부분이 있다.

| 창29:17~18 | 레아는 시력이 약하고 라헬은 곱고 아리따우니 야곱이 라헬을 더 사랑하므로

시력이 약했다는 표현을, 표준새번역에서는 '레아는 눈매가 부드럽

고'로 번역한다. 아마 레아는 순둥순둥하고 착하게 생겼던 것 같다. 반면에 라헬은 남자에게 호감 가는 스타일이었으리라. 과학자들은 남자가 여성에게 첫눈에 반하는 시간은 8.2초가 걸리고, 여자는 남자와 달리 한순간에 빠지지 않는다고 한다. 분명한 것은 야곱이 라헬을 사랑한 이유가 지극히 현세적인 기준이었다는 것을 전하는 것이다.

반면에 레아는 사랑받지 못했다. 우리는 야곱이 라헬을 위해 14년을 희생한 로맨티스트로 기억하지만, 그러나 그 그늘에는 레아의 슬픔이 담겨 있다.

그 비극의 시작을 보자. 그날은 야곱이 라반을 위해 7년을 채운 어느 날이었다. 야곱은 라반에게 당당히 내 아내를 내놓으라고 이야기하고, 드디어 결혼식이 준비되었다.

그런데 라반이 계략을 짠다. 사람들을 모아서 잔치를 벌였다. 모인 사람들은 야곱 결혼식의 증인들로 모였다. 그날 라반은 야곱에게 술을 진탕 먹였을 것이다. 그리고 신혼 방에 라헬이 아닌 레아를 들여보낸다. 그 다음 날 아침!

25. 야곱이 아침에 보니 레아라...

야곱이 얼마나 허무했을까? 혹자는 이게 인생이라고 하더라. 허무다. 그런데 야곱의 입장에서는 허무지만, 레아의 입장에서는 비참함이다.

"아침에 일어나니 OO라"

내 이름을 넣어보라. 누군가가 나를 싫어하거나 마음에 들어 하지 않을 때, 누군가가 나를 자격이 없다고 생각하는 것만큼 마음이 힘든 것이 있을까? 우리는 늘 이 시선과 싸워야 한다.

혹자는 라반의 계략에 레아가 동조했기 때문에 이 일은 성사되었다고 보기도 한다. 왜냐하면, 이후에 일어나는 합환채 사건이나 남편의 사랑에 목말라 있는 레아의 모습을 보면, 레아도 야곱이 싫지 않았던 것으로 보이기 때문이다. 하지만 당시 극심한 가부장적 사회에서 못돼먹은 아버지의 명을 어기는 것은 레아의 입장에서 쉽지 않았으리라.

어쩔 수 없이 떠밀려서 야곱에게 들어갔든지, 본인이 선택했는지 알수는 없지만, 이유가 무엇이든, 확실한 것은 이 선택으로 인해 그녀는 오랜 기간 마음고생을 하게 되었다는 것이다. 혹자는 '레아의 신혼 기간은 단 7일뿐이었다.'고 하는데, 7일도 많이 본 것 같다. 속았다고 생각했을 야곱의 마음은 이미 콩밭에 있는데, 7일 동안 레아에게 곁을 줬을까?

레아 인생은 비극이었다. 아버지의 욕심으로 이용되고, 남편의 사랑을 받지 못하고, 라헬의 그늘에 가려져 누구에게도 주목받지 못한 여인, 그의 인생은 조연처럼 보인다. 그러나 성경은 그녀의 인생에 개입하신 하나님이 누구신지를 전하고 있다.

대체 응답을 주시는 분

| 창29:31 | 여호와께서 레아가 사랑 받지 못함을 보시고 그의 태를 여셨으나 라헬은 자녀가 없었더라

레아가 사랑받지 못한 일차적 책임은, 분명 아버지 라반에게 있다. 이

차적 책임은 야곱이 라헬만 사랑한 것이다. 이 계획에 동조한 본인의 잘못도 있다. 그런데 주님은 누구의 책임이냐를 묻지 않으신다. 우리는 문제가 터지면 누구 책임인지를 먼저 따진다.

'그러면 안 됐어. 그러지 말았어야지'라고 말한다. 그것만큼 아픈 말이 없다. 누구보다 당사자가 자기 잘못을 제일 잘 아는 법이다. 원인을 밝혀내고, 책임을 묻거나, 재발을 방지하려는 사람들의 이야기가 제일 아프다.

주님은 레아에게 주어진 고통의 원인을 밝혀내기보다, 레아의 눈물에 공감하시고 다른 방법으로 위로하셨다. 남편에게 받지 못한 사랑을 자녀를 통해 받게 하셨다. 물론 레아 입장에서 하나님의 응답은 남편의 사랑이지만, 하나님은 사람의 마음을 억지로 바꾸시지 않는다. 그래서 하나님은 레아에게 다른 응답, 일명 '대체 응답'을 통해 그 상황을 버틸 힘을 주셨다.

우리는 어떤 결핍을 느끼는가? 누군가 물었다.

"부모들이 자녀들이 어릴 때는 자녀들 이야기를 자주 하는데, 애들이 크면 애들 이야기를 하지 않는 이유가 뭔지 아냐?"

그 이유는 아이들이 어릴 때 고민은 그래도 남들에게 공유할 수준인데, 아이들이 크면 이제 남들에게 나눌 수 없는 고민이기 때문이란다. 맞는 말 같다. 누구나 누구에게도 말 못 할 고민, 기도 제목이 있다.

레아의 하나님을 주목하라. 남들에게 말할 수 없는 고민을 공감하시고 우리가 기대하지 못했던 방법으로 위로해 주시는 분을 주목하라.

내가 원하는 '남편, 야곱'은 누구인가? 얻지 못한 재물, 오르지 못한 자리, 응답되지 않은 기도 제목일 수 있다. 그러나 돌아보라. 우리가 꼭 야곱을 얻지 못했을지라도, 하나님은 우리에게 르우벤을 주셨고, 시므온도 주셨고, 유다와 레위도 주셨다. 야곱만이 응답이 아니다. 하나님이 주신 '대체 응답'이 분명 있다. 그것이 하나님의 응답이란 것을 발견하는 것은 우리의 몫이다.

집착하는 것에서 자유하길 원하신다.

그녀의 집착이 무엇인가? 〈남편, 야곱〉이다. 그래서 첫째 아들의 이름을 르우벤이라 짓는다. 이름 뜻은 "보라 아들이라"이다. 누구에게 말하고 싶은 걸까? 남편에게 말하고 싶었을 것이다. 그래서 이렇게 지은 이유를 성경은 기록한다.

| 창29:32 | 여호와께서 나의 괴로움을 돌보셨으니 이제는 내 남편이 나를 사랑하리로다 ...

둘째가 태어났을 때 시므온 "들으심"이라고 짓는다. 성경은 이런 이름을 지은 이유를 전한다.

| 창29:33 | 여호와께서 내가 사랑 받지 못함을 들으셨으므로 내게 이 아들도 주셨도다...

셋째가 태어났다. 이름은 레위 "연합함"이다. 그 이름의 해석을 이렇게 전한다.

| 창29:34 | 내가 그에게 세 아들을 낳았으니 내 남편이 지금부터 나와 연합하리로다...

야곱의 사랑이 그리운 레아의 애절함이 느껴진다.

여기서 생각해봐야 할 것이 있다. 하나님이 그녀에게 자녀들을 주신 이유가 끝까지 남편 사랑에 집착하라고 주셨을까? 아니다. 그 집착에서 자유하라는 것이다. '너에게는 그것 말고도 또 다른 기쁨이 있을 수 있다'고 알려주시는 것이다.

내가 느끼는 결핍을 굳이 채우지 않아도, 우리는 하나님의 은혜로 살아갈 수 있다. 내가 원하는 응답이 아니라 할지라도, 하나님은 다른 응답을 통해 우리를 위로하실 수 있다. 그것을 레아가 넷째를 가지면서 깨달았다. 넷째 이름을 유다라고 짓고는 이렇게 말한다.

| 창29:35 | 그가 또 임신하여 아들을 낳고 이르되 내가 이제는 여호와를 찬송하리로다...

늘 남편 사랑에 집착했던 그녀의 시각이 이제 하나님을 주목하게 된다.

"아! 그러고 보니 내게는 하나님이 계셨구나. 아 그러하고 보니 하나님은 내가 살아갈 힘을 주셨구나. 아! 내가 남편의 사랑이 없어도 살아지는구나. 하나님 이제는 내가 남편이 아니라, 하나님을 주목합니다."

내가 느끼는 결핍에만 집착할 때는 은혜가 보이지 않는다. 그러나 어느 순간 나도 모르게 괜찮아질 때 돌아보면, 지금껏 하나님의 은혜가 있었기에 지금껏 내가 견디고 버텼다는 사실을 그때에야 발견하게 된다.

레아, 구속 역사의 주연이 되다

그녀가 집착하는 것에서 자유하고, 유다라
고 이름을 짓는다. 일반적으로 보통 오랜 교회
짬으로 볼 때, 여기서 해피엔딩이 되어야 하
지 않는가? 레아가 마음을 바꿔 먹었으니, '야
곱이 그 이후부터 레아를 사랑하게 되었더라'
이렇게 적혀있으면 참 설교하기 좋을 것이다.
"그거 보세요. 결국 마음을 고쳐먹어야 환경이
바뀝니다."라고 교훈을 받을 수 있다.

그런데 그렇지 않다. 야곱은 레아에게 여전히 사랑을 주지 않는다. 라
헬만 사랑한다. 이후 본문은 계속해서 레아와 라헬의 경쟁 이야기가 이
어진다. 레아도 "그래 맞아 이제 자유 해야지! 주님이면 충분해!"라고
고백했다지만, 돌아서면 또 라헬이 보인다. 바뀐 것이 없다. 사람은 참
안 변한다.

그런데 하나님의 은혜가 무엇인가? 하나님은 그 경쟁을 사용하셔서
하나님의 계획을 이뤄가셨다는 사실이다. 경쟁으로 낳은 12명의 아이
는 이스라엘의 열두 지파 족장이 되고, 경쟁으로 낳은 요셉은 훗날 형
들을 살리는 역할을 감당한다.

무엇보다 야곱이 죽기 전 그의 유언을 주목해야 한다.

야곱은 (창49장)보면 레아와 함께 장사해 달라고 전한다. 레아에게
미안해서일까? 알 수 없다. 그러나 분명한 것은 야곱의 진짜 아내는 레
아였음을 남편도 인정하고 역사도 인정하게 되었다. 또한, 하나님은 남
편에게 사랑받았던 라헬의 아들 요셉의 후손으로 예수님을 보내신 것
이 아니라, 레아의 아들 유다의 후손으로 예수님을 보내셔서, 그녀의

삶이 하나님의 구속 역사의 중요한 역할을 했음을 전한다. 레아의 삶이 남자들(라반과 야곱)의 실수로 어그러져버린 것처럼 보이지만, 주님은 주목받지 못했던 여성, 레아 인생을 통해서 하나님 나라의 계획을 성취하셨던 것이다.

레아는 남편 야곱의 사랑을 원했을지 모르지만, 하나님은 다른 응답을 통해 그녀를 위로하실 뿐 아니라, 하나님의 계획을 성취하셨다. 어쩌면 그것이 레아가 꿈꿨던 인생, 꿈꾸었던 응답은 아니었을지 모른다. 그러나 거기에는 위대한 하나님의 뜻이 담겨 있었다.

우리의 인생도 그렇다. "내가 어쩌다 여기까지 왔네? 내가 어쩌다 이런 직업을 가지게 되었네?" 어쩌다보니, 살다보니, 우연히 살아가게 되는 삶의 무대가 있지 않은가? 비록 내가 바랐던 삶은 아닐지 모르지만, 거기에는 하나님의 섭리와 계획이 있다.

그렇기에 우리 삶에 결핍이 있을 때, 남들에게 말할 수 없는 문제로 고민이 될 때, 내 고통을 공감하시는 하나님, 결핍을 채우시는 하나님만 기대할 것이 아니라, 나를 통해 일하실 하나님! 나를 통해 하나님 나라를 세워 가실 하나님을 기대하라. 하나님은 절대로 우리의 상처를 상처로 끝내지 않으시고, 선으로 바꿔 내시는 분이시다.

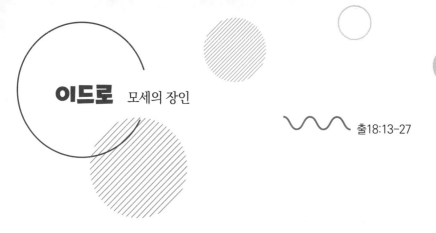

이드로 모세의 장인

출18:13-27

2006년 초 무인 탐사선 뉴호라이즌스 가 무려 9년 6개월 만에 명왕성까지 갔다. 그 이전의 기술력으로는 기껏해야 목성까지 갈 수 있었기 때문에 사람들이 궁금해했다. 작은 탐사선이 어떻게 10년 동안 날아서 명왕성까지 갈 수 있는가? 그 비밀이 바로 '스윙바이(swingby)'라는 기술이다. 행성의 중력을 이용하는 방법이다.

마치 달리는 차에서 창문을 열고 공을 던지면 맞바람으로 멀리 가지 않는데, 뒤로 던지면 달리는 차의 가속을 받아서 더 멀리 던질 수 있는 것처럼, 날아가는 탐사선이 행성의 중력의 힘으로 추진력을 얻는 것이다.

우리 인생도 그렇다. 우리 힘으로 목적지까지 갈 수 없다. 지치고 힘들 때 하나님은 우리에게 추진력을 얻을 수 있는 행성을 만나게 하신다. 다음 목적지까지 갈 수 있도록 행성 같은 사건과 사람들을 만나 도움을 받게 하신다. 또한, 우리도 누군가에게 중간 행성이 되어, 그가 '스윙바이'할 수 있도록 역할을 할 수 있다.

성경 인물 중에도 주연처럼 보이는 모세, 다윗, 바울 같은 리더들이 있지만, 하나님은 그들만을 사용하지 않았다. 주변에 하나님의 위대한 조연들을 행성처럼 두셔서 스윙바이하게 하신다. 이드로가 어떤 역할을 통해 하나님의 역사에 동참했는지를 살펴보자.

위기의 모세를 가족으로 품어주다

이드로는 모세 아내 십보라의 아버지이다. 이드로가 처음 성경에 등장하는 것은 출애굽기 2장이다. 모세가 애굽에서 사람을 죽이고 미디안 땅으로 도망갔을 때다. 이집트에서 사우디아라비아 미디안까지는 거리로 치면 한 달은 걸릴 수 있는 거리인데, 목숨을 부지하기 위해 그 먼 거리를 도망쳐온 모세의 처지는 그야말로 거지였을 것이다.

그때 이드로는 의지할 데 없는 모세를 거둬준다. 오갈 데 없는 그에게 숙식을 제공하고 사위로 삼는다. 한 신학자는 이드로를 모세에게 가족의 따뜻함을 알게 해 준 사람이라고 전한다. 그렇다. 이드로는 모세를 가족으로 맞이했다. 또한, 모세가 애굽에서 백성들을 이끌고 나올 때 이드로는 모세의 가족들을 데리고 나온다. 어릴 때부터 부모의 품을 떠나 살아야 했던 모세에게 가족애를 느끼게 해 준 사람이 분명하다.

우리는 누구의 이드로인가? 가족의 개념이 확장된 곳은 교회이다.

| 엡2:19 | 그러므로 이제부터 너희는 외인도 아니요 나그네도 아니요 오직 성도들과 동일한 시민이요 하나님의 권속이라

'하나님의 권속' household 가족을 의미한다. 이드로는 위기를 맞은 모세에게 가족이 되어 줌으로 구약시대 교회의 역할을 한 것이다. 그렇

기에 우리가 위기를 맞은 누군가에게 섬김을 통해 가족애를 느끼게 한다면, 우리는 교회를 통해 이루고자 하시는 하나님의 역사에 동참하는 것이다.

한 사모님께서 2년 동안 시어머니를 잘 섬기고 하늘나라 보내드렸더니 하나님께서 큰 집을 선물로 주셨다는 간증을 하셨다. 그러나 더 중요한 간증은 그 이후다. 가족 네 식구가 살기에는 너무 큰 집을 주셨기에 그것을 더 많은 가족을 섬기라는 사명으로 여긴 것이다. 그리고 딸을 두 명이나 입양하셨다.

우리가 하나님께 받은 여분의 힘과 능력은, 누군가의 스윙바이를 위해 주신 거다. 이드로가 모세를 가족으로 품어줌으로 하나님 역사에 동참했듯이, 우리도 위기에 처한 누군가를 섬김으로 하나님의 사역에 동참할 수 있다.

사명자 모세를 지지하다

| 출4:18 | 모세가 그의 장인 이드로에게로 돌아가서 그에게 이르되 내가 애굽에 있는 내 형제들에게로 돌아가서 그들이 아직 살아 있는지 알아보려 하오니 나로 가게 하소서 이드로가 모세에게 평안히 가라 하니라

모세는 하나님이 맡겨주신 사명을 깨달았을 때, 제일 먼저 이드로를 찾아가 허락을 구한다. 이드로는 그를 축복하고 보내준다.

당시 고대사회 한 명의 인력은 재력이고 군사력이었다. 자식이 없는 라헬이 죽고 싶다고 한 것이 빈말이 아니다. 라반은 야곱을 자기 밑에 묶어 두려고 자기 딸을 빌미로 20년 이상을 우려먹었다. 하지만 이드로는 모세를 자기 옆에 잡아두려 하지 않았다. 하나님께 부르심 받은 사명자를 기쁜 마음으로 응원하고 지지해 주었다.

작년 조사에 따르면, 교인이 50명 이하의 교회의 담임목사 50%가 다른 일을 하는 이중직을 감당하고 있고, 이중직 목회자 중 47%는 아예 사례를 받지 못하고, 40%는 100만 원 이하라고 한다. 미자립 교회를 섬기시는 선배 목사님의 글이다.

"지난 몇 주간은 저에게 지옥 같은 시간이었습니다. 저는 제가 꽤 괜찮은 사람이라고 생각했는데, 막상 현실 문제에 부딪혀 허둥대는 제 꼴을 적나라하게 보았습니다. 현타도 왔고요. 사역자로서 누군가를 위해 수백, 수천의 돈은 잘 흘려보내면서, 제 가족을 위한 당연한 책임에는 자존심을 꺾지 못하고 머뭇거리는 제 모습과 두드린 은행 문 앞에서 저의 현실 위치를 제대로 보게 되었습니다. 저는 목사가 멸시받고, 교회가 모욕당하며, 기독교가 개독교로 불리는 것이 정말 싫었습니다. 전체를 바꾸지 못할지언정 저부터라도 제대로 된 목사가 되고, 교회를 바로 세우며, 기독교의 진가를 드러내면 조금씩 바뀌리라 생각했고, 그렇게 살기 위해 부단히 노력했습니다. 그러나 저의 삶의 분투가 빛을 발할 때마다 제 가족은 더 힘들어했습니다. 아니 저의 도덕적 윤리적 삶의 기준에 맞추기 위해 특히 제 아내는 더 고립되어 갔습니다. 목사는 고도로 훈련된 이들입니다. 그러나 목사의 아내와 자녀들은 그렇지 않습니다. 제가 그걸 간과했습니다. … 성도들의 상처가 치유되고, 교회가 잘 세워져 가고 있다고 생각하던 때에 미처 제가 돌아보지 못한 가장 사랑하는 가족이 신음하고 있음을 돌아보지 못했습니다. 사실 하나님께 지난 몇 주간 '돈 좀 주십시오'라는 그동안 한 번도 꺼내지 않은 기도를 간절히 했습니다. 가장 수준 낮은 기도라며 하나님 나라를 추구하면 거저 주신다는 물질을 간절히 바라는 역설적인 기도를 드렸습니다. 그런데 하나님은 아무 반응도 없습니다. 돈벼락은커녕 정당한 은행 문턱도 저에게 너무 높았습니다. 하나님을 원망하기도 했습니다. … 저는 아직도 하나님께 물질을 채워달라고 기도하고 있습니다. 어린아이처럼 단순한 필요를 위한 기도입니다. 성도들의 기도를 이해하기 시작했습니다."

모세가 이드로의 지지가 필요했듯, 오늘날 목회자들도 지지가 필요하다. 목회자들과 선교사들이 사역에 전념할 수 있도록 교회가 살펴야 한다. 또한, 그들의 지도력에 순종하는 것, 목회 방향에 동참하는 것도 가장 큰 지지일 것이다. 이드로가 부름 받은 모세를 지지함으로 하나님의 역사에 동참했듯이 우리도 여러 모양으로 동참할 수 있다.

사역의 조력자가 되다

| 출18:14 | 모세의 장인이 모세가 백성에게 행하는 모든 일을 보고 이르되 네가 이 백성에게 행하는 이 일이 어찌 됨이냐 어찌하여 네가 홀로 앉아 있고 백성은 아침부터 저녁까지 네 곁에 서 있느냐

이스라엘은 아직 국가 단위의 행정시스템이 갖춰져 있지 않았으니, 백성들이 모든 문제의 재판을 모세에게 가지고 왔다. 그러니 모세가 탈진하게 생겼다. 그 모습을 이드로가 보았다. 보았다는 단어는 단순히 눈으로 본 것이 아니라, 이해했다는 의미다. 연륜에서 나오는 안목이다. 그래서 이드로가 조언한다.

| 출18:17 | 모세의 장인이 그에게 이르되 네가 하는 것이 옳지 못하도다

'네가 하는 것이 옳지 않다'는 표현은 '틀렸다'는 뉘앙스처럼 보이지만, '토브'를 사용하고 있다. '좋지 않다' 효율적이지 않다는 의미다. 너에게나 백성에게나 덕이 되지 않는다, 질서가 없다, 불충분하다는 것이다. 그래서 대안을 제시한다.

| 출18:18 | 너와 또 너와 함께 한 이 백성이 필경 기력이 쇠하리니 이 일이 네게 너무 중함이라 네가 혼자 할 수 없으리라

이드로는 크게 네 가지를 전한다.
첫째, 한계를 인정하라. 혼자 할 수 없다. 그러다 지친다.
둘째, 위임하라. 천부장, 백부장, 오십부장, 십부장을 세워서 일을 위임하라. 조직을 구성하라
셋째, 율례와 법도, 성경적 판단 기준을 알려주라
넷째, 능력에 따라 일을 분담하라.

연륜에서 나오는 중요한 조언이다. 그런데 이 조언을 듣는 모세의 입장은 괜찮았을까? 리더의 입장에서는, 내 머리에서 나오지 않은 조언을 수용하기란 참 쉽지 않다. 자존심 상할 수 있다. 또 이드로의 말에서 거슬리는 부분도 있다.

| 출18:14 | 네가 이 백성에게 행하는 이 일이 어찌 됨이냐 어찌하여 네가 홀로 앉아 있고 백성은 아침부터 저녁까지 네 곁에 서 있느냐

완곡하게 표현해서 그렇지, 쉽게 풀면 "백성들은 땡볕에 세워두고, 왜 너 혼자만 앉아서 일하냐?" 모세가 조언을 받는 것이 쉽지 않았을 것

이다. 그런데 모세가 받는다. 아마 모세는 평소에 이드로를 존경했을 것이다.

흥미로운 것은, 하나님은 모세에게 영력과 탁월한 리더십을 주셨지만, 조직을 운영하는 능력은 주지 않았다는 것이다. 모세는 하나님과 친구처럼 이야기하는 자 아닌가? 그런데 하나님은 그런 건 모세에게 주지 않고, 이드로한테 주셨다.

서점에 모세와 관련해서 리더십 관련 책이 엄청 많다. '모세 지도력의 비밀', '리더 모세', '모세 리더 훈련 프로그램', 그리고 '모세 코드'. 그런데 실상은 달랐다. 모세는 현대에서 말하는 경영학적인 리더십 소양을 가지고 있지 않았다. 모세도 빈틈이 있었다!

하나님은 그 빈틈을 이드로를 통해서 채우셨고, 그로 인해 오합지졸 이스라엘 백성들을 국가의 조직을 구성하셨다. 완벽한 사람은 없다. 한계를 인정하라. 내가 다 잘할 수 없다는 것을 인정할 때 상대에 대한 존중이 나온다. 교회는 서로의 빈틈을 채우는 곳이다. 그래서 교회의 비밀을 전하는 에베소서에서는 이렇게 전한다.

| 엡2:22 | 너희도 성령 안에서 하나님이 거하실 처소가 되기 위하여 그리스도 예수 안에서 함께 지어져 가느니라

함께 지어져 가는 것이다. 가정도 그렇다. 서로의 빈틈을 채우는 곳이다. 그래서 배우자를 "돕는 배필"이라고 하지 않는가. 배우자와 내가 다른 것은, 안 맞아서가 아니다. 서로의 빈틈을 사명으로 볼 문제이다. 가

정에서, 그리고 교회에서 빈틈을 채워주는 것이 하나님 나라를 세우는 방법이다.

그런데 그 빈틈을 채우려고 조언을 하면 씨알도 안 먹히지 않는가? 모세처럼 들어먹어야 역사가 일어나는데, 쉽지 않다. 그래서 바울도 예수님도 결혼을 안했다는 비하인드 스토리(?)가 있다. 섬김만이 사람을 변화시킬 수 있다. 빈틈이 보이면 채워주라. 답답함을 해갈하기 위함이 아닌, 진정 그를 위해서 조언하고, 조언을 받아라. 그래야 하나님의 뜻이 이뤄진다.

자신의 흔적을 감추다

| 출18:27 | 모세가 그의 장인을 보내니 그가 자기 땅으로 가니라

출애굽기에는 이드로의 마지막이 짧게 기록되어 있지만, 민수기에는 모세가 이드로를 설득하는 장면이 나온다.

| 민10:29-30 | (표준새번역) 우리는 이제 주님께서 우리에게 주시겠다고 약속하신 곳으로 떠납니다. 장인께서도 우리와 같이 길을 떠나주시기 바랍니다. 주님께서 이스라엘에게 잘 해주시겠다고 약속하셨으니, 우리가 장인어른을 잘 대접해 드리겠습니다.

대선을 앞두고 지도자의 아내, 자녀, 가족의 태도가 얼마나 중요한지 우리는 알고 있지 않은가? 그런데 모세의 장인 이드로는 대접받는데 관심이 없다. 자신의 역할만 하고 역사에서 사라진다.

유대 문헌인 미드라쉬에 보면, ""나는 내 민족에게 돌아가서 토라를 연구하여 내 민족들을 모두 개종 시키겠다"고 이드로가 말했다고 하는데, 참고할 뿐이다. 그러나 분명한 것은 그는 자기 흔적을 감추었다는 것이다.

호랑이는 가죽을 남기고, 사람은 이름을 남긴다지만, 그리스도인은 흔적을 남기지 않는다. 모세도 자신의 역할까지 감당하고 느보산에서 조용히 생을 마감한다.

예전에 예수님이 사용하신 세마포가 발견되었다고 난리였는데, 다 사기극으로 드러났다. 사람은 보이는 것에 집착하기 마련이다. 보이는 것을 숭상하고픈 종교심이 있다. 그러나 그것은 진짜 믿음이 아니라는 것을 아시기에, 하나님은 우상의 빌미를 제공하지 않으신다.

광야에서 불평하던 이스라엘 백성들이 불뱀에 물렸을 때 구리뱀을 줬더니, 그들이 그 구리뱀을 700년 동안 숭상하던 걸 히스기야가 다 부숴버리지 않았는가? 가끔 내가 드러나고, 기억되길 바랄 때가 있다. 그러나 기독교 신앙은 흔적을 남기지 않는다. 섬김의 흔적, 구제와 봉사의 흔적을 남기지 않는다.

과거에 그렇게 시대를 풍미했던 교회들, 이름만 대도 부흥의 획을 그었다고 정평이 났던 교회들은 모두 역사 속에서 사라졌다. 왜일까? 물론 그 시대를 풍미한 개교회의 영광조차 영원하지 않기 때문이기도 하지만, 참 신앙의 정신이 그렇기 때문이다. 우리는 교회의 이름을 드높이는 자들이 아니라, 예수의 이름을 높이는 자들이기 때문이다. 우리의 흔적은 지우고, 오직 예수님만 기억나는 교회! 그것이 교회다움이기 때문이다.

이드로가 하나님의 사역에 동참하는 방법은, 자기 역할까지만 감당하는 것이었고, 자기 모습을 감추는 것이었다. 그래서 이드로가 더 빛나 보인다. 이드로가 모세일 필요가 없다. 이드로는 모세의 가족이 되어 주고, 지지해 주고, 모세의 빈틈을 채워주고, 흔적을 감춰도 하나님께 영광이 되고, 하나님의 뜻을 이루는 것이기 때문이다.

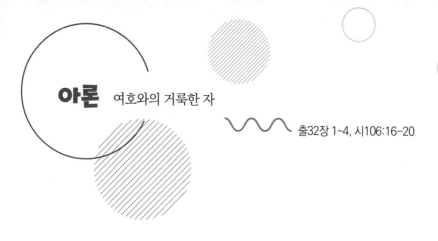

아론
여호와의 거룩한 자

출32장 1~4, 시106:16-20

아론은 '모세의 형'으로 기록되는 사람이다. 그는 형이었지만, 모세의 그늘에 늘 조연으로 보이는 사람이다. 어쩌면 우리가 사는 세상은, 누군가가 정한 기준에 따라 우리의 존재보다는 기능이나 직무를 앞세워 호칭할 때가 많다. 내 이름 석 자로 불리기보다, '누구의 엄마', '누구의 아들' 같은 호칭으로, 혹은 사장님, 과장님, 선생님, 집사님, 목사님처럼 역할과 기능으로 더 자주 불려진다.

내가 어릴 때 가장 많이 따라다닌 호칭은 '추 목사님 아들'이었다.
"아, 네가 추교상 목사님 아들이구나."

교회에서 공인이셨던 목사님의 아들로, 늘 어깨에 '목사 아들'이란 무게를 짊어지고 살았다. 사람들은 나를 나로 보지 않고, 목사 아들로 보는 것이 부담스러웠다.

이제는 '추 목사'로 살고 있다. 그런데 이제는 내 이름 석 자로 사는

조연, 주연이 되다

것보다, 목사라는 타이틀로 사는 것이 더 익숙해졌다. 사역을 잠시 쉴 때, 건설현장 노동자로 지낸 적이 있는데, 그때 어르신이 내 이름을 불렀다. "추창호, 창호야! 삽 좀 가져와" 그때 그 신선함을 잊을 수 없다. '맞아 내가 추창호 였지…!'

모세가 하나님께 부름 받을 때, 주님은 신을 벗으라 하신다. 신발은 우리 몸 전체를 담고 있는 터이다. 신분을 상징한다. 탕자가 돌아왔을 때 아버지는 좋은 옷을 입히고, 가락지를 끼우고, 신을 바꿔 신긴다. 그 신을 벗으라 하신다. 모세가 잘나갔던 왕자의 신분도, 광야의 도망자 신세였던 신분도, 나그네 목동으로 살았던 신분도 다 내려놓고, 모세는 모세로 서야 했다. 그렇듯이 우리는 모두 하나님 앞에서 '나'로 서야 한다.

'모세의 형' 아론이 아니라, 하나님 앞에서 아론은 어떤 사람이었는가? 역할과 기능으로써 내가 아닌, 나라는 존재에 대해 주목해보자.

나도 모세처럼 부름 받은 사람이다

출애굽기는 모세 중심으로 이야기가 전개되고, 모세의 이야기가 상세히 기록되어 있다. 하지만 하나님은 모세만 부르신 것이 아니다. 모세를 부르시는 그 순간에 아론도 부르셨다

| 출4:27 | 여호와께서 아론에게 이르시되 광야에 가서 모세를 맞으라 하시매

하나님은 성경에 등장하는 주인공들만의 하나님이 아니다. 주님은 자기를 찾는 모든 자의 하나님이시다. 일명 성경의 주인공들 주변 인물들을 만나주신 하나님을 찾아보라. 야곱이 형이 자기를 잡으러 온다는

소식을 듣고, 살려달라고 얍복강 나루터에서 씨름한다. 주님을 뜨겁게 만나 형을 만날 용기를 가지고 다음 날 나선다. 그런데 흥미로운 것은 에서의 변화이다.

| 창33:4 | 에서가 달려와서 그를 맞이하여 안고 목을 어긋맞추어 그와 입 맞추고 서로 우니라

하나님은 야곱의 인생에서만 역사하셨던 것이 아니다. 에서의 인생에서도 말씀하시고, 그를 변화시켜 가셨다.

학창시절에 같이 놀러 다니고, 싸움질이나 하고, 유흥을 즐기던 친구가 있었다. 내가 목사가 되고 그 친구가 너무 궁금해서 수소문 끝에 전화번호를 알아냈다. 20년 만에 반갑게 인사하고는 "야 나 목사 됐다"고 소개를 했다. 그랬더니 그때부터 그 친구는 존댓말을 쓰는 것이 아닌가? 우리 사이에 왜 그러냐 했더니 그 친구 왈,

"아이고 목사님, 제가 안수집사입니다."

하나님은 나의 하나님만이 아니라 우리의 하나님이시다. 다섯 달란트 받은 자만의 하나님이 아니라, 두 달란트, 한 달란트 받은 자의 하나님이시다. 나도 주인에게 사명 받은 자임을 기억하는 것은 우리의 몫이다.

결정적 리더십을 발휘하다

모세가 아론과 함께 애굽으로 들어갔을 때, 그들은 제일 먼저 이스라엘의 장로들을 만난다. 그때 아론은 모세가 받은 말씀대로 이적을 행한다.

29. 모세와 아론이 가서 이스라엘 자손의 모든 장로를 모으고
30. 아론이 여호와께서 모세에게 이르신 모든 말씀을 전하고 그
백성 앞에서 이적을 행하니 31. 백성이 믿으며 여호와께서 이스
라엘 자손을 찾으시고 그들의 고난을 살피셨다 함을 듣고 머리
숙여 경배하였더라

성경학자들은 이 대목에서 아론이 큰 역할을 했을 것으로 본다. 아무
리 모세가 왕족 출신이라고 해도 200만 명 이상 되는 이스라엘의 장로
들을 소집할 수 없었을 것이다. 아론이 장로들을 모을 수 있는 위치에
있었기 때문에 가능했을 것이다.

우리가 있는 위치는 하나님께서 주님의 영광을 위해 일하라고 주신
자리이다. 그 위치에서 하나님의 역사를 위해 내가 발휘할 리더십이 있
다. 내가 감당할 역할이 있다.

요셉이 마침 애굽의 총리가 되었을 때 극심한 흉년을 대비하고 열국
을 살렸듯이, 모르드개가 에스더에게 "네가 왕후의 자리를 얻은 것이
이때를 위함이 아닌지 누가 알겠느냐?"라고 물은 것처럼, 우리가 있는
위치에서, 주님의 때에, 주님을 위해, 무엇을 해야 할 것인가를 고민해
야 한다. 나만이 감당할 수 있는 나만의 사명이 있다.

하나님께서 주신 능력이 있다

모세가 자신은 '입이 뻣뻣해서 말을 잘 못 한다'라고 한다. 그때 주님
은 아론을 붙여주신다.

| 출4:14 | 네 형 아론이 있지 아니하냐 그가 말 잘 하는 것을 내가 아노라

아론은 주님이 인정하시는 달변가였다. 중요한 것은 그 능력이 쓰임 받았던 시기와 용도이다. 시기는 83세였다. 당시 수명을 고려해야 하겠지만, 모세가 시편에서 우리의 연수가 칠십이요, 강건하면 80이라고 했던 것을 보면, 100세 시대를 사는 지금이 오히려 더 장수하는 것 같다.

우리가 가진 달란트의 유통기한은 내가 정하는 것이 아니다. 스스로 폐기처분하지 말라. 지평선과 수평선은 실제로 존재하지 않는다. 선을 그어 한계를 정하는 것은 우리 눈의 한계일 뿐이다.

또한, 기억해야 할 것은, 능력을 발휘하는 용도가 무엇인가? 모세를 돕는 자리였다. 우리가 받은 달란트, 경험, 은사는 주를 위해 쓰라고 받았는데, 그 용도는 누군가를 섬기는 자리라는 사실을 기억해야 한다. 그러니 "주님, 제가 주님께 받은 것으로 어떻게 영광을 돌릴까요?"라고 묻는 기도는 "내 것이 필요한 자가 누구입니까?"라고 묻는 것과 동일한 것이다. 아론이 모세를 위해 자신의 언변을 사용할 때, 하나님께 쓰임 받았듯이, 우리도 누군가를 위해 섬길 때 하나님께 쓰임 받는 것이다.

자, 그런데 문제가 발생한다. 그의 인생에 오점! (출32장) 모세가 시내 산에 올라가서 소식이 없자, 그는 황금송아지를 만든다. 분명 그도 하나님께 부름 받은 자였지만, 그는 크게 두 가지 치명적인 문제를 가지고 있었다.

조연, 주연이 되다

첫째, 너무 사람을 의지했다.

아론은 모세를 너무 의지했다. 아론이 모세의 부재를 하나님의 부재로 생각했을 수도 있겠다고 유추할 수 있는 대목이 있다.

| 출4:16 | 그가 너를 대신하여 백성에게 말할 것이니 그는 네 입을 대신할 것이요 너는 그에게 하나님 같이 되리라

물론 이 말씀은 모세에게 전달받은 말씀을 아론이 하나님의 말씀으로 대언 할 거라는 이야기이지만, (출32장)에서 모세의 부재 상황에 보여주는 모습은, 그가 모세를 과하게 신봉했음을 알 수 있다. 사람을 의지했던 그는, 계속 사람들에게 휘둘리는 모습을 보여준다. 모세가 사라지자, 사람들이 찾아온다.

| 출32:1 | 백성이 모세가 산에서 내려옴이 더딤을 보고 모여 백성이 아론에게 이르러 말하되 일어나라 우리를 위하여 우리를 인도할 신을 만들라

이 대목에서 워렌위어스 비는 이렇게 이야기한다.

"사람들에게 필요한 것 대신 그들이 원하는 것을 주는 것보다 권위를 더 좀 먹게 하고 손상시키는 것도 없다. 영적인 사역이 시장의 풍토를 따라 소비자들이 원하는 것을 공급할 때 사역은 사업이 된다."

무서운 말이다. 사역자들이 맡은 영혼의 영적 필요에 민감할 수 있도록 중보 해 주어야 한다. 여론도 중요하지만, 무엇보다 하나님의 지도와 인도를 받도록 기도해 주어야 한다.

그런데 목회자만 그럴까? 우리도 사람을 너무 의지할 때가 있지 않은가? 주변 사람의 시선을 의식할 때가 있지 않은가? 믿었던 리더에서 좌천당할 때, 극심한 우울함에 밀려온다. 사람들을 의식해서 떠밀려 한 결정 때문에 책임을 져야 할 때 후회가 밀려온다.

하나님은 그런 과정을 통해 우리가 누구를 의지하고 있는가를 드러내신다. 결국 아론도, 우리도, 모세 없이 하나님과 독대해야 한다! 그때 하나님이 기뻐하시는 선택을 할 수 있다.

둘째, 하나님과의 관계에서 실패했다.

(출4장1절)말씀만 보면, 아론이 황소를 만든 표면적 이유는 백성들에게 휘둘린 것이지만, 본질적인 원인은 그가 하나님과의 친밀한 관계가 형성되지 않았던 것이다. 여지껏 모세를 통해 하나님의 말씀을 대언하긴 했으나, 그는 입만 빌려줬다.

모세를 통해 전달되는 하나님 음성 속에서 그는 하나님을 만나지 못했다. 내가 믿고 따르는 하나님이 어떤 분이신지를 알지 못했다. 그의 머릿속에는 온통 내가 원하는 하나님, 내가 꿈꾸는 나만의 하나님을 상상하고 있었다. 그것이 황소로 발현된 것이다.

황소는 고대 근동에서 최고의 신이었다. 소는 아버지 신을 상징한다. 고대 근동의 문화에 젖어있던 아론과 백성들은 여호와를 형상화한다면 당연히 소의 모습이라고 생각했을 것이다. 그래서 소를 만들고는 다 함께 합창한다.

| 출32:4 | 이스라엘아 이는 너희를 애굽 땅에서 인도하여 낸 너희의 신이로다

조연, 주연이 되다

이 일을 통해 레위인 3천 명이 죽임을 당하고, 역병으로 엄청난 사람들이 죽임을 당한다. 이날 아론은 리더십에 큰 타격을 입는다.

넘어졌던 리더, 하나님의 시선을 기억하다

어느 날, 고라와 다단과 아비람과 250명의 지도자가 모세와 아론의 권위에 이의를 제기하고, 반기를 든다(민수기 16장). 그때 땅이 갈라져서 그들이 삼켜버린다. 사실, 백성들이 모세의 권위는 인정하더라도, 아론의 권위에 도전할 만하지 않은가? 아론 때문에 3천 명이 죽었다. 수많은 사람이 역병으로 어려움을 당했다. 그러니 아론이 책임지고 리더의 자리에서 내려와야 한다고 하는 사람이 왜 없겠는가? 그런데 성경의 기록을 보라.

| 시106:16 | 그들이 진영에서 모세와 여호와의 거룩한 자 아론을 질투하매

아론을 '여호와의 거룩한 자 아론'이라 부른다. '모세의 형 아론'이 아니다. '우상숭배 주동자 아론'도 아니다. '실패자 아론'이 아니다. '여호와의 거룩한 자 아론'이다. 그리고 하나님은 그의 권위를 다시 찾아주신다.

'모세의 형'이란 수식어도 맞는 말이고, 어쩌면 '우상숭배 주동자'라는 수식어도 맞는 말이다. 그리고 '실패자 아론'도 맞는 말이다. 고라와 250명의 지도자들의 고발이 너무 맞는 말 아닌가? 이런 말을 누가 해주지 않더라도, 먼저 자기 속에서부터 올라왔을 것이다.

그때 우리가 기억할 것이 무엇인가? 자격은 권위를 부여하신 하나님께 있다는 사실이다. 권위를 부여하신 하나님이 우리의 자격이다. 그렇기에 아론의 입장에서 나 자신에게 자신이 없다 할지라도 잊지 말아야 할 것, 다른 사람들의 시선이 의식되더라도 그 순간 일어날 힘! 그것은 나를 바라보시는 하나님의 시선이다. '여호와의 거룩한 자'로 보시는 하나님의 관점을 발견하는 것이다. 사람들은 나를 사기꾼 야곱이라고 불러도, 하나님이 네가 나와 겨루어 이긴 이스라엘로 불러주신다면, 그 부르심 앞에 우리는 다시 일어날 힘이 생긴다. 사람들이 나를 실패자, 배신자 시몬으로 불러도, 주님이 흔들리지 않는 반석! 베드로로 불러주신다면, 나는 부족하지만, 완전하신 주님이 우리를 그렇게 조성해 가실 것을 믿는 믿음으로 다시 일어날 수 있다.

걱정하지 마라! 하나님은 무너진 아론의 리더십을 회복할 기회를 주신다. 아론의 기도로 역병이 멈추는 사건을 놓치지 말라(민수기16장). 이후 아론의 싹 난 지팡이를 통해 다시 그의 리더십을 보증하시는 하나님의 세심한 배려 또한 있을 것이다(민수기17장).

'여호와의 거룩한 자'로 불러주시는 주님이 우리도 그렇게 불러주신다. 그 부르심 앞에 다시 일어나라! 사람 의존적 신앙에서 하나님 의존적 신앙이 되라, 하나님과의 개인적 친밀함을 가지라, 그리고 나를 향한 하나님의 관점을 기억하고 회복하라.

조연, 주연이 되다

요나단 다윗을 사랑한 친구

삼상18:1-5

동역자가 되다

성경 인물 중 주연과 조연, 쌍을 이루고 있는 사람들 모세와 아론, 바울과 바나바, 여호수아와 갈렙, 그리고 다윗과 요나단이다. 이들 중 관계를 '친구 관계'로 이해하는 사람은 오직 다윗과 요나단이 유일할 것이다. 동년배인가? 그렇지도 않다. 성경학자들은 두 사람이 적어도 2~30년 차이가 났을 것으로 추정한다. 그래서 사실 친구라기보다는 동역자의 관계로 보는 것이 맞다. 그럼에도 불구하고 친구로 보는 것은 다윗과 요나단이 그만큼 깊은 우정을 나눈 사이였기 때문일 것이다.

나는 '동역자'라는 단어가 참 좋다. 당신에게도 동역자가 있는가? 당신은 누구의 동역자인가?

요나단은 다윗보다 나이도 많고, 살아온 환경도 달랐음에도, 그를 위해 헌신적이었다. 주목해야 할 것은, 그가 다윗의 친구이자 동역자로 하나님의 역사에 동참했다는 것이다. 비록 그가 성경 속에서는 조연이었지만, 하나님 역사에서 주연으로 동참한다.

요나단의 이름은 '여호와께서 주신다'는 뜻을 가지고 있다. 우리는 요나단이 왕권을 다윗에게 양보했는데, 그의 이름이 '여호와께서 주신다'는 의미라는 것은 의미심장하다. 이것은 자신에게도 의미심장하고, 왕권을 받은 다윗에게도 의미심장하고, 이 사건을 바라보는 우리에게도 그렇다.

요나단은 왜 다윗을 자기 생명처럼 사랑했을까? 성경을 보면, 직접적인 이유를 설명한 대목이 없다. 우리가 추론할 수 있는 단서가 있는데, 요나단의 마음과 다윗의 마음이 '하나가 되었다'는 표현이다.

| 삼상18:1 | 다윗이 사울에게 말하기를 마치매 요나단의 마음이 다윗의 마음과 하나가 되어 요나단이 그를 자기 생명같이 사랑하니라

이게 아리송하다. 원어를 보면 '매다, 묶다'라는 의미다. 우리가 알고 싶은 것은 왜 마음이 묶였나 인데, 성경은 마음이 묶여서 요나단이 사랑했다고 전한다. (새번역)에서는 그냥 쉽게 '요나단은 다윗에게 마음이 끌렸다고 표현한다. 요나단이 왜 다윗에게 끌렸는지 정황을 한번 살펴보자.

적임자를 묻다

그의 아버지는 이스라엘의 첫 번째 왕! 사울이다. 혈통적으로 왕족이었기에 그는 누가 봐도 왕위를 이을 사람이었다. 하지만 그는 아버지가 점차 망가지는 모습을 보면서 참담했을 것이다. 아말렉과의 전투에서 전리품을 남긴 아버지는 사무엘에게 혹독한 평가를 듣는다.

| 삼상15:22-23 | 22. 순종이 제사보다 낫고 듣는 것이 숫양의 기름보다 나으니 23. 이는 거역하는 것은 점치는 죄와 같고 완고한 것은 사신 우상에게 절하는 죄와 같음이라 왕이 여호와의 말씀을 버렸으므로 여호와께서도 왕을 버려 왕이 되지 못하게 하셨나이다

이 이야기는 암암리에 장내에 퍼졌을 것이다.

신명기 17장은 왕을 세울 때 주의할 것을 전한다.

| 신17:14~15 | 14. 만일 우리도 우리 주위의 모든 민족들 같이 우리 위에 왕을 세워야겠다는 생각이 나거든 15. 반드시 네 하나님 여호와께서 택하신 자를 네 위에 왕으로 세울 것이며...

하나님이 택하신 자를 세워야 한다고 전한다. 그러니 아버지가 엇나가는 모습을 바라봤던 요나단은 스스로 고민하지 않았을까?

'나는 적임자일까?' '나는 하나님께서 택하신 자인가?'

우리는 고민해야 한다. 자신감의 문제가 아니다. 부르심의 문제이다. 능력의 문제가 아니다. 사명의 문제이다.

어느 날, 블레셋이 거인 골리앗을 앞장세워 쳐들어왔다. 골리앗이 하나님을 들먹이며 모욕했지만, 누구도 그 상황에서 나서지 못했다. 요나단도 마찬가지였다. 그 상황에 어린 다윗이 등장한다. 다윗이 출전하겠다는 이야기가 순식간에 사울의 귀까지 들어가고, 사울이 그를 부른다. 그때 다윗이 하는 말이 흥미롭다.

| 삼상17:32 | 다윗이 사울에게 그로 말미암아 사람이 낙담하지 말 것이라

맹랑하다. 마치 다윗이 어른처럼 사울을 위로한다. 그때 다윗의 믿음과 용기가 사울에게 어떤 영향력을 주었던 것 같다. 그리고 어린 다윗에게 출전의 기회를 부여한다. 그 광경을 최측근이었던 요나단이 보았을 것이다. 그리고 다윗이 골리앗을 향해 선포한 말을 들었다.

| 삼상17:45-47 | 45. 다윗이 블레셋 사람에게 이르되 너는 칼과 창과 단창으로 내게 나아 오거니와 나는 만군의 여호와의 이름 곧 네가 모욕하는 이스라엘 군대의 하나님의 이름으로 네게 나아가노라 46. 오늘 여호와께서 너를 내 손에 넘기시리니 내가 너를 쳐서 네 목을 베고 블레셋 군대의 시체를 오늘 공중의 새와 땅의 들짐승에게 주어 온 땅으로 이스라엘에 하나님이 계신 줄 알게 하겠고 47. 또 여호와의 구원하심이 칼과 창에 있지 아니함을 이 무리에게 알게 하리라 전쟁은 여호와께 속한 것인즉 그가 너희를 우리 손에 넘기시리라

지금 들어도 가슴이 벅차오르는 말씀이다. 전장에서 모두가 두려워하는 가운데 작은 소년의 이야기는 모두의 가슴을 뜨겁게 했을 것이다. 그리고 정말 골리앗을 쓰러뜨렸다. 이것을 누가 지켜보고 있는가? "나는 적임자일까?" 고민했을 요나단이 지켜보고 있었다.

그는 다윗에게서 소망을 발견했다. 그리고 (1절)에서, 다윗이 골리앗을 쓰러뜨린 이후에 나눈 대화라고 전하는데, 성경학자들은 이 대화를 지켜본 요나단은 다윗이 순수하고 성숙한 신앙과 인격을 확인함으로, 사랑하게 되었다고 본다. 요나단은 확신했다.

"적임자가 여기 있구나!"

요나단은 다윗과 언약을 맺는다. 자신의 겉옷을 벗어서 다윗에게 주는 행동은 심상치 않다.

| 삼상18:4 | 요나단이 자기가 입었던 겉옷을 벗어 다윗에게 주었고 자기의 군복과 칼과 활과 띠도 그리하였더라

이 옷은 왕실의 관복이었다. 이것은 암묵적으로 왕위 계승권을 넘겨주는 상징적인 모습이다. 그로 인해서 요나단은 다윗을 이스라엘의 왕으로 세우시려는 하나님의 역사에 동참하게 되고, 더 넓게는 다윗의 자손으로 오실 메시아의 길을 준비하는 역할을 감당하게 되었다.

하나님께 받은 나의 역할에 집중하다

요나단은 혈통적으로 왕족이다. 당시 다른 나라는 모두 왕위를 혈통으로 이어갔다. 그러니 욕심을 내면, 수순대로 왕의 자리를 넘볼 수 있다. 그러나 성경은 그가 그 위치에서 다윗을 왕으로 세우는 결정적 역할을 감당했다고 전한다.

비교하지 않고 자기 자리에서 하나님이 원하시는 역할을 할 때 우리는 하나님 역사에 동참하게 된다. 주연이든 조연이든 우리에게는 주어진 자리가 있다. 그 자리는 권한이 있다. 하나님은 그 권한으로 하나님 나라를 위한 역할을 감당하길 원하신다.

그런데 반드시 유혹이 있다. '역할을 할 것인가? 자리를 지킬 것인가?' 욕심을 좀 내면 그 자리에서 얻게 되는 혜택을 누릴 수 있다. 그때 주님은 우리를 그 자리에 둔 목적이 있다는 사실을 기억해야 한다. 하나님께 쓰임 받은 인물들은 모두 그 역할을 기억하는 자들이었다.

요셉은 자신을 팔아넘긴 형들을 품으며 자신의 역할 이야기를 한다.

| 창45:5 | 당신들이 나를 이 곳에 팔았다고 해서 근심하지 마소서 한탄하지 마소서 하나님이 생명을 구원하시려고 나를 당신들보다 먼저 보내셨나이다

하만의 유대인 말살 계획을 듣고, 모르드개가 에스더에게

| 에4:14 | 네가 왕후의 자리를 얻은 것이 이 때를 위함이 아닌지 누가 알겠느냐

에스더를 그 자리에 앉히신 데는 하나님께서 부여하신 역할이 있다는 것이다. 하나님의 때에, 그 역할을 감당할 때, 우리는 하나님의 역사에 주연이 된다.

하지만 사울은 다윗을 살려주는 요나단이 못마땅했다. 욕을 한다.

| 삼상20:30-31 | 패역무도한 계집의 소생아!...이새의 아들이 땅에 사는 동안
은 너와 네 나라가 든든히 서지 못하리라

가만히 있으면 네 나라가 되는데, 왜 욕심을 부리지 않느냐는 것이다. 오늘날 우리 마음에도 사울이 있다. 사울은 우리에게 계속 이야기한다. "지금 네 코가 석 자다, 실속을 챙겨라. 네 나라를 세워라. 조금만 더 애 쓰면 다섯 달란트가 될 수 있다"

그러나 하나님 나라는 자기 위치에서 두 달란트의 역할을 감당하는 자들을 통해 세워진다. 나를 여기에 두신 이유, 나를 이 위치에 세우신 이유를 발견하고, "이때를 위함"이라고, 자기 역할을 감당하는 자들을 통해 하나님 나라는 세워지는 것이다.

'주님! 나는 왜 여기 있습니까? 나는 왜 이 자리에 있습니까? 이 자리에서 주님이 원하시는 나의 역할이 무엇입니까?' 질문하라.

역할 존중으로 하나님 나라를 세우다

| 삼상23:17 | 곧 요나단이 그에게 이르기를 두려워하지 말라 내 아버지 사울 의 손이 네게 미치지 못할 것이요 너는 이스라엘 왕이 되고 나는 네 다음이 될 것을 내 아버지 사울도 안다 하니라

'나는 네 다음이 될 것을' 원어를 직역하면, '나는 너를 위하여 두 번째가 될 것이다'는 의미다. 요나단은 다윗이 왕의 역할이고, 자신은 왕이 되도록 돕는 역할이란 사실을 알았다.

존중은 비교와 경쟁에서 나오지 않는다. 하나님 앞에서 주어진 서로의 역할을 인정할 때, 존중이 나온다. 이것이 하나님 나라의 질서이다.

다섯 달란트는 다섯 달란트의 역할을 하고, 두 달란트는 두 달란트의 역할을 하는 것이다. 역할에 충실한 모든 자에게, 하나님은 다섯 달란트의 영광을 주시는 것이 하나님 나라의 질서이다. 그러나 세상의 질서는 다르다. 다윗이 골리앗을 죽이니 사람들 왈,

| 삼상18:7 | 사울이 죽인 자는 천천이요 다윗은 만만이로다

이 말을 듣고 사울의 노가 격발한다.

| 삼상18:8-9 | 8. 사울이 그 말에 불쾌하여 심히 노하여 이르되 다윗에게는 만만을 돌리고 내게는 천천만 돌리니 그가 더 얻을 것이 나라 말고 무엇이냐 하고 9. 그 날 후로 사울이 다윗을 주목하였더라

우리가 믿음이 있어도 세상의 비교의식이 스며들면, 우리도 사울처럼 시기와 질투의 노예가 될 수 있다.

두 달란트 받은 자가 이겨내야 할 두 가지 감정이 있다. 첫 번째는 '위'로 볼 때 느끼는 감정이고, 두 번째는 '아래'로 볼 때 느끼는 감정이다.

첫째, 다섯 달란트 받은 자를 볼 때 생기는 상대적 박탈감이다.
나보다 더 가진 자를 볼 때 느끼는 열등감이다. 이 감정이 내가 받은 달란트를 사소하게 보도록 만든다. 요나단도 당연히 이렇게 느낄 수 있다. '나는 왜 왕이 아니야? 나는 왜 기름 부음 받지 못했어?' 하지만 요나단은 분명하다.

"너의 역할은 왕이고, 나의 역할은 돕는 거야!"

둘째, 한 달란트 받은 자를 볼 때 생기는 무력함이다.

두 달란트 받은 자가 한 달란트 받은 자보다 상대적으로 많이 받은 것이 사실이지만, 정작 한 달란트 받은 자의 문제는 적은 양 때문이 아니었다. 그의 문제는 주인의 것을 남기는 데 관심이 없었다는 것이었다.

우리가 가끔 교회에서 일할 때, 일이 많아서 마음이 힘든 것이 아니다. 나 혼자 하는 것 같을 때 힘들지 않은가? 엘리야가 괜히 '나만 남았다'라고 투정한 것이 아니다. 한 달란트 받은 자는 하나님께서 맡기신 것에 별 의미를 두지 않는다. 늘 지각하는 사람, 자기 일이 바쁘다고 내빼는 사람을 볼 때 힘들다.

요나단이 사울을 볼 때 그랬을 것이다. 사울은 하나님 나라에 관심이 없었다. 그래서 눈에 보이지 않는 하나님 나라보다 실리를 추구하라고 이야기한다.

그러나 우리가 기억해야 한다. 우리는 하나님 앞에서 각각의 역할이 있다. 각각 하나님 앞에서 충성하는 것이다. 언젠가 주님 만날 때 결국 평가도, 내가 받은 역할에 대한 평가를 받을 것이다. 이런 믿음이 있을 때, 우리는 서로의 역할을 존중할 수 있다.

협력으로 하나님의 뜻을 이루다

"역경에 처하면 사람은 자기 친구의 수를 센다."는 속담이 있다. 누구나 어려움을 당하면 누가 진짜 친구인지를 살피게 된다. 그런데 요나단은 다윗이 도망자 신세가 되었을 때 위험을 무릅쓰고 다윗을 찾아온다.

| 삼상23:16 | 사울의 아들 요나단이 일어나 수풀에 들어가서 다윗에게 이르러 그에게 하나님을 힘 있게 의지하게 하였는데

그가 다윗을 찾아온 목적이 무엇인가? 하나님을 힘 있게 의지하게 하기 위함이었다. 그 목적이 무엇인가?

| 삼상23:17 | 곧 요나단이 그에게 이르기를 두려워하지 말라 내 아버지 사울의 손이 네게 미치지 못할 것이요 너는 이스라엘 왕이 되고 나는 네 다음이 될 것을 내 아버지 사울도 안다 하니라

요나단은 단순히 낙담한 다윗이 심적 위로받으라고 찾아온 것이 아니다. "여기 네 편도 있다! 내가 응원해!" 이런 의미로만 찾아온 것이 아니다. 요나단은 다윗이 하나님이 맡기신 역할, 이스라엘의 왕이 되어야 한다고! 사명을 감당할 수 있도록 용기를 준 것이다.

이것이 그리스도 안에서 인간관계의 원리이며 목적이다. 우리가 누군가를 위로하는 목적은 결국 그가 하나님이 맡기신 사명을 감당하도록 돕는 것이다. 또 누군가가 영적으로 회복해야 한다면, 마음을 추스르는 것쯤으로 부족하다. 그는 반드시 하나님께서 맡기신 역할을 감당하는 데까지 가야 진짜 회복이다. 신앙의 위기는 단순히 메마른 눈물만의 문제가 아니다. 사명을 놓고 싶을 때, 사명이 흐려질 때가 진짜 위기이다.

우리가 누군가에게 친구가 되고, 동역자가 되는 목적은, 서로를 돕기위한 것이다. 세상에서 느끼지 못하는 사랑을 느끼는 것 좋다. 그러나거기까지가 아니다. 진짜 사랑한다면, 그가 사명을 붙잡도록 도와야 한다. 예수님은 베드로의 회복을 위해 "네가 나를 사랑하느냐?" 물으셨지만, 그에 대한 대답이 "나도 너를 사랑해"가 아니었다. "내 양을 먹이라"사명을 주셨다.

신앙의 회복은 따뜻함만의 회복이 아니다. 사명의 회복까지다. 우리에게 공동체를 주신 목적은 친구이자 동역자를 주신 것이다. 넘어진 그가 하나님을 붙들 수 있도록, 하나님을 힘 있게 의지하도록 돕고, 결국그가 하나님께서 맡기신 사명을 감당하는 자로 세워지도록 우리를 초청하신다.

누구의 가족이며, 친구이며, 동역자인가? 그가 하나님을 붙들 수 있도록, 그가 하나님을 온전히 의지할 수 있도록 도와주라. 그리고 그에게 맡기신 하나님이 원하시는 역할을 잘 감당하도록 도와주라. 그것이오늘날 우리가 하나님의 역사에 동참하는 방법이다.

침례요한 예수님의 길을 예비한 자

요3:26~30

결혼도 안 했던 20대의 어느 날, 형님이라고 부르기에는 나이가 많았던, 마흔의 나이를 바라보는 분이 하셨던 말씀이 기억에 남는다.

"남자가 인생 40이 넘으면 생각이 많아진다? 인생 절반을 살았는데, 남긴 것이 없다는 사실에 생각이 많아져."

"나는 무엇을 남겼는가?"라는 질문 앞에 우리는 숙연해진다. 침례요한이 평생을 예수님의 길을 예비하며 살지 않았는가? 죽음을 앞둔 그는 이 질문 앞에 섰을 것이다. 옥중에서 그는 예수님께 사람을 보내서 묻는다.

| 마11:3 | 오실 그 이가 당신이오니이까 우리가 다른 이를 기다리오리이까

평생을 오실 메시아의 조연으로 살았던 그가 아닌가? 형장의 이슬로 사라지는 순간에 자신의 인생이 정말 가치 있는 삶이었는지를 확인받고 싶었으리라.

조연, 주연이 되다

평생 자식들의 뒷바라지를 하며 살았던 아버지들의 삶, 자기 이름을 잊은 채 '누구 엄마'로 불렸던 우리 어머님들의 삶이 침례요한의 삶과 닮았다. 우리도 누군가의 조연으로 살아갈 때, 내 삶이 정말 가치 있는 삶이었는가? 의미 있는 삶인가? 내가 헛수고 한 것이 아닌가? 예수님께 묻고 싶지 않은가?

평생 예수님의 조연으로 살았고, 인생 마지막에 형장의 이슬로 사라졌지만, 하나님 앞에 귀하게 쓰임 받았던 침례요한의 삶을 살펴보자.

빈들에서 사명을 감당하다

| 눅1:80 | 아이가 자라며 심령이 강하여지며 이스라엘에게 나타나는 날까지 빈들에 있으니라

그는 빈들에서 자랐다고 한다. 빈들을 이해하려면 알아야 할 배경이 있다.

유대 종교 그룹은 크게 네 가지로 나뉘는데, '바리새파, 사두개파, 열심당 그리고 에세네파'이다. 침례요한은 엣세네파와 유사한 점이 많다. 일부 학자들은 침례요한의 금욕적이고 회개를 강조한 사역은 엣세네파의 영향으로 보기도 한다.

에세네파는, 거슬러 올라가면, 마카비 혁명 시절부터 이야기해야 한다. 이스라엘이 시리아의 지배를 받을 때, 셀루쿠스 왕조의 8대 왕인 안티오쿠스 에피파네스 4세의 악명은 대단했다. 그는 직접 통치를 하면서 유대인들에게 있어서 건드리면 안 되는 것을 건드렸다. 바로 '성전'을 건드렸다. 성전에 제우스 제단을 만들고, 돼지를 제물로 드리고, 먹였다. 성경도 소유하지 못하게 하고, 할례도 못 하게 했다. 이때 경건한 자들 '하시딤'이 혁명을 일으켰고 혁명은 성공했다. 그때 유대인 하스몬 가문이 왕권을 차지한다.

많은 기대를 받고 시작된 하스몬 가문이었지만, 그들도 시간이 흐를수록 초심을 잃고 권력을 지향했다. 실망한 제사장들이 성전 타락을 강력하게 비판하다가 포기하고, 사해 지역으로 이주해 버린다. 그리고 공동체를 이루는데 그것이 바로 우리가 잘 아는 쿰란 공동체이다.

이처럼 침례요한은 지금 신앙의 중심지인 예루살렘에 자란 게 아니라, 신앙의 외곽! 빈들에 있었다.

그런데 중요한 것은 그 장소에 말씀이 임했다는 것이다.

| 눅3:2 | 안나스와 가야바가 대제사장으로 있을 때에 하나님의 말씀이 빈들에서 사가랴의 아들 요한에게 임한지라

옛말에 '말은 나면 제주도로 보내고, 사람은 나면 서울로 보내라'고 했는데, 유대인들에게 예루살렘이 그랬다. 예루살렘은 신앙의 메카다. 안나스와 가야바는 당시 그 성전의 대표이자 종교지도자들의 상징이었다.

그런데 하나님의 말씀이 예루살렘 성전이 아니라, 빈들에 임했다고 전한다. 이것은 종교지도자들이 부패했다는 의미이기도 하지만, 그런 시대라 할지라도 하나님은 쉬지 않으셨다는 말씀이다. 빈들과 같은 누추한 장소, 환경에서도 하나님의 역사는 쓰여지고 있었다. 오늘날로 말하면, 신앙의 외곽에서 아웃사이더로 지내는 이들에게도 하나님은 말씀하실 수 있다는 것이다.

조연, 주연이 되다

하나님을 향한 원망이 잔뜩 들어있는 청년과 상담했다. 자신은 하나님을 경험하지 못했다는 것이다. 그래서 '하나님을 경험하는 것이 뭐라고 정의하기에 못 만났다고 이야기하냐?'고 물었더니, 하나님이 살아 계신다면 자신은 지금 여기에 있으면 안 된다는 것이다. 하나님이 살아 계신다면 자신을 유학 보내주어야 했고, 하나님이 살아 계신다면 하는 사업이 잘 돼야 했다는 것이다. 말씀에 비추어 본다면, 하나님이 살아 계신다면 나를 예루살렘으로 보내야 했다! 나는 빈들에 있으면 안 됐다고 이야기하는 것이다.

하지만 하나님의 말씀은 빈들에서도 임한다. 높아져 있는 우리 마음은 빈들에 있음으로 하나님의 음성을 듣는 귀가 열린다. 마음이 가난해져서, 결국 하나님을 찾을 수 있다.

빈들에 있다 할지라도 하나님은 쉬지 않으신다. 광야에서도 길을 내시고, 메마른 땅에서도 물을 내시는 하나님을 기대하는 자는, 침례요한처럼 광야에서도 사명을 감당할 수 있다. 육신의 눈으로는 황폐한 땅, 삭막한 땅이라 할지라도 하나님을 기대하며 사명을 감당하자.

부여하신 사명만큼

당시 침례요한의 인기는 상당했다. 적어도 예수님이 등장하기 전까지는 그랬다. 유대 산헤드린의회는 율법을 보호하는 역할을 했기 때문에 침례요한을 심문할 권한이 있었지만, 사람들이 모두 그를 선지자로 여기니 고발할 수가 없었다. 많은 사람이 그를 주목했고, 그에게 침례를 받으러 왔다.

어느 날, 요한의 제자들이 쫓아와서 침례 받던 인파가 다 예수님께 갔다고 전한다. 제자들의 뉘앙스는 예수님께 뺏겼다고 전하는 것 같다. 오늘날로 따지면, 침례요한이 개척한 교회에 오던 사람들이 예수님이 개척한 교회로 다 가버렸다고 전하는 것이다. 그때 요한의 말을 들어보라.

| 요3:30 | 그는 흥하여야 하겠고 나는 쇠하여야 하리라

이게 쉬운 것이 아니다. 목회자 세계에 목회윤리라는 것이 있다. 같은 교단은 주변 500m 이내에 하지 않는 룰이란 것이 있다. 물론 사람 뺏길까 봐 그런 건 아니지만, 서로의 사역 반경을 지켜주는 것이다. 그런데 예수님은 깜빡이도 안 켜고 침례요한의 영역을 침범한 것이다.

한 성도가 브레드 카페를 차리셨다. 그런데 어느 날 옆 상가에 카페가 들어왔더니 잠이 안 온다는 것이다. 이유는 간단하다. 손님 뺏길까 봐. 물론 지금 침례요한을 찾던 사람들이 손님은 아니지만, 자신을 찾던 사람들이 줄어들면 침례요한도 사람인데 왜 상실감이 없겠는가?

그렇다면 침례요한이 '그는 흥해야 하고, 나는 쇠해야 한다'고 말할 수 있는 이유가 무엇인가? 그는 하나님이 부여하신 사명이 분명했다. 그는 자신의 정체성을 공포한다.

| 요1:23 | 나는 선지자 이사야의 말과 같이 주의 길을 곧게 하라고 광야에서 외치는 자의 소리로라

| 요1:1 | 태초에 말씀이 계시니라 이 말씀이 하나님과 함께 계셨으니 이 말

씀은 곧 하나님이시니라

　예수님은 말씀이고, 자신은 소리라고 한다. 소리는 말씀을 담는 그릇
이다. 소리는 방법이고, 말씀은 내용이다. 그의 삶은 예수님을 담아내
는 데 목적을 둔 것이다.

　예수님은 신랑이고 자신은 신랑의 들러리라고 전한다. 5장에서는 자
신은 등불이라 전하고 예수님은 빛이라고 전한다. 소리, 들러리, 등불
다른 이미지이지만, 모두 같은 메시지를 전한다. 주인공은 예수님이시
고, 나는 조연이란 사실이다.

　겸손은 자기 비하가 아니다. 하나님이 부여하신 정체성에서 나오는
것이다. 하나님께서 맡기신 역할에 대한 분명한 인식에서 나온다. 우리
마음에 열등감이나 비교의식으로 마음고생 한다면, 다른 것을 점검할
것이 아니라, 하나님 앞에서 나의 자리, 역할, 하나님이 부여하신 사명
이 무엇인지 규정하고 점검할 문제이다. 나의 정체성은 무엇인가? 분명
한 사명 의식으로 하나님의 역사에 동참할 수 있다.

역사에서 조용히 사라지다

　하나님의 없는 세상의 상징인 바벨탑에서 사람들은 하나 같이 소리
쳤다.

| 창11:4 | 우리 이름을 내고 온 지면에 흩어짐을 면하자

　하지만 하나님의 역사에 동참하는 자는 '나는 쇠하여야 하리라.' 고백
하고 존재를 숨긴다. 역사에 동참하려면 이름을 내야 할 것 같은데, 사

명자는 이름을 지운다.

요한에 대한 흥미로운 기록이 있다.

| 요10:41 | 많은 사람이 왔다가 말하되 요한은 아무 표적도 행하지 아니하였
으나

성경에서 침례요한을 소개할 때 그를 기적의 사람, 능력 있는 선지자
로 소개한다. 먼저는 그가 기적적으로 태어났다. 그는 어머니 태에서부
터 성령이 충만했던 사람이었다. 그리고 (눅1:17) 그가 또 엘리야의 심
령과 능력으로 주 앞에 먼저 온다고 전하는데, 엘리야는 이스라엘 사람
들의 인식에서 가장 많은 기적을 일으킨 선지자였다. 그뿐만 아니라 침
례요한의 주 사역은 유대인을 위한 사역이었다. 고린도전서에서는 유
대인의 특징을 표적을 구한다고 전한다.

| 고전1:22 | 유대인은 표적을 구하고 ...

그러니 기적을 누구보다 행해야 할 사람은 침례요한이었다. 그런데
그는 기적 없이 사역했다. 그런데도 그의 열매는 풍성했다.

| 요10:41,42 | 41. 많은 사람이 왔다가 말하되 요한은 아무 표적도 행하지
아니하였으나 요한이 이 사람을 가리켜 말한 것은 다 참이라
하더라 42. 그리하여 거기서 많은 사람이 예수를 믿으니라

그는 기적 없이 예수를 주목하게 하고, 조용히 형장의 이슬로 사라졌

다. 심지어 그는 예수님의 칭찬도 듣지 못했다. 예수님께서 어떤 칭찬을 하셨는가?

| 마11:11 | 여자가 낳은 자 중에 세례 요한보다 큰 이가 일어남이 없도다

그는 이 말씀을 듣지 못하고 죽는다. 아마 침례요한은 형장에서 자신이 실패했다고 생각했을 수도 있다. 그러나 전혀 그렇지 않았다. 그를 향한 예수님의 평가는 성경에 기록된다.

일이 내 생각대로 잘 안 풀리면 자꾸만 내가 나를 평가한다. 어떨 때는 나에게 너무 냉정하다. 자책하게 된다. 일이 안 풀리는 원인을 자꾸 나에게서 찾는다. 하지만 성경은 하나님께 쓰임 받았던 침례요한 같은 사람들도 실패감, 패배감을 가질 수 있었음을 전한다.

스코틀랜드의 설교자 조지 모리슨은 이렇게 전한다.

"하나님이 당신의 종들에게 그들이 자신이 얼마나 잘하고 있는지를 보게 하시는 경우는 거의 없다."

"내가 잘 하고 있는 것이 맞나?" 그 질문 가지고 평생 사는 것이 그리스도인이라는 것이다.
사람들이 나를 어떻게 생각하는가, 또는 내가 나를 어떻게 생각하는가의 문제보다 중요한 것은, 하나님이 부여하신 사명을 감당하고 있는가이다. 그때 우리도 이름 없이 조용히 사라질 용기가 생긴다.

최근, 남포교회 박영선 목사님께서 은퇴하는 직분자들에게 권면하신 내용의 일부를 소개한다.

은퇴를 하면 잊혀집니다. 아무도 찾지도 않고, 스스로도 자기의 자리가 없다는 것을 알게 됩니다. 거기에 하나님이 우리를 보내십니다. 무에서 유를 창조하신 분이, 우리를 은퇴의 자리로 보내십니다. 세상에서는 죽음 전의 잠깐의 휴직이겠지만, 우리에게는 창조주께서 마련한 하나의 시기입니다. 정신없이 살다 이 시기를 겪으면, 경기장 밖에서 경기를 보게 됩니다. 감회가 새롭고, 시야가 다릅니다. 어떻게 팀을 이뤄야하고, 어떻게 준비해야하고, 어떻게 열심히 뛰어야 하는지가 비로소 보입니다. 그러나 선수들에게 말할 틈이 없습니다. 그들도 자기들의 고집이 있기 때문입니다.

거기서 할 수 있는 일이 뭘까요? 자기 인생을 돌아보게 됩니다. 후회와 낙심 그 정도가 아닙니다. 자기 인생을 돌아봅니다. 그래서 자식들에게 할 말이 많이 생깁니다. 하지만 하지 마십시오. 안 듣습니다. 그냥 지켜봐야 합니다. 그것이 어른입니다. 말로 해도 안 된다는 것을 알고, 그늘이 되어야 하고, 잊혀져야 되고, 걸리적거려야 되고, 홀로 기도해야 합니다. 잔소리를 하고 싶고, 충고를 하고 싶은데, 하나님이 그 기회를 안 주십니다. 자책하게 만드시고, 돌아보게는 하셔도 그 역할을 안 주십니다. '요즘 애들은' 이런 이야기 하지 마시고, '늙었더니 이런 치사한…' 그런 말씀 마시고 그냥 씩 웃으십시오. 쓰라린 마음 가져야 합니다. 그 후회하는 마음이 우리의 마지막 보석을 다듬는 것입니다.

"내가 너희를 위해서 기도한다, 하나님이 이 기회를 주셨다." 자신의 처지를 특별한 시간으로 이해하지 못하면 우리는 분노하게 됩니다. 억울해 하게 됩니다. 그 때 신앙은 한순간에 날아가 버립니다. 이때는 멋있게 신앙생활만 할 수밖에 없는 시간입니다. 아무도 부르지 않으며, 아무 역할도 할 수 없어서, 남은 것이 신앙 밖에 없는 최고의 시기! 환경! 자리를 갖게 되기 때문입니다.

사람은 성숙할수록 사랑하는 사람을 위해 조연의 삶을 선택한다. 주님께서 우리를 그 성숙의 자리로 초대하신다. 예수님 사랑한다면 '주님을 위해 조연이 될 수 있겠냐'고 물으신다.

평생 자식들의 뒷바라지를 하며 살았던 아버지들의 삶, 자기 이름을 잊은 채 '누구 엄마'로 불렸던 우리 어머님들의 삶, 내 삶을 뒤로한 채 노쇠한 부모님을 섬기는 삶, 그리고 누군가를 조명하고 빛나게 해 주는 조연의 삶! 그 성숙의 자리로 우리를 초대하신다.

그 자리가 주목받는 자리도 아니며, 박수 받는 자리도 아니며, 누가 알아주지 않는 자리일 수도 있지만, 분명한 것은 그 자리는 하나님 앞에 가치 있는, 하나님이 인정하시는 주연 같은 조연의 자리이다.

시간을 낭비하신 것이 아니다. 아무도 알아주지 않는다고 할지라도, 주님이 칭찬하실 것이다. 주님이 인정하실 것이다. 조용히 사라지는 것을 두려워하지 말라. 조연으로 사라지는 것을 두려워하지 말라. 그 삶이 주님이 걸으셨던 길이고, 믿음의 선진들이 살았던 길이다.

사마리아 여인 다시 본 조연

요4:13~19, 26~30

《책은 도끼다》 책에 소개된 내용이다.

'연인들의 비극적 결말, 연인이 죽었다고 오인 후 자살. 이후 목격자 여인도 자살'누구 이야기일까요? 「로미오와 줄리엣」을 기사화한 것입니다. 여기에는 애잔한 심정과 비극이 빠져있습니다. 이처럼 누군가의 이야기를 〈객관화〉하면, 무미건조한 정보에 지나지 않을 수 있습니다.

누군가의 이야기를 '공감한다'라는 의미가 뭘까? 상대의 이야기에서 〈사실〉과 만나는 것이 아니라, 당사자의 〈감정〉과 만나는 것이다. 예를 들어, 퇴근한 남편에게, 아내가 억울한 일이 있어 이야기한다.
"나 오늘 좀 급해서 엘리베이터 문이 열리자마자 타려고 했거든, 근데 내리는 아줌마가 뭐래는 줄 알아? 나보고 왜 이렇게 예의가 없냐는 거야. 아니 자기가 나를 언제 봤다고 그렇게 이야기해. 나 참"
속상해하는 아내를 향해 뭐라고 답해 줘야 할까? 모범답안이 뭘까?

아내의 감정과 만나는 거다. "속상했겠다!" 여기다 대고 "당신이 잘못했네. 내리는 사람이 먼저 내려야지!" 이러면 곤란하다. 공감 능력이 떨어지는 사람의 문제는, 지나치게 객관적인 경우가 많다. 물론 필요할 때가 있다. 하지만 속상한 감정을 먼저 읽어주지 않고, 팩트만 가지고 이야기하면 대화가 무미건조하다.

'사마리아 여인의 이야기'를 신문에 기록한다면, 뭐라고 쓸까? 아마 이렇게 기록할 것이다.

'다섯 번 이혼한 여인, 사람들의 눈을 피해 정오에 우물가로 나오다'

아주 무미건조하게, 그녀의 행동을 〈객관화〉할 것이다. 그녀의 이혼 경력이란 정보만 가지고, 이 사건을 너무 객관적으로 바라봤다. 전통적인 해석은 우물가로 나온 시간을 유대교 시간으로 해석한 것이다.

그런데 성경학자들 중에는 이 시간을 정오로 보는 것은 타당하지 않다고 보는 이들도 있다. 즉 사마리아 여인이 우물로 나온 시간을 로마 시간대 오후 6시로 보는 것이다. 그 이유가 타당해 보인다.

요한복음은 다른 서신과는 달리 기록연대가 2~30년 정도 차이가 난다. 그래서 요한은 로마 식민지에서 로마화 된 독자들을 고려해서 요한복음을 썼을 것으로 추정하는 것이다. 예를 들어, 다른 복음서에는 '갈릴리'로 기록된 지역명이, 로마 시대 공식 명칭인 '디베랴'로 기록했다든지, '유월절, 초막절' 같은 절기를 굳이 '유대인의 유월절', '유대인의 초막절'이라고 기록한 것 등이다. 그래서 본문에 기록된 '여섯 시'도 기록된 그대로 〈오후 6시〉로 해석해야 한다는 입장이다.

자, 만약 우물가로 나온 시간을 오후 6시로 해석해 본다면 사마리아 여인을 향한 시각이 달라진다. 시대의 조연, 약자 중 약자로 살아야 했던 사마리아 여인이 달라 보인다. 생각보다 씩씩한 여인이다.

불의한 사회에 저항한 여인

당시 여성들은 사회에서 대접받지 못했다. 회당에 들어가지 못했다. '여성의 뜰'에서만 예배해야 했다. 여성은 사유재산권을 가지거나, 증인으로 설 자격도 없었다. 무엇보다 실제적인 어려움을 주는 차별은 〈이혼할 권리〉가 남성에게만 있었다는 사실이다. 당시 남성들은 율법을 빌미로 마음에 안 드는 아내를 손쉽게 버렸다. 그 악행의 명분으로 오용된 말씀이 신명기 말씀이다.

| 신24:1 | 사람이 아내를 취하여 데려온 후에 〈수치 되는 일〉이 그에게 있음을 발견하고 그를 기뻐하지 아니하거든 이혼 증서를 써서 그 손에 주고...

남자들은 이 말씀을 악용했다. 〈수치 되는 일〉을 자기식대로 해석해서, 아내가 마음에 안 들면 요리를 망쳐도, 남편의 가족 흉을 봐도, 큰소리로 화를 내도 〈수치 되는 일〉로 규정했다. 그리고 입맛대로 아내를 버렸다. 그런 의미에서 〈이혼권〉이 없었던 사마리아 여인의 과거는, 그간 몰지각한 남편들에 의해서 강제적으로 이혼 당했을 가능성이 농후하다. 더더욱 그녀는 유대인들도 상종치 않았던 사마리아 사람이다.

그렇다면 이런 사회적 통념 속에서 그녀는 왜 여러 번 남편을 바꿔 왔을까? 통상적으로 보통 세 번 이상 결혼하는 것을 금지했는데 그럼에도 불구하고 그녀가 네 번째, 다섯 번째 남자를 찾은 것은, '그래도 이 남자는 다르겠지'하는 일말의 희망을 놓지 않았기 때문일 것이다.

예수님께서 '남편을 데려오라' 하신다. 여인의 대답이 의미심장하다. "남편이 없다"고 한다.

불의한 이혼 제도에 저항하는 그녀의 마음이 느껴진다. 율법 제도로는 남편이 맞지만, 진정한 남편 노릇을 하지 않는 남자들에 대한 불편한 마음을 토로하는 것이다.

우리나라도 여성들도 차별받아 왔다. 과거 우리 어머니 세대는 남성들이 주인공인 세상의 조연이었다. 여성은 아무리 공부를 잘해도 대학을 가긴 힘들었다. 남자 형제 뒷바라지를 해야 했다. 결혼 이후에도 남편을 위해, 자식을 위해 '희생적인 삶'을 살아야 했다.

최근에 '엄마를 네 글자로 표현하기'라는 설문 조사를 했는데, 가장 많이 나온 답이 '미안해요'라고 한다. 그만큼 어머니 세대에는 여성의 희생이 당연시된 것이 사실이다.

오늘날은 어떤가? 서울시 여성가족재단에서 설문 조사한 결과 여성 직장인 83%가 성차별 경험이 있다고 전한다. 그래서 가장 듣기 싫은 말이 "여자는 이래서 안 돼", "여자는 결혼하면 끝"이라는 말이고 이런 불공평한 사회 속에서 승진한 여성에게는 "독하다"라는 말을 한다.

교회 안에서는 어떨까? 한국 교회 내 리더십은 대부분 남성이다. 물론 은사에 따라 분량에 따라 세워지는 것이 맞지만, 여성들이 상대적으로 평가 절하된 것은 사실이다.
한 여자 청년이 교회 행사 때, '한복을 입고 안내하라'는 이야기를 들었다. 여자들이 한복을 입고 안내를 하면 잔치 분위기가 난다는 것이다. 여기에 불편한 마음을 토로했다. 그러고 보니 남자들은 한복을 안 입는다. 여성을 꽃으로 비유하는 것처럼 보이지만, 은연중 여성들을 남성들의 들러리로 여기는 인식이 깔려 있는 것 같다. 물론 견해의 차이가 있을 수 있다. 하지만 가부장적인 사회 속에서 계속해서 차별받아온 여성으로서는 불편할 수 있다는 것을 세심히 생각해 봐야 한다.

어쩌면 우리가 사마리아 여인을 〈남자에 목메는 여성〉으로 해석했던 것도 남성 중심의 해석일 수 있다. 〈작은 아씨들〉에 이런 대사가 나온다.

"모든 여자에게 '사랑이 전부'라고 이야기하는 것! 지겨워!"

사마리아 여인도 우리를 향해 이렇게 이야기하고 싶지 않을까?

"저는 남자에 굶주린 것이 아닙니다. 공정하고, 정의로운 사회, 차별 없는 사회에 굶주린 것입니다."

사마리아 여인은 수치스러운 과거에 매여 있는 고립된 여성이 아니라, 불의한 세상에 저항하고픈 여인일 수 있다.

세상과 소통하고픈 여인

사마리아 여인의 당당함과 씩씩함이 엿보이지만, 한편에는 그늘이 보인다. 밝은 사람일수록 뒷면에 검은 커튼이 있다. 어두운 배경의 대비 때문에 밝아 보이는 것이다. 그녀는 다른 사람들의 시선을 이기고, 〈모두가 물 긷는 시간〉에 우물가로 나왔다. 하지만 그녀는 우물가에서 만날 친구도 없고, 누구 하나 먼저 말을 거는 사람이 없다.

최근 자신의 아픈 과거를 드러내고, 세상과 소통하려고 하는 사람들의 방송을 보았다. 그런데 보통 이야기가 아니다. 감당할 수 없을 것 같은 과거의 상처를 앓는 사람들이었다. 부모에게 버림받았던 이야기, 가정폭력, 이혼, 방치된 자녀들의 이야기였다.

한 여성은 과거 중학교 때, 친척 집에 놀러 갔다가 사촌 오빠들에게 성폭행을 당했다. 얼마나 무서웠겠는가? 사건 당일 엄마에게 울면서 데리러 와 달라고 전화를 했다. 그런데 엄마는 무슨 일이냐 묻지도 않고, '나도 힘드니까 칭얼거리지 말고, 택시 타고 오라'고 했다. 아버지에게 말했더니, "남자들이 그 나이에는 그럴 수 있다"라고 했다.

그 상처를 어떻게 감당할까? 오랜 시간을 어두움 속에서 보내야 했다. 그런데 어느 날 '이렇게 살아서는 안 되겠다'는 생각이 들었다. 그래서 용기를 내서 방송에 출연한 것이다. 그때 그녀가 이렇게 말한다.

"우울함을 공유할 곳이 필요했어요."

그 여성처럼 사마리아 여인에게 '우물터'는 세상과 소통하고픈 장소였다. 6시면 우물가에는 사람들이 모여드니까, 물통을 들고 나가면서 생각했을 거다.

'내 마음을 알아주는 사람 한 명은 있겠지?', '혹시 마음 맞는 사람과 만날 수 있지 않을까?'

사람들의 편견 이겨내고 세상과 소통하려 했을 것이다. 그러나 그것이 참 쉽지 않다. 나름 용기를 냈는데, 누구 하나 다가오지 않는다. 거절감이 거듭된다.

이게 교회 모습일 수 있다. 많은 사람이 교회를 '세상에는 없는 우물터'로 생각하고 모인다.

'적어도 교회는 다르겠지', '교회는 사랑을 말하는 곳이니까 내 마음을 알아주는 사람이 있겠지.'

교회가 이런 자들을 품어 줄 수 있는 교회이길 바라지만 교회가 꼭 그렇지만은 않다. 왜냐하면, 두 가지 이유 때문이다.

첫째, 사람은 불완전하기 때문이다.

교인들은 천사가 아니다. 아무리 신령해 보이는 사람도 가까이 가면 티도 점도 보이기 마련이다. 인간은 모두 불완전한 존재이다. '아니 교인들이 그럴 수 있습니까?' 그럴 수 있다. 그것이 죄인인 사람의 한계다. 하지만 이걸 바꾸어 말하면, 우리는 예수님이 필요한 존재라는 반증이다. 사람에게 실망이 된다면 이렇게 생각해 보라.

"그래 그래서 너도, 나도 예수님이 필요한 거야."

둘째, 사람에게 받는 '위로'도 불완전하기 때문이다.

사람이 사람의 마음을 위로한다는 것 자체가 한계가 있다. 물론 사람에게 받지 못한 '결핍'은, 사람을 통해서 채워질 영역도 있다. 그것이 교회 지체들의 몫이다. 그러나 한계가 있다. 누가 사람 마음 깊은 것까지 알 수 있는가? 참 위로는 하나님의 영역이다. 그래서 사람에게 기대하고, 사람에게 믿음을 주면 실망하기 마련이다.

아마 사마리아 여인도 그랬을 것이다. 사람에게 기대했기에 네 번째, 다섯 번째, 여섯 번째 남자를 찾았을 것이고, 자신의 우울함을 공유할 누군가가 필요했기에 그녀는 사람들이 모이는 시간에 우물가로 향했을 것이다. 그러나 계속해서 한계에 부딪혔다. 실망을 경험했다.그런데 그 한계를 여실히 경험한 사마리아 여인에게 예수님이 찾아오셨다.

우리는 예수님을 언제 만나게 되는가?
한계에 부딪힐 때, 마음이 가난할 때 만나게 된다. 가끔은 외부적 차단이 냉정하리만큼 고통스러울 수 있지만, 철저하게 혼자가 되었을 때 우리는 주님과 독대하게 된다. '할 수 있는 것이 별로 없다' 싶을 때는 나를 찾아오시는 주님을 주목하라. 누구도 날 주목하지 않아도, 누구도 날 알아주지 않는 우물가라 할지라도! 그 자리가 예수님 만나는 자리일 수 있다.

"너에게 남편이 있느냐?"

예수님이 물으신다.
여인은 함축적인 대답을 한다.

"남편이 없습니다."

다섯 번이나 버림받았던 여인의 억울함과 부당함을 누가 이해하겠는 가? 그녀 입장에서 차라리 '남편이 없다'고 이야기하는 것이 속 편하다. 그런데 주님이 그 마음을 헤아려 주신다.

"네가 남편이 없다 하는 말이 옳도다. 너에게 남편 다섯이 있었고, 지금 있는 자도 네 남편이 아니니 네 말이 참되도다."

주님은 다 아신다. 여인의 상황과 마음을 다 아신다. 예수님의 답변에 그녀 마음이 눈 녹듯 녹지 않았을까? 모두가 그녀를 향해 이렇게 말했는지 모른다. "참고 살아. 어쩌겠어." 어쩌면 반복되는 이혼으로 인해 남자들이 문제가 아니라 "네가 문제 있는 거 아니야?"라고 했을지 모른다.

그런데 예수님은 '남편이 없다'라고 말할 수밖에 없는 그녀의 상황을 이해하시고, 공감해 주신다.

'그래 네 말이 참되도다.'

우리도 그럴 때가 있지 않은가? 진짜 힘들면 말이 잘 안 나온다. 말을 꺼내도 그 먹구름 같은 심정을 어떻게 다 설명하겠으며, 겪어보지 않은 사람이 어떻게 그걸 다 공감해 줄 수 있을까? 그러면 이런 생각이 든다. '내 맘 알아주는 사람이 있을까?'

그런데 성경은 우리 상황과 마음을 다 아시고, 충분히 공감할 수 있는 분이 예수님이시라고 전한다. 여인은 그 말을 듣고 감동했다.

| 요4:19 | 주여 내가 보니 선지자로소이다

'아니 내 상황과 마음을 아시고 공감하시는 분이 계시다니' 그래서 '선지자'라고 생각했다. 공감 받으니 마음이 열린다. 하지만 아직 이 믿음은 부족하다. 선지자에서 메시아로 믿는 믿음까지 가야 한다(26절). 여기서 우리는 중요한 사실을 발견한다. 내 아픔을 공감 받는 것만이 해답이 아니라는 사실이다.

오늘날 정보의 홍수 속에서, 독자들에게, 시청자에게, 가장 중요한 키워드가 있다면 〈진정성〉일 것이다. 즉 〈공감〉이다. 그래서 오늘날은 어느 시대보다 〈인문학〉이 주목을 받고 있다. 왜냐하면, 인문학이 인간 이해에 기반을 두고 있기 때문이다. 그런데 문제는 딱 거기까지라는 것이다. 공감까지다. 그래서 〈인문학을 하나님께〉라는 책에서는 '인문학은 명답일 뿐, 정답은 성경이다.'라고 전한다.

'아 그렇지. 인생은 원래 힘든 거구나.'
'아 그렇구나. 미움 받을 용기도 필요한 거구나.'
'아 그렇구나. 아프니까 청춘이구나.'
거기까지. 한계다.

얼마 전 망해가던 종편 TV조선을 살려 놓은 프로그램이 있다. 〈미스터트롯〉.
시청률이 무려 33.8%로 어마어마한 인기몰이를 했다. 인기몰이의 원인은 국민의 정서를 끌어낸 〈공감〉이다. 교회 집사님께서 요즘 그거 보고 은혜 받으신다(?)고 해서 노래를 들어봤다. 그야말로 정말 은혜가 된다. 그런데 그렇게 좋아하시던 집사님의 이야기가 인상적이다. "목사님, 노래가 사람을 위로합니다. 그런데 여기엔 〈공감〉은 있는데 정답이 없어요."
'그렇지 내 마음이 이렇지, 인생이 그렇지!'로 끝난다. 〈공감〉까지다. 마음이 위로받는 것 같지만 순간이다. 그것은 야곱의 우물처럼 다시 목마를 것이고, 다섯 명의 남편과 같이 또 다른 남자를 찾게 만들 것이다.

진짜 위로

| 요4:26 | 예수께서 이르시되 네게 말하는 내가 그라

진짜 위로가 무엇인가? 내 인생에 찾아오셔서 공감하시는 분이 내 죄를 대속하신 메시아시다는 믿음이다. 진짜 위로란 공감에 있지 않다. 진짜 위로는 내게는 남편도 없고, 친구도 없고, 공감해 줄 대상이 없지만, 주님이 계신다는 사실이 복음이다. 사마리아 여인은 그간 〈공감 받지 못하는 나〉, 〈존중받지 못하는 나〉로 인해 고통스러웠다. 주님은 "네가 힘들었구나" 순간 공감해 주는 거로 때우지 않으신다. 주님은 자신이 메시아이심을 계시하시고 이렇게 말씀하신다.

"너에게 내가 있어."

이 메시지는 이후 요한복음 전체를 아우르는 핵심 메시지이다.

"내가 바로 그다"

우리 인생의 진짜 위로가 누구인가? 주님이시다.

그리스도인에게 위로란, 주님을 알아가는 것이 위로이다. 내가 믿는 주님이 누구신지를 알아가는 것이 기쁨이다. 왜 신앙에 무기력이 찾아오는가? 주님을 알아가는 기쁨을 상실할 때 영적 무기력은 찾아온다.

이후 요한복음 내용을 보라. 사람들은 주님을 알아보는 기쁨에 주목하지 않는다. 기적에 주목한다. 그래서 예수님이 기적을 일으킬 때마다 사람들이 보인 반응은 〈놀라움〉이었다. 그러나 사마리아 여인을 보라. 그녀는 〈놀라움〉에서 끝나지 않는다. 나 같은 인생에 찾아오신 분이 그리스도시란 사실이 그녀를 살린다. 그녀는 이렇게 간증한다.

| 요4:29 | 내가 행한 모든 일을 내게 말한 사람을 와서 보라 이는 그리스도가 아니냐

그녀의 간증은 '내 과거를 말한 그리스도를 주목하라'였다. 즉 간증의 무게 중심이 '내가 공감 받았다, 내가 이런 체험을 했다, 이런 응답을 받았다!'에 있는 것이 아니라, 그가 그리스도이시다는 데 있다.

좀 전까지만 해도, 부당한 이혼 때문에 과거 남편들에 대한 원망이 자리 잡고 있었다. 그런데 변화가 일어났다. "남편들이 저지른 일"이라고 말하지 않는다. "내가 행한 모든 일"이라고 한다. 어느새 원망이 사라졌다. 가시가 사라졌다. 상처가 사라졌다.

주님을 만나면 얽매이던 과거에서 자유하게 된다. 더 이상 과거의 기억에서 쓴 물을 길러내지 않아도 된다. 영생하도록 솟아나는 샘물이신 주님에게서 생명수가 길러지기 때문이다. '과거'라는 우물을 긋지 않는다. '상처'에서 우물을 긋지 않는다. 그리스도에게서 물을 긋는다. 당신은 어디서 물을 긋는가?

사마리아 여인에게 불공정한 사회가 달라지고, 부당하게 이혼시킨 남편들을 처벌하는 것이 위로일까? 물론 그것도 필요하다. 혹은 그녀에게 수다를 떨 수 있는 친구가 생기는 것이 참 위로일까? 그것도 필요한

것이 사실이다. 이것이 교회의 역할이다.그러나 그녀의 진짜 문제해결
은 나를 찾아오신 예수님이 누구신지 알아보는 것이다. 그가 그리스도
이심을 알아보는 것이다. 그가 나의 창조주이심을 알아보는 것이다. 그
가 나의 주인이심을 알아보는 것이다. 그가 나의 신랑이심을 알아보는
것이다. 그러면 과거로부터 자유하게 된다.

　우리에게 말씀으로 찾아오시는 분은, 그리스도이시다. 주님이시다.
하나님이시다. 그분이 우리를 과거에서 자유롭게 하실 것이다. 모든 상
처에서부터 자유롭게 하실 것이다.

그리고, 예수님

언어학자들은 의사소통의 30%만 정보이고, 나머지 70%는 비언어로 전달된다고 한다. 즉 '말의 내용'을 제외한 목소리, 표정, 눈빛, 자세 등의 비언어로도 정보가 전달된다. "내가 당신 말을 경청하고 있습니다." 라는 말을 하지 않아도, 우리는 70%의 비언어, 표정, 눈빛, 자세 등을 통해 나도 모르는 사이에 의미를 전달하고 있다.

그래서 상담사들은 상담을 할 때, 핸드폰을 테이블 어디에도 올려놓지 않는다. '당신과의 대화하는 것보다 중요한 전화는 없다'는 일종의 비언어인 것이다. 대화를 할 때, 등을 기대어 앉거나, 팔짱을 끼지 않는다. 시계를 보지 않는다.

우리가 예배가 시작하기 전 예배당에 착석하는 것도, 우리가 뿜는 비언어다. '내게 예배는 중요한 우선순위다'는 표현이다. 찬양할 때 손을 드는 것도 하나님을 향해 "나를 드립니다. 항복합니다." 행위로 표현하는 비언어다.

어릴 때 신앙의 어른들은 주일을 위해 제일 좋은 옷을 준비해서 입으라셨다. 헌금을 낼 때 전날에 준비하고 가능하면 지폐 중에 가장 빳빳한 돈을 준비하라셨다. 구겨졌다면, 다림질을 해서라도 헌금을 준비하라셨다. 왜냐하면 그것이 하나님을 향한 우리의 비언어이기 때문이다.

우리가 전달하고자 하는 메시지의 70%가 비언어라면, 하나님께서 전하시는 비언어가 있지 않겠는가?

| 눅2:7 | 첫아들을 낳아 강보로 싸서 구유에 뉘었으니 이는 여관에 있을 곳이 없음이러라

예수님께서 이 땅에 오실 때 이 땅에서 태어날 자신의 모습을 선택하셨다. 여러 선택사항이 있었다.
1. 화려하고 웅장한 왕궁 2. 많은 사람들에게 주목받는 자리 3. 풍족하고 우아한 자리

하지만 예수님은 세 가지 모두를 거부하셨다. 풍족하고 우아한 자리가 아니라, 유대인 아기라면 누구에게나 사용했던 강보라는 면에 쌓여, 지극히 평범하게 태어나셨다. 사람들에게 주목받는 자리가 아니라, 있을 곳이 없어 냄새나는 마구간에서 태어나셨다. 화려하고 웅장한 왕궁이 아니라, 지극히 소박하고 담백하게 태어나셨다. 이것은 하나님의 선택이며 우리에게 주시는 비언어다.

이유가 뭘까? 예수님은 자신이 하나님의 아들이심을 증명할 필요가 없었기 때문이다. 이미 하나님의 아들이셨다. 예수님은 존재증명보다, 사명성취에 관심이 많으셨다. 그래서 담백할 수 있었다. 겸손하지만 당당할 수 있었다.

| 마1:21 | 아들을 낳으리니 이름을 예수라 하라 이는 그가 자기 백성을 그들
의 죄에서 구원할 자이심이라 하니라

예수님의 사명은 자기백성을 그들의 죄에서 구원하시는 것이었다. 예수님은 세상을 바꾸는 것은 힘이 아니라, 사랑이란 것을 아셨다. 자기 백성을 위해 죽기까지 사랑하는 것만이 '굳어있는 마음', '강팍한 마음'을 녹일 수 있다는 것을 아셨다.

하지만 사탄은 끊임없이 예수님을 방해했다. 광야에서 사탄에게 세 가지 시험을 받으셨다.

첫째, 돌을 떡으로 바꿔 먹어라. 너의 필요를 위해 사역하라. 배고프다면 돌을 떡으로 바꿔라! 너의 능력을 너의 결핍을 채우는 데 사용하라! 강보가 뭐냐? 실크로 바꿔라. 사단이 이 시험으로 우리에게 공격한다. 목회를 돈벌이 수단으로 사용하라! 너의 은사는 밥벌이용이다.

둘째, 성전 꼭대기에서 떨어져 보라. 하나님이 구원해주실 것이다. 주목받는 자리에 서라는 것이다. 사람들의 인정이 중요하지 않냐!? 네가 인생의 주연임을 증명해 보여라. 다섯달란트를 가진 자임을 증명해 보이라.

제자들은 예수님을 임금 삼으려했고, 예수님의 가족들도 주목받으려면 더 큰 무대로 자리를 옮기라고 권했고, 십자가에 달렸을 때도 사람들은 "하나님의 아들임을 증명하라"고 외쳤다.

셋째, 내게 절하면 세상 모든 것을 주겠다. 세상을 변화시키는 것? 섬김? 십자가? 그런 거는 약한 자의 유물이다. 손쉬운 방법을 선택하라.

헨리나우웬은 "사탄은 예수님에게 사랑을 힘으로 바꾸라는 유혹을 했다."고 전한다. 그러나 예수님은 그 유혹을 이겨내셨다.

반면에 우리는 화려함과 웅장함을 좋아한다. 주목받는 자리를 좋아하고, 편안하고 안정된 삶을 좋아한다. '평범한 일상'보다는 '특별한 내일'이길 바란다. 하지만 예수님은 평범한 우리의 일상으로 오셨다. 우리의 평범하고, 겸손할 수밖에 없고, 낮은 모습으로 섬겨야 하는 '일상'으로 오셨고, 그 삶의 자리에서 사명을 감당하셨다. 우리가 자의든 타의든 그 일상에 놓여있다면, 그 자리는 예수님께서 선택하신 자리이고, 예수님을 닮아가는 훈련의 자리이다.

대전에 천안까지 대리기사로 간적이 있다. 천안역에서 막차를 타고 내려가려고 기차역에 올라갔는데, 복도에 앉은 한 노숙자가 눈에 들어왔다. 역내라지만 외풍이 만만치 않은데, 찬 바닥에 가부좌를 틀고 앉아있었다. 동양에는 관심이 없어보인다. 옷을 몇 가지나 껴입고 모자를 뒤집어쓰고는 손에 쥔 것을 보고 있다. 뭔가 싶어서 봤더니 성경책이 들려있는 게 아닌가?
진짜 읽고 있는지 의심스러워서 오던 길을 몇 번을 오가며 다시 봤다. 정말 한 장, 한 장 읽고 있었다. 그 모습이 얼마나 이쁜지(?) 나도 모르게 그 옆에 가서 앉아서 인사를 드렸다.

"안녕하세요."

눈만 돌려 목례를 하고는 다시 성경을 본다.

"저는 대리기사예요...목사이기도 하구요"

내 얼굴을 빤히 쳐다보더니 굵은 목소리로 격려해준다.

"목사님이 고생하시네요."

"고생이라뇨...하하. 성경보고 계신 거 보고, 넘 기뻐서 왔어요. 이해는 잘 되세요?"

"아직 잘 몰라요. 제가요. 올해 1월에 예수 믿기 시작했어요. 성경은 누가복음 11장까지 읽었어요. 오늘 읽은 말씀 중에 이 말씀이 제일 좋아요."

| 눅11:13 | 너희가 악할지라도 좋은 것을 자식에게 줄 줄 알거든 하물며 너희 하늘 아버지께서 구하는 자에게 성령을 주시지 않겠느냐

저는 성령 받고 싶은데, 기도할 때 사람들이 의식돼서 잘 안 돼요."

"아뇨.아뇨. 이건요. 약속의 말씀이예요. 성령님은 기도의 공력이 쌓여서 얻게 되는 게 아니예요. 감정이나 기분 같은 건 더더욱 아니구요. 살아계신 하나님이세요. 예수 믿는 모든 자의 마음에 찾아오시는 하나님이세요. 그래서 요한복음 14장에서 예수님은 성령님을 이렇게 소개해요. '너희를 고아와 같이 버려두지 않고 오시는 분'이라고요. 예수님 믿으셨으니까 성령님은 이미 어른신과 함께 계시는 분이세요...."

"그런데 목사님, 저는 교회 자주 가고 싶어요. 하지만 저는 교회 다니는 사람들이랑 수준이 안 맞아서, 챙피해서 갈 수가 없어요. 기본이라도 되어야 하는데….저는 냄새도 나요. 술 냄새도 나거든요. 갈 때마다 죄책감이 들어요."

"그런 생각 마세요. 예수님도 바리새인보다 하나님 앞에 낮아진 세리를 칭찬 하셨잖아요."

"네…하긴… 제가 다니는 교회 사람들도 그래요. 언제라도 오라고. 괜찮다고요…"

그리곤 주섬주섬 주머니에서 핸드폰을 꺼내더니, 자기가 제일 좋아하는 찬양이라고 들려준다.

찬송가나 옛날 ccm이겠거니 했는데, 재생 목록에 〈어노인팅〉 당시 최신곡이다. 그런데 노래 첫 소절을 듣고 코끝이 찡했다.

"슬픈 마음 있는 자, 몸과 영혼 병든 자 누구든지 부르시오. 예수 이름 부르시오.

그 이름을 믿는 자, 그 이름을 부르는 자 그가 어떤 사람이든 그는 구원얻으리"

이 고백을 차디찬 역내 복도에서 홀로 불렀을 것을 생각하니 마음 한 켠이 아팠다. 그분께 힘내시라고 받은 대리비 일부를 떼어 드렸더니, 몇 번이고 인사를 하신다. 그날 나에게 그분은 예수님이셨고, 그분에게 나도 예수님이었을 것이다.

그날 평범한 나의 일상은 예수님이 함께하시는 특별한 날이었다.

예수님이 이 땅에서의 비언어로 보여주신 삶은 평범한 '일상의 섬김'이었다. 섬기다 섬기다 볼품없이 죽기까지 섬기셨다. 아무리 초라해 보이는 삶의 자리에 있다할지라도, 예수님과 함께할 때, 예수님처럼 섬길 때, 예수님을 따라 살 때, 우리 삶은 특별해진다.

하나님께서 살아내라고 하시는 나의 삶의 자리는 사명을 붙들 때 특별해진다. 볼품없는 달란트도 주님을 위해 사용되면 오병이어가 된다. 주어진 시간과 공간, 업무와 관계는 초라하지 않다. 나의 삶의 자리는, 내가 어떤 자세로 살아낼 것인지가 관건이다.

우리 존재가 얼마나 가치 있는지에 대한 증명은 이미 십자가에서 끝났다. 더 이상 나를 증명하지 않아도 된다. 이제 우리의 삶의 가치는 성공보다 사명에 달려있다. 내가 받은 달란트에 집중해 보라. 지금 디디고 선 자리를 사명의 자리로 살아낼 때, 우리는 하나님 앞에서 주연이 된다. 하나님께 '쓰임'받는다.